海南师范大学学术著作出版资助项目

海南省哲学社会科学联合会立项课题
《海南华侨兴学与当地社会发展》（GJ13 – 135）

国家出版基金项目
NATIONAL PUBLICATION FOUNDATION

"百部好书"扶持项目
GUANGDONG PUBLISHING

·世界华侨华人研究文库·

海南华侨兴学
与侨乡社会发展

邢寒冬 著

暨南大学出版社
JINAN UNIVERSITY PRESS

中国·广州

图书在版编目（CIP）数据

海南华侨兴学与侨乡社会发展/邢寒冬著.—广州：暨南大学出版社，2022.12
（世界华侨华人研究文库）
ISBN 978 - 7 - 5668 - 3441 - 6

Ⅰ.①海…　Ⅱ.①邢…　Ⅲ.①华侨—教育捐款—研究—海南 ②侨乡—社会发展—研究—海南　Ⅳ.①G527.66 ②D634.1

中国版本图书馆 CIP 数据核字（2022）第 112974 号

海南华侨兴学与侨乡社会发展
HAINAN HUAQIAO XINGXUE YU QIAOXIANG SHEHUI FAZHAN
著　者：邢寒冬

出 版 人：张晋升
策划编辑：黄圣英　冯　琳
责任编辑：颜　彦
责任校对：刘舜怡　王燕丽　陈皓琳
责任印制：周一丹　郑玉婷

出版发行：暨南大学出版社（511443）
电　　话：总编室（8620）37332601
　　　　　营销部（8620）37332680　37332681　37332682　37332683
传　　真：（8620）37332660（办公室）　37332684（营销部）
网　　址：http://www.jnupress.com
排　　版：广州市天河星辰文化发展部照排中心
印　　刷：深圳市新联美术印刷有限公司
开　　本：787mm×1092mm　1/16
印　　张：20
字　　数：382 千
版　　次：2022 年 12 月第 1 版
印　　次：2022 年 12 月第 1 次
定　　价：88.00 元

作者简介

邢寒冬，海南师范大学历史文化学院副教授、硕士生导师。主要从事中国近代史、华侨华人史和乡土课程开发教学研究。

主持或参与国家级课题三项、省部级课题若干项，出版学术著作三部，发表论文十余篇。科研成果主要有《海南华侨华人史》《南海史话》《水尾圣娘信仰研究及资料汇编》《民国时期海南黎族社会的巨变》《海南岛侨批业发展概略》和《海南侨乡南洋式饮食的形成及影响——以主食和饮料为考察》等。

总　序

在 20 世纪，华侨华人问题曾经四次引起学术界关注。第一次是 20 世纪初关于南非华工的问题；第二次是"一战"后欧洲华工问题；第三次是五六十年代东南亚国家出现的"排华"问题；第四次则是 80 年代中国经济崛起与海外华侨华人关系的问题。每次华侨华人研究成为研究热点时，都有大量高水平研究著作问世。

进入 21 世纪以来，随着全球化进程的加速和中国国际化水平的提升，海外华侨华人与中国的发展日益密切，华侨华人研究掀起了新一轮高潮。华侨华人研究机构由过去只有暨南大学、厦门大学、北京大学、华侨大学等少数几家壮大至目前遍布全国的近百所科研院校，研究领域从往昔以华侨史研究为主，拓展至华人政治、华人经济、华商管理、华文教育、华人文学、华文传媒、华人安全、华人宗教、侨乡研究等涉侨各个方面，研究方法也逐渐呈现出多学科交叉的趋势，融入政治学、历史学、社会学、民族学、教育学、新闻与传播学、经济学、管理学、法学等学科方法与视角。与此同时，政府、社会也愈益关注华侨华人研究。国务院侨办近年来不断加大研究经费投入，并先后在上海、武汉、杭州、广州等地设立侨务理论研究基地，凝聚了一大批海内外专家学者，形成了华侨华人研究与政府决策咨询相结合的科学发展机制。而以社会力量与学者智慧相结合的华商研究机构也先后在复旦大学、清华大学等地成立，闯出了一条理论研究与社会实践相结合的华侨华人研究新路径。

作为一所百年侨校，暨南大学在中国华侨华人研究中具有特殊的地位。暨南大学创立于 1906 年，是中国第一所华侨高等学府。华侨华人研究是学校重要的学术传统和特色。早在 1927 年，暨南大学便成立了南洋文化事业部，网罗人才，开展东南亚及华侨华人的研究，出版《南洋研究》等刊物。1981 年，经教育部

批准，暨南大学在全国率先成立华侨华人研究的专门学术机构——华侨研究所，由著名学者朱杰勤教授担任所长。1984 年在国内招收首批华侨史方向博士研究生。1996 年后华侨华人研究被纳入国家"211 工程"1—3 期重点学科建设行列，2000 年获批教育部人文社会科学重点研究基地（华侨华人研究）。暨南大学于 2006 年成立了华侨华人研究院，并聘请全国政协常委、国务院侨务办公室原副主任刘泽彭出任院长和基地主任。2011 年，学校再次整合提升华侨华人研究力量，将华侨华人研究院与国际关系学系（东南亚研究所）合并成立国际关系学院/华侨华人研究院，继续聘请刘泽彭同志出任华侨华人研究院院长和基地主任，由华侨华人与国际问题研究知名专家曹云华教授出任国际关系学院院长兼华侨华人研究院执行院长。同时，学校还加大科研经费投入，努力打造"华侨华人研究优势学科创新平台"。研究院在加强自身科研能力的基础上，采取以研究项目、开放性课题为中心，学者带项目、课题进院的工作体制，致力于多学科和国际视野下的前沿研究，立足于为国家的改革开放和现代化建设服务，为社会服务，为政府决策咨询服务，努力将之建设成为世界一流的学术研究机构和人才培养基地。

值华侨华人研究在中华大地百花齐放、百家争鸣之际，为进一步彰显暨南大学科研特色，整合校内外相关研究力量，发掘华侨华人研究新资源，推动华侨华人研究学科的发展，暨南大学华侨华人研究院在 2012 年推出了"世界华侨华人研究文库"。文库的著作多为本校优势学科的前沿研究成果，作者中既有资深教授、学科带头人，也有学界新秀。他们的研究成果从多学科视野探索了国内外华侨华人研究的一些新问题、新趋势，具有较高的学术价值和现实意义。截至 2016 年年底，文库已经出版三批 23 本，在华侨华人研究领域引起了不错的反响。

2015 年 6 月，暨南大学入选广东省高水平大学重点建设高校，"华侨华人与国际问题研究"成为学校高水平建设重点支持的一个学科组团。为了进一步发挥暨南大学的华侨华人研究优势，学院决定继续组织出版这套丛书。丛书的经费来源从之前的"211 工程"和暨南大学"华侨华人研究优势学科创新平台"变为广东省高水平大学建设暨南大学"华侨华人与国际问题研究"学科组团，编委会也随人员变动做了一些调整。

本套丛书的出版得到学校领导的大力关心与支持。国际关系学院/华侨华人研究院领导与部分教师特别是高水平大学建设学科组团中的华侨华人与跨国移民研究团队的教师们也付出了艰辛的劳动，他们在策划、选题、组稿、编辑、校对等环节投入大量精力。同时，暨南大学出版社对丛书出版也给予高度重视，组织最优秀的编辑团队全程跟进，并积极申报国家出版基金项目，获得立项资助。在此，我们对所有为本丛书出版付出宝贵心血与汗水的同仁致以最衷心的感谢！

在前面三批的总序中，我们表示"期盼本丛书的出版能在华侨华人研究领域激起一点小浪花"。现在看来，已部分达到了目的，尽管如此，我们仍坚持不忘初心，继往开来，汇聚国内外华侨华人研究的朵朵浪花，把这套文库办成展现全球华侨华人研究优秀成果的一个重要平台。

《世界华侨华人研究文库》编委会

2017 年 6 月

目　录

导　言

一、概念界定

华侨兴学泛指华侨华人、港澳台同胞捐献资金或者赠送物品用于兴办学校的行为。为了便于理解"华侨兴学"，有必要把"华侨""华人"和"兴学"的含义解释清楚。

（一）华侨、华人

关于"华侨""华人"的定义既有历史渊源，也有法律政策界定。一般认为，"华侨""华人"概念的区分是 20 世纪 50 年代东南亚"排华"运动后出现的，它既是中国 50 年代以前承认以血统主义国籍法原则为基础的双重国籍的结果，也是"二战"后华侨住在国采取基于出生地主义原则国籍法的结果。"华侨""华人"的定义有狭义和广义之分，或者称为法律界定和习惯称呼。狭义上，"华侨""华人"以法律规定为依据界定，"华侨"指定居国外的中国公民；"华人"指已经加入、取得住在国国籍的华侨或其后裔。[①] 广义上，"华侨""华人"的定义既参照法律规定，又顾及历史形成的习惯。清末民国时期中国实行血统主义国籍法原则，加上华侨出国具有双向流动性特点且大多移居东南亚地区，民间一般不问其国籍归属，习惯把华侨、华人统称为"华侨""番客""南洋客"。一般来说，华侨华人研究文献资料分类是按照广义上的"华侨"定义区分，本书也不例外。[②]

1957 年颁布的《中华人民共和国华侨事务委员会关于华侨、侨眷、归侨、归国华侨学生身份的解释》（以下简称《解释》）中做了明确规定，并以此作为各地开展侨务工作的指导。《解释》中对"华侨"的界定是："甲、凡侨居在国外的中国公民就是华侨。乙、有下列情形之一者应视为有华侨身份：1. 解放前

[①]　国务院侨办侨务干部学校编著：《华侨华人概述》，北京：九州出版社，2005 年，第 1 页。1980 年 9 月 10 日颁布的《中华人民共和国国籍法》第三条规定："中华人民共和国不承认中国公民具有双重身份。"

[②]　福建省教育科学研究所课题组撰写，杨辉主编：《福建华侨华人捐资办学史》，福州：福建教育出版社，2007 年。

出国的留学生，现已离开学校在国外就业或从事研究工作者（包括半工半读者在内）；2. 侨批员；3. 在国外（不包括港澳）轮船公司（包括国外华侨资本代理、租赁或自行经营的）服务的中国籍海员；4. 伪外交人员脱离蒋介石集团而从事其他社会职业者；5. 解放后逃亡国外的人员，在国外从事正当职业者。丙、有下列身份之一者，不是华侨：1. 香港、澳门的中国居民；2. 出国留学生；3. 出国游历或考察的人员；4. 政府派往国外的公务人员；5. 居住我国边境经常来往国境内外地区的边境居民；6. 派往蒙古人民共和国协助建设的工人。"《解释》直至 1986 年依然是海南侨务工作的指导性文件。①

有关华侨政策规定往往适用于华人。例如 1981 年广东省人民政府颁布的《关于华侨、港澳同胞捐资办学若干问题的通知》第八条规定："属中国血统外籍（即外籍华人）捐助办学，可参照上述精神办理。"1991 年海南省人民政府颁布的《海南省华侨、港澳台同胞投资、捐赠奖励办法》第八条规定"本办法适用于外籍华人"，并特别说明："本办法适用于外籍华人是符合侨乡实际情况和习惯用法的。"

（二）侨乡

20 世纪 30 年代陈达的《南洋华侨与闽粤社会》被认为是最早研究侨乡的中文专著，书中选择闽粤地区十个县的若干乡村作为研究范围，其标准为"迁民人数较多，历史较长，迁民对于家乡有比较显著的影响"的"华侨社区"②，此即侨乡的最早定义。随着侨乡研究的深入，侨乡的概念、内涵的界定和表述更加详细。《海外华人百科全书》对侨乡的定义是："华侨在中国的故乡；出国华侨，绝大多数为闽、粤、琼等省人民，这些省出国华侨较多的县份，向有侨乡之称。"③ 此外，学者还分析总结出不同时期侨乡的特点，如黄重言认为侨乡的特点是"侨居国外的人数多，侨眷、归侨多；同国外政治、经济、文化联系密切，联系面广，经济讯息多，侨汇、侨资多，商品经济比较活跃，但本地人多地少，资源比较贫乏；文化、教育事业比较发达"④。方雄普提出："侨乡即华侨故乡，有几个特点：第一，华侨、华人、归侨、侨眷人数众多；第二，与海外的亲友，在经济、文化、思想诸方面有着千丝万缕的联系；第三，尽管本地人多地少，资源缺乏，但由于侨汇、侨资多，因而商品经济比较发达；第四，华侨素有捐资办

---

① 海南行政区人民政府侨务办公室 1986 年 6 月 16 日颁布此文件。
② 陈达：《南洋华侨与闽粤社会》，长沙：商务印书馆，1939 年，第 3 页。
③ 潘翎主编，崔贵强编译：《海外华人百科全书》，香港：三联书店有限公司，1998 年。
④ 黄重言：《试论我国侨乡社会的形成》，郑民、梁初鸣编：《华侨华人史研究集》（一），北京：海洋出版社，1989 年。

学的传统，那里的文化、教育水平较高。"①

（三）兴学

华侨历来热心兴办慈善公益事业，其中主要是兴办学校，"兴学"即由"兴办学校"一词应运而生且广泛使用。例如，道光皇帝曾下令嘉奖"捐资兴学"的归侨，这是国内华侨"兴学"的最早官方文献。② 1913 年初北洋政府责令教育部拟订的《捐资兴学褒奖条例（草案）》于次年 10 月正式颁布，这是我国第一部有关奖励华侨捐赠办学的法律。③ 之后，"兴学"或"兴办学校"一词普遍用于官方文书并沿用至今，如 1957 年全国人大通过颁布的《华侨捐资兴办学校办法》依然沿用旧称。民间"兴学"一词的使用始于何时难以考证，但早期海外华侨中"兴学"一词比较常见。著名侨领陈嘉庚先生有句名言："教育为立国之本，兴学乃国民天职。""兴学"一词也常用于华侨捐助教育的新闻报道，如《侨商林德绍夫人献金兴学》④。

在学术研究中使用"兴学"指华侨捐助办学更为普遍。例如，苏秋涛的《解放前华侨在泉州兴学纪略》⑤、张泉林等的《侨乡兴学的调查报告》⑥、黄新宪的《闽侨海外兴学述略》⑦。高伟浓教授在《清代华侨在东南亚》一书中即使用"华侨兴学"⑧。肖效钦、吴榕青、张赛群等在他们的论文中，常常交替使用"华侨捐资兴学""侨资兴学""华侨兴学"等⑨。1957 年全国人大通过颁布的《华侨捐资兴办学校办法》、1981 年广东省人民政府颁发的《关于华侨、港澳同胞捐资办学若干问题的通知》、1991 年海南省人民政府颁布的《海南省华侨、港澳台同胞投资、捐赠奖励办法》等文件，使用"华侨捐资兴办学校""华侨、港

---

① 方雄普：《中国侨乡的形成和发展》，庄国土主编：《中国侨乡研究》，厦门：厦门大学出版社，2000 年。

② 刘程：《我馆收集到清道光帝敕封归侨捐资兴学诏书》，《档案工作》1986 年第 1 期。

③ 1929 年和 1945 年南京国民政府对该条例两次修订但名称不变。

④ 《侨商林德绍夫人献金兴学》，《粤侨导报》1946 年第 6 期，广东省档案馆、广州华侨志编委办、广州华侨研究会、广州师范学院合编：《华侨与侨务史料选编（广东）》（一），广州：广东人民出版社，1991 年，第 182 页。

⑤ 苏秋涛：《解放前华侨在泉州兴学纪略》，《泉州文史资料》（第 10 辑），1982 年。

⑥ 张泉林、余以平：《侨乡兴学的调查报告》，《广东华侨历史学会通讯》1983 年第 3 期。

⑦ 黄新宪：《闽侨海外兴学述略》，《华侨世界》1986 年第 1 期。

⑧ 高伟浓：《清代华侨在东南亚：跨国迁移、经济开发、社团沿衍与文化传承新探》，广州：暨南大学出版社，2014 年。

⑨ 肖效钦、甘观仕、阎志刚：《潮汕华侨、华人捐资兴学的调查研究》，《汕头大学学报》（人文社会科学版）1991 年第 3 期；吴榕青、黄挺：《1949 年以前海外潮人在本土捐资兴学概述》，《汕头大学学报》（人文社会科学版）2003 年第 6 期；张赛群：《新中国华侨捐资兴学政策演变及其特征》，《当代中国史研究》2010 年第 6 期。

澳同胞捐资办学"表示华侨捐助办学，并说明政策适用于外籍华人。2007年7月27日海南省第三届人民代表大会常务委员会第三十二次会议通过并公布的《海南省华侨捐赠公益事业若干规定》第二条提出：本规定所称华侨捐赠，是指华侨、华侨团体和华侨企业（以下统称捐赠人）自愿无偿向本省行政区域内依法成立的公益性社会团体、公益性非营利的事业单位（以下称受赠人）捐赠财产，用于社会公益事业的行为。

本书引用的大量数据表明，各地、各学校所统计的华侨兴学芳名录中人员，以及各级政府授予"赤子模范""赤子楷模""爱琼赤子"等荣誉称号的人员，均包括海外华侨华人和港澳台同胞。

综上所述，"华侨兴学"指华侨华人、港澳同胞捐助（捐资、捐物）办学。当然，在现实中情况要复杂一些，华侨华人的身份随时可能发生变化，统计上不可能做到精确。

华侨学校或华文学校，指拥有中国国籍的华侨和拥有居住国国籍的华人或华裔，以各种方式兴办的、以华文（中文）教学的学校。华侨学校在不同时期有不同的含义，最初指华侨在侨居国为其子女学习中国语言文化和科学知识而兴办的学校。在国内指由中国政府和热心教育人士捐助的招收华侨子女的学校，多数为侨助侨建公办的学校，国民政府后期称侨民教育。现今华侨学校的范围、类型更加广泛，指华侨、华人、归侨、侨眷及其子女兴办的教育事业，包括大学、中学、小学、幼儿园等全日制国民教育，也包括补习学校、语言文化学校、干部训练学校、函授教育机构、夏（冬）令营等国家以及港澳同胞创办的教育机构。在办学方式上，国外的华侨学校完全由华侨捐资兴办，"二战"后大多数转为国民型学校，少数保留为独立学校。国内的华侨学校为公办侨建或侨助性质。在学校类型上，国内外的华侨学校均与中国教育体制有关，随着中国教育体制的变化，形成私塾、义学、社学、新式学堂和现代学校。

二、学术研究回顾

从时间上看，华侨兴学自海外到国内。海外华侨兴学最早出现于明代后期，1690年，第一所华侨兴办的学校——明诚书院在印度尼西亚巴达维亚（今雅加达）诞生。① 较早回乡办学的华侨是福建华侨郭用锡父子（惠安县人），他们于

---

① 黄昆章：《印度尼西亚华文教育发展史》，北京：外语教学与研究出版社，2007年，第25页。

1827 年捐资 2 000 两银子，用于助建县考棚和文峰书院。①

实际上，早期海外华侨兴办学校，基本按照国内办学传统，即祠堂公所往往就是学堂、书院。真正近代意义上的学校，始于 1904 年癸卯学制改革。当时，除了创办新式学堂，原有私塾学堂书院也纷纷改造为新制学校。南京国民政府成立以后，教育部门颁布学校注册制度，规范了办学的标准，许多会馆公所因办学条件不够或者生源增加，不得不另外择地建造校舍，华文学校这才逐渐从会馆里搬迁出来。即使这样，在相当长时期里，华侨捐助办学依然以会馆祠堂为依托，因此，早期华侨办校的许多资料来自会馆会刊和校史。可惜的是，资料历经战乱、动乱、搬迁，失散不少；又加上许多当事人已经不在世，有些资料不全或者成为孤证。

海南华侨最早在海外创办的学校是 1910 年新加坡的育英学校和泰国的新民学堂，由在曼谷的海南、潮汕、客家、广肇和福建各属共同筹资创办。华侨最早回乡捐助创办的学校，是清光绪十四年（1888）在文昌乡贤云凤若倡头下，由在外工作的同乡和南洋华侨捐资扩建的罗峰书院。

有关华侨办学的研究大约始于 20 世纪初期。在国外，较早开展有关研究的是一些东南亚的华人学者，主要著作有许云樵的《开吧历代史记》、郑良树的《马来西亚华文教育发展史》、黄昆章的《印度尼西亚华文教育发展史》，还有各属帮华社所编刊物和书籍，比如荷属华侨学务总会编《荷印华侨教育鉴》以及各华侨学校纪念刊等，具有较高的史料价值。在国内，有关华侨办学研究较早的有钱鹤的《南洋华侨学校之调查与统计》，该书通过调查搜集整理了东南亚华侨办学的资料，是研究早期海外华侨学校的重要参考文献之一。福建省教育科学研究所课题组撰写、杨辉主编的《福建华侨华人捐资办学史》，是国内第一部关于华侨捐助办学的专著。

张赛群的两篇论文《中国的民间办学政策与国内侨校的发展》和《新中国华侨捐资兴学政策演变及其特征》② 系统地梳理了晚清、民国和新中国三个时期历届政府的华侨捐助办学政策，对各时期华侨捐助办学的背景、原因、状况、方式和意义等进行分析。此两篇论文是当时国内有关华侨捐助办学研究具有代表性的成果。

有关海南华侨兴学的研究尚无专门论著，一般散见于相关的论著中，且大多

---

① 福建省教育科学研究所课题组撰写，杨辉主编：《福建华侨华人捐资办学史》，福州：福建教育出版社，2007 年，第 12 页。

② 张赛群：《中国的民间办学政策与国内侨校的发展》，《八桂侨刊》2007 年第 2 期，第 40 - 45 页；《新中国华侨捐资兴学政策演变及其特征》，《当代中国史研究》2010 年第 6 期，第 60 - 68、127 页。

是资料性记录，主要有：王朝赞、陈永阶合著的《琼籍华侨、华人对家乡的贡献》[1] 一文，其中部分内容记载了改革开放后海南华侨捐助家乡办学的史迹；冯子平的《琼侨春秋》[2] 一书，其中部分内容记载了有关海南华侨捐助家乡办学的史迹。学校校史、碑刻和档案资料，是研究海南华侨兴学的主要资料来源。文昌是海南第一侨乡，也是海外乡亲捐助办学最多的地方。由文昌市归国华侨联合会编的《造福桑梓》一书，比较系统地记载了民国至1994年有关文昌华侨华人、港澳台同胞捐助家乡公益事业的业绩和人物，内容丰富、材料翔实，具有较高的史料价值。2006年出版了辛业江主编的《海南省中等学校校史调查（上下册）》（海南档案丛书）[3] 一书，弥补因为种种原因丢失的校史文字记载，反映了1990年前海南学校的状况，是一部材料丰富的校史资料。有些学校专门组织编写出版校史，比较系统地梳理本校的办学历史和发展情况，具有较高的史料价值。地方志书、文史资料等有不少相关的记录，都是了解华侨兴学的重要资料。如《海南教育志》《文昌县志》《琼海县志》《万宁县志》《海南侨务志》和《琼海华侨志》等，均有专门篇章记载有关华侨捐助家乡办学的史迹。

三、本书的基本结构、主要内容和研究方法

本书主要研究近现代海南华侨捐助办学及其对侨乡社会发展的影响。全书分为十章，主要内容和基本结构如下：

第一章，简述海南侨乡和侨乡教育，梳理古代、近代和现代海南教育发展脉络。

第二章，介绍海南华侨兴学的缘起和发展演变。

第三至第七章，分述海南各市县华侨捐助办学的情况。

第八章，总结海南华侨捐助办学的类型和模式。

第九、十章，阐述海南华侨兴学对侨乡社会的影响。

清末民初至今华侨捐助办学大致经历了三个时期：

第一个时期是清末民初至1949年，是海南华侨捐助家乡办学的第一次高潮。这是中国教育改制的重要时期，私塾教育向新式教育过渡，大批旧式学堂面临改制。而又恰逢国运不济，内忧外患交织，新式人才异常缺乏，办学经费、教学设备和师资严重不足。华侨慷慨解囊，捐资献物，修建校舍添置设备，兴办一批新

---

① 王朝赞、陈永阶：《琼籍华侨、华人对家乡的贡献》，《海南师范学院学报》（社会科学版）1990年第1期，第90－93页。

② 冯子平：《琼侨春秋》，香港：东西文化事业公司，2001年。

③ 辛业江：《海南省中等学校校史调查》，海口：海南出版社，2006年。

式学校,引进新式教育方式,协助家乡完成教育体制改革。二十世纪三四十年代华侨回乡办学助学热情高涨,既是近代以来华侨民族主义觉醒的表现,也是国内相对稳定和华侨经济得到改善的结果。一是由于第一次世界大战爆发,西方殖民国家无暇东顾,给华侨经济发展打开缝隙。二是中华民国成立之后,广大华侨对中国民主新制度充满期待,中国民族资本主义发展迎来黄金时期。三是自洋务运动以来中国近代资本主义发展,部分回国投资实业的华侨的经济实力有所增强。四是1939年2月日本占领海南岛之前,国内局势相对比较安定,而海外华文学校办学受到种种限制,许多华侨把子女送回家乡上学。

第二个时期是1950—1977年。此阶段国内政治运动不断,而东南亚地区民族主义高涨,出现不同程度的"排华"现象,各国相继出台限制乃至取消华侨学校的政策,海外华侨学校逐渐转型或者停办。在这种情况下,华侨捐助热情较前消退,办学数量减少。

第三个时期是1978年至今,可分为三个阶段。第一阶段是1978—1987年,中国改革开放头十年,华侨回乡探亲、投资,带动了慈善公益活动,华侨捐助办学热情高涨。第二阶段是1988—1997年,海南建省办大特区,掀起新一轮海外华侨华人回乡投资热潮。第三阶段是1998年至今,中国改革开放超过20年,经济高速发展,人民生活水平明显提高,与海外特别是东南亚地区的生活差距逐渐缩小。1998年金融危机后,东南亚经济受到严重打击,华侨华人对家乡的捐助活动明显减少;随着华侨社会转为华人社会,华裔与家乡的联系以及价值观念与老一辈有所不同,回乡捐助办学的人数逐渐减少。港澳同胞逐渐弥补了东南亚华侨华人的空白,成为捐助办学的主力军。同时,中国社会对优质教育资源的需求增加,学校面临新的挑战,集中力量办高质量教育成为趋势。这时期华侨捐助办学呈现许多新特点,主要是以大基金投入为主,撤并、改造一批老校,发展一批重点学校,扶持贫困区贫困户,推进义务教育均衡化,加强国际合作办学。

本书主要运用历史学、社会学的方法,通过整理文献资料和实地调查相结合开展研究,书中资料涉及档案、碑铭、专著、论文、方志、文史、报刊和访谈等。

第一章 海南侨乡和海南教育概况

第一节 海南的地理位置和建制沿革

一、海南的地理位置

海南又称"琼""琼州",位于中国最南端,行政版图包括海南岛、西沙群岛、南沙群岛和中沙群岛等岛礁及其海域,为全国最小的陆地省,最大的海洋省。其陆地面积最大的海南岛地处东经 108°37′~111°03′,北纬 18°10′~20°10′,北隔琼州海峡与雷州半岛相望,西临北部湾与越南为邻,东面和南面为南海及西太平洋。南北最大距离 180 余公里,东西最长距离 300 余公里,土地总面积 3.39 万平方公里,海域面积约 200 万平方公里。

二、西汉至清朝海南的建制

海南岛地处中国南部海疆,孤悬海外,环境复杂,历代中央政权为了确保统一国家的治理,数次调整海南的行政建制和隶属关系。

秦时海南为象郡外徼,秦汉之交海南属南越国。元封元年(前 110),汉武帝派伏波将军路博德、楼船将军杨仆率兵平定南越,并遣军渡海,在海南境内设置珠崖、儋耳二郡,设 16 个县,珠崖郡领 11 个县、儋耳郡领 5 个县[①]。至此,海南岛正式被列入中国版图。始元五年(前 82),罢儋耳郡入珠崖郡,初元三年(前 46)春,又罢弃珠崖郡,设立朱卢县(都尉治),属合浦郡。建武十九年(43),复立珠崖县,属合浦郡,督于交州。永平九年(66),儋耳降附。

三国时期设珠崖郡于雷州半岛徐闻县,领珠官、朱卢、徐闻 3 个县,隶属

---

① 具体县名不详,可考者有 11 县。《海南省志·建置志·第一章 建置沿革》,海南史志网,http://www.hnszw.org.cn/zssk.php? Class = 131&Deep = 3。

交州。

晋代省珠崖郡入合浦郡，改朱卢县为玳瑁县，玳瑁县、珠官县隶属合浦郡，旋废珠官县。

南北朝时期，宋元嘉八年（431）复立珠崖郡，郡治所在徐闻，旋废；属县朱卢、珠官划入合浦郡，属越州。齐袭宋制。梁儋耳千余俚峒归附冼夫人，大同（535—546）中，冼夫人请命于朝，以儋耳故地立崖州，统于广州都督府。陈永定（557—559）中，崖州隶属广州刺史。隋设珠崖、儋耳、临振 3 个郡 12 个县，郡属扬州刺史部。珠崖郡领颜卢、澄迈、武德 3 个县，治所在颜卢县；儋耳郡领义伦、毗善、昌化、吉安、感恩 5 个县，治所在义伦县；临振郡领宁远、临川、延德、陵水 4 个县，治所在宁远县。

唐初设崖州（旧珠崖郡）、儋州（旧儋耳郡）、振州（旧临振郡）3 个州 12 个县，隶属广州总管府。崖州领颜城、澄迈、临机、平昌 4 个县；儋州领义伦、昌化、感恩、富罗 4 个县；振州领宁远、延德、临川、陵水 4 个县。贞观五年（631）增设琼州，共 4 个州 18 个县。琼州领琼山、临机、万安、富云、博辽 5 个县；崖州领舍城、澄迈、文昌 3 个县；儋州领义伦、昌化、感恩、富罗、吉安 5 个县；振州领宁远、延德、临川、陵水、吉阳 5 个县。乾封元年（666）至贞元五年（789）期间多次调整，贞元五年置琼州都督府，隶于广州经略使。琼州都督府领琼州、崖州、儋州、振州、万安州 5 个州 23 个县。琼州领琼山、曾口、颜罗、容琼、乐会、临高 6 个县；崖州领澄迈、文昌、舍城 3 个县；儋州领义伦、昌化、感恩、洛场、富罗 5 个县；振州领宁远、延德、临川、吉阳、落屯 5 个县；万安州领万安、富云、博辽、陵水 4 个县。贞元七年（791），省容琼县入琼山县，隶属琼州，琼州都督府领 5 个州 22 个县，属岭南西道。因琼州都督府的设立，海南始称"琼""琼州"。

五代十国时期，设琼州、崖州、儋州、振州、万安州 5 个州 14 个县，隶属南汉。琼州领琼山、乐会 2 个县；崖州领舍城、澄迈、文昌、临高 4 个县；儋州领义伦、昌化、感恩、洛场 4 个县；振州领宁远、吉阳 2 个县；万安州领万安、陵水 2 个县。

宋初，废崖州，以其地入琼州，改振州为崖州；以琼州为琼管安抚司，领州之属县及儋州、万安州、崖州 3 个州（后改为昌化军、万安军、珠崖军）。宋中叶，琼管安抚司改为琼管安抚都监台，琼管安抚都监台辖琼州、儋州、万安州、崖州 4 个州 13 个县。琼州领琼山、澄迈、文昌、舍城、临高、乐会 6 个县；儋州领义伦、昌化、感恩 3 个县；万安州领万安、陵水 2 个县；崖州领宁远、吉阳 2 个县。宋末，琼管安抚都监台隶属广南西路，领万安军、吉阳军、南宁军 3 个军 12 个县。直属县有琼山、澄迈、文昌、临高、乐会 5 个县；万安军领万安、

陵水 2 个县；吉阳军领吉阳、宁远 2 个县；南宁军领宜伦、昌化、感恩 3 个县。

元至元十五年（1278），废宋琼管安抚都监台，设置琼州路安抚司及万安军、吉阳军、南宁军 3 个军，仍袭宋制。同年，省吉阳县。至元十七年（1280），在雷州置海北海南道宣慰司，属湖广等处行中书省，领琼州路安抚司。至元二十八年（1291），改琼州路安抚司为琼州路军民安抚司。至元二十九年（1292）六月，设定安县、会同县 2 个县。天历二年（1329）十月，改琼州路军民安抚司为乾宁军民安抚司，升定安县为南建州。至正二十三年（1363），乾宁军民安抚司、南宁军、万安军、吉阳军、南建州改隶属广西行中书省海北海南道宣慰司。乾宁军民安抚司领琼山、澄迈、文昌、临高、乐会、会同 6 个县；南宁军领宜伦、昌化、感恩 3 个县；万安军领万安、陵水 2 个县；吉阳军领宁远、吉阳 2 个县。

明洪武初改乾宁军民安抚司为琼州府，隶属广东行中书省（后改为广东承宣布政使司），领 3 个州 13 个县。洪武二年（1369），改琼州府为琼州，置琼州、崖州、儋州、万州 4 个州，撤销琼山县建制，4 个州仍各领属县，隶属广西行中书省。洪武三年（1370）十一月，升琼州为琼州府，复置琼山县，改隶广东等处行中书省。直属县有琼山、澄迈、临高、定安、文昌、会同、乐会 7 个县；儋州领宜伦、昌化、感恩 3 个县；万州领万安、陵水 2 个县；崖州领宁远县。明中后期，琼州府领 3 个州 10 个县，直属有琼山、澄迈、临高、文昌、会同、乐会、定安 7 个县；儋州领昌化县；万州领陵水县；崖州领感恩县。

清袭明制。光绪三十一年（1905）四月，升崖州为直隶州，改万州为万县。琼州府和崖州直隶州隶属广东省。琼州府领儋州、琼山县、澄迈县、临高县、定安县、文昌县、会同县、乐会县 1 州 7 个县；崖州直隶州领感恩县、昌化县、陵水县、万县 4 个县。

三、民国时期海南的建制

民国元年（1912），废琼崖道、琼州府，改设琼崖安抚使和民政总长；撤销崖州直隶州，改设崖县，不再管辖原崖州直隶州管辖的万县、昌化县、陵水县、感恩县 4 个县；撤销儋州改设为儋县。琼崖安抚使和民政总长管辖琼山县、文昌县、定安县、会同县、乐会县、澄迈县、临高县、儋县、万县、陵水县、崖县、昌化县、感恩县 13 个县。民国三年（1914），实行省、道、县三级制，在海南设立琼崖道，同时变更与外省重名的县名，改会同县为琼东县，昌化县为昌江县，万县为万宁县。琼崖道管辖琼山县、文昌县、定安县、琼东县、乐会县、澄迈县、临高县、儋县、万宁县、陵水县、崖县、昌江县、感恩县 13 个县。民国十年（1921），废琼崖道，设立琼崖善后处，各县知事改称县长。民国十五年

（1926），设立海口市政厅（后改为市政局）。民国二十年（1931），撤销海口市政局。民国二十四年（1935），在黎族、苗族聚居的五指山地区设立白沙县、保亭县、乐东县 3 个县，至此，海南有 16 个县的行政建制。民国二十五年（1936），海南划设为广东省第九区行政督察专员公署。民国三十八年（1949）1 月 21 日，设立海南特别行政区，直隶国民政府行政院。海南特别行政区行政长官公署管辖海南岛、东沙群岛、西沙群岛、中沙群岛、南沙群岛等群岛及其附属岛屿和海域。

四、1950—1987 年海南的建制

1950 年 5 月 1 日，海南解放，国民党领导的海南各级政权全部解体。同年 5 月 26 日，中共中央华南分局决定成立海南军政委员会（7 月 2 日起启用新印章），为当时海南最高地方政权机关，管辖 1 个自治区行政委员会、1 个市、16 个县，即琼崖少数民族自治区行政委员会、海口市、琼山县、文昌县、定安县、澄迈县、新民县、琼东县、乐会县、万宁县、陵水县、崖县、儋县、临高县、昌感县、白沙县、保亭县、乐东县。

1951 年 1 月，撤销琼崖少数民族自治区行政委员会。同年 4 月 22 日，成立广东省人民政府海南行政公署，取代海南军政委员会，下辖 1 个市、16 个县，即海口市、琼山县、文昌县、琼东县、乐会县、万宁县、定安县、新民县、澄迈县、临高县、儋县、陵水县、崖县、昌感县、白沙县、保亭县、乐东县。

1952 年 4 月，恢复成立琼中县，新置东方县。同年 6 月，因重名，改"新民县"为"屯昌县"。同年 7 月，成立海南黎族苗族自治区人民政府，驻在乐东县抱由镇，下辖 5 个县，即白沙县、乐东县、东方县、琼中县、保亭县。同年 8 月，琼东县和乐会县合署在嘉积镇办公。1953 年 12 月，琼东县和乐会县分开办公，恢复原来 2 个县的行政建制。至此广东省人民政府海南地方行政机关共置 1 市 18 县，即海口市、琼山县、文昌县、琼东县、乐会县、万宁县、定安县、屯昌县、澄迈县、临高县、儋县、陵水县、崖县、昌感县、白沙县、乐东县、东方县、琼中县、保亭县。

1954 年 1 月，原属广东省人民政府海南行政公署管辖的崖县、陵水县划归海南黎族苗族自治区管辖。

1955 年 10 月，海南黎族苗族自治区改为海南黎族苗族自治州，并于 1959 年 3 月搬到海口市与广东省人民政府海南行政公署合署办公（一套人马两块牌子）。

1957 年 5 月，新设立那大县。

1959 年 3 月，撤销琼山县，将该县行政区域全部划归海口市；撤销琼东县、

万宁县、乐会县3个县的行政建制,将其行政区域合并设立琼海县;撤销定安县、屯昌县2个县,将其行政区域合并,设立定昌县;撤销那大县,将其行政区域划归儋县;撤销临高县,将其行政区域全部划归澄迈县;撤销昌感县,将其行政区域全部划归东方县;撤销白沙县,将其行政区域分别划归东方县、琼中县2个县;撤销保亭县、陵水县2个县,将其行政区域全部和崖县、万宁县境内的兴隆农场及附近农村合并,设立崖县;成立广东省西沙群岛、南沙群岛、中沙群岛办事处。同年10月,恢复琼山县、万宁县、保亭县3个县。

1961年5月,崖县划分为崖县、陵水县2个县;定昌县划分为定安县、屯昌县2个县;澄迈县划分为澄迈县、临高县2个县;东方县划分为东方县、白沙县、昌江县3个县。保亭县、琼中县、乐东县3个县区域作了局部调整。同年11月,恢复原海南黎族苗族自治州人民委员会的办事机构。1962年2月,自治州人民委员会搬回通什镇办公。此时,海南黎族苗族自治州管辖8个县:崖县、陵水县、乐东县、东方县、昌江县、白沙县、琼中县、保亭县。

1967年3月,成立广东省海南地区军事管制委员会,作为海南的最高权力机构。1968年4月,成立广东省海南行政区革命委员会和海南黎族苗族自治州革命委员会。海口市和各县也先后成立革命委员会。1970年10月,广东省海南行政区革命委员会改为广东省海南地区革命委员会。1972年10月,广东省海南地区革命委员会改称广东省海南行政区革命委员会。1980年1月,撤销区、州革命委员会,恢复广东省海南行政区公署和海南黎族苗族自治州人民政府。广东省海南行政区公署管辖1个州、1个市、17个县和1个办事处,即海南黎族苗族自治州、海口市、琼山县、文昌县、琼海县、万宁县、定安县、屯昌县、澄迈县、临高县、儋县、陵水县、崖县、乐东县、东方县、昌江县、白沙县、保亭县、琼中县和西沙群岛、南沙群岛、中沙群岛办事处(1981年11月,西沙群岛、南沙群岛、中沙群岛革命委员会改为广东省西沙群岛、南沙群岛、中沙群岛办事处,由海南行署直接领导)。

1984年5月,成立海南行政区人民政府(副省级),崖县改为三亚市(县级)。

1986年5月,海口市升格为地级市;同年6月,新设立通什市(县级)。

1987年12月,撤销海南黎族苗族自治州;三亚市升格为地级市;成立保亭黎族苗族自治县、琼中黎族苗族自治县、乐东黎族自治县、东方黎族自治县、陵水黎族自治县、白沙黎族自治县、昌江黎族自治县。

五、1988 年海南省行政区划

1988 年 4 月 13 日，七届全国人大一次会议通过《关于设立海南省的决定》和《关于建立海南经济特区的决议》，决定撤销海南行政区人民政府，成立海南省人民政府，并将海南岛划为经济特区，省会在海口市。4 月 26 日，中共海南省委员会、海南省人民政府挂牌仪式在海口举行。[①] 当时海南省直辖 3 个市、16 个县和 1 个办事处，即海口市（地级市）、三亚市（地级市）、通什市（2001 年更名为五指山市）、琼山县（1994 年撤县设市）、琼海县（1993 年撤县设市）、文昌县（1995 年撤县设市）、万宁县（1996 年撤县设市）、屯昌县、定安县、澄迈县、临高县、儋县（1993 年撤县设儋州市，2015 年升格为地级市）、保亭黎族苗族自治县、琼中黎族苗族自治县、白沙黎族自治县、陵水黎族自治县、昌江黎族自治县、乐东黎族自治县、东方黎族自治县（1997 年撤县设东方市）和西沙群岛、南沙群岛、中沙群岛办事处。2012 年 6 月，国务院批准撤销海南省西沙群岛、南沙群岛、中沙群岛办事处，设立地级三沙市，管辖西沙群岛、中沙群岛、南沙群岛的岛礁及其海域，政府驻西沙永兴岛。

截至 2018 年末，海南省陆地（主要包括海南岛和西沙、中沙、南沙群岛）总面积 3.54 万平方公里，海域面积约 200 万平方公里。全省有 19 个市县，其中地级市 4 个、县级市 5 个、县 4 个、民族自治县 6 个，基层设乡镇和街道办事处 217 个，其中镇 174 个、乡 21 个、街道办事处 22 个。19 个市县即海口市（地级）、儋州市（地级）、三亚市（地级）、三沙市（地级）、文昌市（县级）、琼海市（县级）、万宁市（县级）、五指山市（县级）、东方市（县级）、定安县、屯昌县、澄迈县、临高县、昌江黎族自治县、乐东黎族自治县、陵水黎族自治县、白沙黎族自治县、保亭黎族苗族自治县、琼中黎族苗族自治县。全省总人口约 925.10 万人，主要民族有汉族、黎族、苗族、壮族和回族，其中汉族 757.59 万人，占 81.89%，黎族 151.48 万人，苗族 8.03 万人，壮族 4.09 万人，回族 1.38 万人，其他民族 2.54 万人。

---

① 《海南省志·总述　大事记·中华人民共和国（3）》，海南史志网，http：//www. hnszw. org. cn/xiangqing. php？ID＝57112。

第二节　海南华侨与侨乡概况

一、海南华侨概况

海南岛地处南海要冲，四面环海，北隔琼州海峡与祖国大陆相望，东、西、南部与东南亚诸国为邻，是《汉书·地理志》记载的中国沿海通往南洋的必经之地。海南人以海为路、以海为生，通过海洋走向世界。南洋旧指马来半岛一带，现为东南亚国家和地区的统称，它是海南华侨出国最早和最集中的目的地。海南人把出国叫作"下南洋"或者"去番"，称华侨为"南洋客"或"番客"，大概是海南华侨大多分布在南洋所致。海南虽是中国陆地面积最小、建省时间最晚的省份，却是中国海洋面积最大、华侨数量占比较高的省份。

元封元年（前110）设珠崖、儋耳隶属交趾刺史部，其管辖范围包括今越南北部、中部及广西和广东。两广、海南与越南之间的行政隶属关系的建立，使彼此间的交往成为常态，有些海南人定居东南亚是完全可能的。

唐宋以降，中原板荡，因"吏成落籍，宦裔流寓，避乱迁徙"①，使海南岛人口激增，社会负担加剧，民生维艰，沿海部分民众不得不迁居外洋谋生。据海南方志与族谱记载，唐代已有"去番"的海南人。他们是一群从福建漳州、泉州、莆田和广东等地迁移到乐会县的商人和渔民，因不堪忍受天灾人祸，冒险远渡重洋到南洋地区谋生。② 宋元以来，有关海南人出国的史料记载不计其数。

海南人大规模移民发生在19世纪欧洲人大力拓殖东南亚时期，特别是1819年新加坡开埠和1858年琼州开港后，大批沿海居民到海外谋生，形成海南华侨移民高潮。第一次、第二次世界大战期间，部分海南人因故滞留海外，主要在东南亚、北美洲、欧洲和大洋洲。海南华侨绝大多数分布在印度尼西亚、马来西亚、新加坡、泰国、越南、柬埔寨和老挝等东南亚国家，其次是美国、加拿大、澳大利亚、丹麦、苏里南等国家。

二、海南侨乡概况

侨居海外的海南人数量和比例仅次于广东和福建，海南被称为中国第三大侨

---

① 陈铭枢总纂，曾蹇主编：《海南岛志》，海口：海南出版社，2004年，第121页。

② 王桢华主编：《琼海市华侨志》，北京：中国文联出版社，2007年，第27页。

乡。民国十七年（1928）统计，海南岛除中部黎苗地区外，其余14个市县户口总数372 900户，人口总数2 195 645人；海外华侨超过10万人，其中最多的是文昌县，约9万人，其次是琼山、琼东、乐会、定安等县，俱有数千人。[①]

2008年，海南华侨华人总数约340万人，其中96%分布在东南亚地区。以海外华侨华人人数的多寡排序，最多的依次为文昌市、海口市（含琼山）、琼海市、万宁市、儋州市和定安县。其中拥有100万人以上的是文昌市，50万人以上的是海口市和琼海市，20万人以上的是万宁市，10万人以下的是儋州市，1 000人以上、1万人以下的是定安县，其余市县一般数十人至数百人。[②] 至2018年底，有琼籍海外华侨华人和港澳台同胞390多万人，归侨、侨眷130多万人。华侨华人分布在60多个国家和地区，以东南亚地区居多，已成立近400个地缘性、血缘性和业缘性的海外乡亲琼属社团。[③]

琼山县

汉元封元年（前110）属珠崖郡瑇都、玳瑁，初元三年（前46）属合浦郡朱卢县。建武十九年（43）四月，改朱卢县为珠崖县。隋大业三年（607）属珠崖郡颜庐、武德2县，六年（610）改武德为舍城县，属颜庐、舍城2县。唐贞观元年（627），析舍城县置琼山县。贞观五年（631），置琼州，州治在今海口市旧州镇。贞观十三年（639），析琼山县和澄迈县置曾口、颜罗、容琼3县。开元元年（713），废颜城入舍城。天宝元年（742），改琼州为琼山郡，琼山县改称琼山郡附廓。乾元元年（758），改琼山郡为琼州。时县地跨琼州附廓和崖州舍城县。明洪武二年（1369），改琼州乾宁安抚司为琼州，琼山县时属琼州。洪武三年（1370）升琼州为琼州府，琼山县为琼州附廓，同年复置琼山县。清同明制。民国元年（1912），琼山县属广东省琼崖绥靖处，置治所于琼山县琼城镇（今府城镇）。民国十五年（1926）12月，以琼山县海口所置海口市。二十年（1931）2月，裁撤海口市，复隶琼山县，属广东南区善后委员公署。二十四年（1935）2月，析琼山县西南一带划入白沙县。1949年12月，划琼山县永安、福安、关龙、白沙、甸埠、秀英6个乡镇置海口市。1951年4月22日，划琼城镇归海口市，12月县治从琼城镇迁往云龙镇岭脚墟。1955年1月，琼城镇复归琼山县改称府城，同年11月县治迁回府城镇。1958年12月1日，琼山县并入海口市。1959年10月18日，复置琼山县。2002年10月，琼山市与海口市合并为海

① 陈铭枢总纂，曾蹇主编：《海南岛志》，海口：海南出版社，2004年，第122、135页。
② 吴世存：《琼属华侨华人现状、发展趋势及工作对策研究》，国务院侨务办公室政策法规司，2009年。
③ 《2019年海南年鉴·华侨 宗教》，海南史志网，http://www.hnszw.org.cn/web/hnnj/list.php?Class=24241&Deep=4。

口市。

琼山县华侨大多数在泰国、越南，其次是新加坡、马来西亚和印度尼西亚，还有部分中国香港、澳门同胞。明万历大地震后，演海一带地质下沉，形成著名的东寨红树林沼泽地。桑田沧海变迁，当地民众被迫向外洋谋生。民国时期，琼山县有华侨数千人。1990 年全县华侨人口为 30 万，集中在东南亚，其中 85% 居住在泰国，其次是新加坡、马来西亚、越南等地。①

海口市

位于北纬 19°32′~20°05′，东经 110°10′~110°41′。地处海南省北部，南渡江出海口西侧。北濒琼州海峡，隔 18 海里与广东省海安镇隔海相望，东与文昌市接壤，南与文昌市、定安县接壤，西邻澄迈县。截至 2018 年，海口市土地面积 2 305 平方公里，辖秀英、龙华、琼山、美兰 4 个区，22 个镇，21 个街道，253 个村委会，192 个居委会，常住总人口 230.23 万人。②

海口为南渡江冲积而成的滩浦，汉至唐先后属玳瑁、珠崖、朱卢、颜城、琼山等县，宋熙宁四年（1071）始称海口浦，是琼州郡治要津、水军驻地和通海航线港口。明洪武三年（1370）设海口都，洪武七年（1374）改设千户所，洪武二十八年（1395）筑城，称海口所城。正德年间（1506—1521）设海口一都、海口二都，属琼山县丰好乡。清初沿明制。康熙二十三年（1684）至雍正七年（1729）设水师营，县治移置海口所。康熙二十四年（1685），全岛沿海设十处海关，海口为总口。光绪三十一年（1905），改雷琼道为琼崖道，海口隶属琼崖道琼山县，称海口所。清末设海口商埠警察局，1912 年改称海口镇。1926 年设市（县级），称海口市政厅，下辖第一、第二、第三警察区。1929 年改为市政局。1931 年 2 月裁撤海口市，复称海口镇，隶于琼山县，为琼山县第十一区，辖永安等 2 个镇和关龙等 6 个乡。1939 年为琼山县第六区公所。1942 年初，日本军队扶植成立"海口市政府"。1946 年划为琼山县，设海口八乡镇联防办事处。1949 年复设海口市（县级），至 1950 年 4 月海口市解放时废止。

1950 年 6 月 1 日，成立海口市人民政府，为广东省直辖市（地级）。1951 年 10 月，下设第一、第二、第三、第四区。1958 年 12 月，琼山县并入海口市，海口市辖原市境及原琼山县全境。1959 年 10 月分出琼山县，恢复琼山县建制，原琼山辖地长流地区划归海口市。1958—1974 年，海口市为县级市。1975 年 11 月升为地级市。1983 年降为县级市。1986 年经国务院批准升格为地级市。1988 年

---

① 《琼山县志·第一章　侨务》，海南史志网，http：//www. hnszw. org. cn/xiangqing. php？ ID = 48778。

② 《2019 年海南年鉴·市县·海口市》，海南史志网，http：//www. hnszw. org. cn/web/hnnj/list. php？ Class = 24241&Deep = 4。

海南建省，海口市为海南省会市。1990 年 11 月，经民政部批准，设立振东、新华、秀英 3 个市辖区（县级）。2002 年 10 月，国务院正式批复调整海口市行政区划，海口、琼山两市合并。2003 年 1 月，以原琼山市和海口市原秀英区、新华区、振东区的行政区域，成立海口市秀英区、龙华区、琼山区、美兰区。合并后海口市常住人口 1 626 411 人。

海口是琼州府的外港，也是海南岛最早开放通商的口岸，唐宋时期是"番舶所聚之地"，已有从事南洋运输、经商的华侨定居海外。咸丰八年（1858），根据中英、中法《天津条约》规定，海口开辟为对外通商口岸，有通往南洋各地的航线。1876 年设立琼海关后，德国、俄国、美国、西班牙、葡萄牙、荷兰、奥地利、匈牙利、意大利、丹麦、日本等十余个国家相继在海口设立领事馆。海口自开港以来逐渐成为海南岛的商贸中心，也是华侨回乡投资经商置业的首选之地。清末民初，许多华侨回乡投资建设，形成了南洋风格的商业中心——海口骑楼老街。2004 年，海口市侨情调查统计，全市共有华侨华人、港澳同胞 50.56 万人，其中华侨华人 43.52 万人，港澳同胞 7.04 万人。[①]

文昌市

位于海南岛的东北部，地处北纬 19°21′～20°01′，东经 110°28′～111°03′，北濒琼州海峡，东、南临南海，西北邻海口市，西靠定安县，西南接琼海市。截至 2018 年，全市土地面积 2 485 平方公里，辖 17 个镇、2 个农场、255 个村委会、42 个居委会，常住总人口 56.89 万人。[②]

文昌古称"紫贝""武德""平昌"。元封元年（前 110），紫贝县属珠崖郡，邑治设在紫贝岭之阳。初元三年（前 46），弃珠崖郡置朱卢县，属合浦郡，邑治并入朱卢县。东汉建武十九年（43），复置珠崖县，邑治并入珠崖县。三国时期，吴赤乌年间（238—251）于徐闻置珠崖郡，在海南岛立朱卢县，邑治并入朱卢县。晋太康元年（280），省珠崖郡并入合浦，属合浦郡珠官县，不久废珠官县复珠崖郡，邑治仍属朱卢县。太康二年（281）改朱卢为玳瑁，隶交州，邑治属玳瑁。南朝刘宋元嘉八年（431），于交州复立珠崖郡，领县七，归合浦太守领属越州。萧齐（479—502）仍沿刘宋制，以朱卢、珠官二县属越州，邑治并入朱卢县（为琼山地）。南朝梁大同元年（535）至陈末（569），置崖州，隶广州，邑治并入崖州。隋大业三年（607），改崖州为珠崖郡，领县五，又析西南地置临振郡，领县五。在原紫贝县之故墟置武德县，属临振郡，隶扬州，唐武德五年

---

① 《海南概况·地情要览·海口市·政区概况》，海南史志网，http：//www.hnszw.org.cn/xiangqing.php？ID＝36411&Deep＝3&Class＝4797。

② 《2019 年海南年鉴·市县·文昌市》，海南史志网，http：//www.hnszw.org.cn/web/hnnj/list.php？Class＝24241&Deep＝4。

（622）改武德为平昌县，属崖州。县治迁移至安知乡何恭都潭布村平昌溪附近（今东路镇下路桥南约一里处）。贞观元年（627），海南岛属岭南道，改平昌为文昌县，属崖州，县名沿用至今。五代十国时，乾和十五年（957），文昌县属崖州。宋开宝四年（971）平南汉，废崖州，始以文昌县属琼州。元至元十五年（1278），隶湖广行中书省。天历二年（1329），改琼州为乾宁军，文昌属之。元至顺二年（1331），县治迁于奉化乡北山都（今文城镇孔庙南侧）。明洪武元年（1368）海南置琼、崖、儋、万四州，文昌县属琼州，隶广西。三年（1370）升琼州为府，隶广东。清顺治九年（1652）琼州府归附清朝，终清一代，邑制仍旧。民国元年（1912）隶属广东省琼崖道，民国十年（1921）属琼崖行政专员公署，民国十四年（1925）属琼崖行政区政务委员会，民国十六年（1927）属广东省南区善后委员会公署，民国三十八年（1949）属海南特区行政长官公署。

中国共产党为了适应革命斗争的需要，1927年6月，成立中共文昌县委员会。1929年曾设中共文北临委，直属中共琼崖特委。1931年划出文昌县北部与琼山县东部设立琼文县建制。1937年4月，琼文县改称琼山县，文昌县北部地区复归文昌县管辖。1940年11月16日，成立琼崖文昌县抗日民主政府，抗日胜利后改称"文昌县民主政府"。1948年3月设置文南、文北两个县建制，属中共琼崖北区地委，直至解放。1950年4月文昌解放，文南、文北两县合为文昌县。1951年成立文昌县人民政府；1955年改为文昌县人民委员会；1958年10月，成立文昌人民公社（1958年底取消）；1968年4月，成立文昌县革命委员会；1980年6月取消文昌县革命委员会，复称文昌县人民政府。1995年11月7日，国务院批准文昌撤县设市，文昌县改称文昌市。[1]

文昌是海南第一侨乡，也是中国著名侨乡，几乎家家是侨户、村村是侨乡。民国时期海南的侨民约9万人，其中绝大多数是文昌人。2010年，文昌籍海外华侨华人有120多万人（不包含本市农、林场），归侨、侨眷、港澳同胞亲属17万人，海外华侨华人数量约占全省的40%。[2] 文昌华侨华人的足迹遍布世界各地，主要分布在泰国、马来西亚、新加坡、越南、柬埔寨、老挝、印度尼西亚、文莱、日本、英国、法国、澳大利亚、新西兰、加拿大、美国、巴西和苏里南等国家。

琼海市

地处东经110°07′～110°40′，北纬18°59′～19°29′。位于海南岛东部，东临

---

① 《海南概况·地情要览·文昌市》，海南史志网，http://www.hnszw.org.cn/news_list.php? Class＝4781&Deep＝2&type＝14。

② 文昌市方志编纂委员会编：《文昌市志（1996—2010）》，北京：方志出版社，2020年，第658页。

南海，东北依文昌市，南与万宁市接壤，西南与琼中、屯昌等县毗邻，西北与定安县交界。截至 2018 年，全市土地面积 1 692 平方公里，辖 12 个镇、189 个村委会、20 个居委会，常住总人口 51.57 万人。[①]

　　万泉河自西向东穿过琼海境域，经嘉积镇注入博鳌港，把琼海分割成南北两部分，其南部为原乐会县境，北部为原琼东县境，今琼海市由乐会县和琼东县合并而成。唐高宗显庆五年（660）析容琼县置乐会县，建治于南管村（又称黎黑村，今长坡镇烟塘泗村）。元世祖至元二十四年（1287），乐会县迁治于太平都调懒村（今潭门镇福田凤头村）。至元二十八年（1291），将乐会县西北境析出，置会同县，县治设在永安都乌石埔村（又称梁崛村，在今大路镇境内）。至元三十一年（1294），乐会县迁治于万泉河之北（今博鳌镇朝阳旧县坡）。元成宗大德四年（1300），乐会县迁治万泉河之南、流马河之北的阴阳山（今博鳌镇朝阳乐城岛）。元仁宗皇庆元年（1312），会同县迁治于太平都斗牛乡（今潭门镇旧县坡）。元顺帝至正年间（1341—1370），会同县迁治于端赵都牛角墩（今塔洋镇）。明太祖洪武元年（1368），会同、乐会属琼州。洪武三年（1370），升琼州为府，县直辖于府。清袭明制。民国元年（1912），会同、乐会属琼崖道。民国三年（1914），因会同县与湖南省辰沅道之会同县同名，易名为琼东县。1950 年4 月，琼东、乐会县解放，同年 7 月琼东县县治迁至嘉积镇。1952 年，乐会县迁治中原镇。1958 年 12 月 1 日，经国务院批准，琼东、乐会、万宁三县合并，因地处琼州东海岸，故称琼海县，治所嘉积镇。1959 年 11 月，析出万宁县。1950—1959 年琼海、万宁、定安、文昌四县部分村进行调整。1950 年 7 月，定安县第五区的蒙养、博文、深造和南面乡共 55 个村，划入乐会县第三区。1954年 3 月，乐会县第二区的田头、三更乡共 27 个村，划入琼东县。4 月，琼东县第三区冯家乡的冯家村、美教村、翁山园村、排溪村、新村、上园村、大有村等共556 户，耕地 1 600 亩，划入文昌县。1955 年 6 月，定安县第五区的南轩、南俸、西河、仙楼、文曲、加城、南岸、长上、丹河、龙头、文台、石壁、南城等乡共265 个村，耕地 30 775 亩，划入琼东县。1957 年 9 月，定安县第四区的新市、罗凌乡共 56 个村，耕地 12 879 亩，划入琼东县大路区。1959 年 11 月，朝阳公社排园大队的河头、排园、上坡 3 个村，划入万宁县龙滚公社。同时，万宁县龙滚公社东海大队的深美、东坡、南港 3 个村，耕地 1 782 亩，划入本县朝阳公社。同月，琼中县中平公社的三州、加略和溪仔 3 个大队 11 个自然村划入本县会山公社；中平公社的青湾、水口仔和南通 3 个大队，耕地 2 925 亩，划入本县石壁

　　① 《2019 年海南年鉴·市县·琼海市》，海南史志网，http：//www.hnszw.org.cn/web/hnnj/list.php？Class＝24241&Deep＝4。

公社。同时，将东太、南俸农场的地界划入本县区域。1992 年 11 月，经国务院批准，撤销琼海县，设立琼海市，市人民政府驻嘉积镇。

琼海东面濒临南海，境内主要河流万泉河汇聚入海，港湾较多，博鳌、潭门是海南东部主要港口。唐朝时期就有琼海人闯南洋谋生，明清以后大批琼海人移民东南亚等地。琼海是著名侨乡之一，20 世纪 80 年代，旅居世界 24 个国家和地区的琼海籍华侨华人、港澳同胞 40 万人（本县常住人口 39 万），归侨、侨眷 30 万人。① 截至 2006 年，琼海市有海外华侨华人约 55 万人，绝大多数分布在马来西亚、新加坡、泰国、印度尼西亚、日本、加拿大、美国、秘鲁、牙买加、英国、法国、澳大利亚、新西兰、荷兰、丹麦、匈牙利、南非等国家和地区。②

万宁市

位于海南省的东南部，东经 110°00′~110°34′，北纬 18°35′~19°06′。东临南海，西接琼中县，南和陵水县相邻，北和琼海市交界。截至 2018 年，全市土地面积 1 884 平方公里，辖 12 个镇、1 个旅游区、197 个村委会、15 个居委会，常住总人口 57.86 万人。③

唐高祖武德五年（622），改珠崖郡为崖州，万宁属崖州平昌县。唐太宗贞观五年（631），析珠崖州增置琼州，析平昌县以万宁现区域范围设立万安县，隶于琼州。万宁建县从此开始。唐高宗龙朔二年（662），万安县改为万安州，州治在万安县通化都（今大茂镇旧州村），领万安、陵水、富云、博辽四县。天宝元年（742），改万安州为万安郡。至德初（756），改万安郡为万全郡。乾元元年（758），又复名万安郡，属岭南道。五代十国（907—960）时，万安地属南汉，万安州管治万安和陵水县。北宋熙宁六、七年间（1073—1074），改万安州为万安军，移军治于博辽。大观年间（1107—1110），军治移到后朗村水口（今万城镇），后废军复为州。南宋高宗绍兴七年（1137），改万安州为万宁县，历史上第一次出现万宁县名称。绍兴十三年（1143），又复为万安军。明洪武三年（1370），万安军改为万州仍领万宁县，隶属于琼州府。正统五年（1440），省去万州所管辖的万宁县，使其户属万州。清代沿袭明制，仍名万州，并把州县管辖范围扩展到黎族聚居的僻远地区。光绪三十一年（1905），改万州为万县，隶属崖州。民国成立，统裁州为县。民国三年（1914），改为万宁县，属广东省辖。中华人民共和国成立后，仍置万宁县。1958 年 12 月，琼东、乐会、万宁三县合

---

① 琼海县侨务办公室：《做好侨务工作　发挥华侨优势　振兴琼海经济》，琼海市档案馆，1989 - 14 - 6 - 2 - 37。

② 王桢华主编：《琼海市华侨志》，北京：中国文联出版社，2007 年，第 18 - 21 页。

③ 《2019 年海南年鉴·市县·万宁市》，海南史志网，http://www.hnszw.org.cn/web/hnnj/list.php? Class = 24241&Deep = 4。

并，取名琼海县，撤销万宁县。1959年11月，琼海县划出万宁县。1988年4月海南省成立，万宁县隶属海南省管辖。1996年8月5日，经国务院批准，撤销万宁县，设立万宁市。2005年末，万宁市户籍人口为56.68万人。[①]

万宁市濒临南海交通要冲，港湾曲折，唐宋时已开设海舶，其主要侨乡是龙滚镇和兴隆镇。龙滚镇原来隶属琼海中原镇，1958年行政区划重新调整时划归万宁，是万宁本地侨户最集中的乡镇。二十世纪五六十年代建立的兴隆华侨农场主要是安置归国华侨，以印度尼西亚归侨居多。2004年侨情普查数据显示，万宁市有海外华侨华人273 357人，分布在24个国家和地区，在马来西亚、新加坡、印度尼西亚的人数最多，其次为美国、日本、澳大利亚、新西兰等国。[②]

儋州市

地处北纬19°11′~19°52′、东经108°56′~109°46′。东与临高、澄迈县接壤，南至白沙县，东南与琼中县交界，西南与昌江县毗邻，北至西北濒临北部湾，与东南亚中南半岛东端的越南社会主义共和国隔海相望。截至2018年，全市土地面积3 265平方公里，辖16个镇、231个村委会、61个居委会、4个地方国营农场、1个地方国营林场，常住总人口（不含洋浦）91.03万人。[③]

西汉元封元年（前110）置儋耳郡，领义伦（今儋州市西北部）、至来（今昌江黎族自治县）、九龙（今东方市）3县，郡治在义伦县（今儋州市三都镇旧州坡），属交趾刺史部。始元五年（前82）省儋耳郡入珠崖郡。汉明帝永平十年（67）复置儋耳郡，建康元年（144）废。三国时，儋属吴。吴大帝赤乌五年（242），陆凯为儋耳太守，置珠崖郡于徐闻，属交州。晋太康元年（280）省珠崖郡入合浦，仍属交州（隔海遥领儋地）。南朝宋元帝元嘉八年（431）复置珠崖郡于徐闻，遥领海南之地。旋并入合浦郡，属越州。齐仍宋制，属越州。梁武帝大同年间（535—546）冯冼氏请命于朝，置崖州于废儋耳之地，领琼崖郡及义伦、朱卢（含海口市琼山区）等县，州、郡治于义伦，统于广州都督府。陈仍梁制，属广州都督府。隋文帝开皇十一年（591），仍置崖州，设崖州总管府，统辖全岛军民两政，领义伦、临振（今三亚市）、武德（今海口市琼山区）三县，治所义伦县。隋炀帝大业三年（607）改崖州（儋地）为珠崖郡，领县十：义伦（今儋州市西北）、感恩（今东方市）、颜卢（今海口市琼山区）、毗善（今临高

① 《海南概况·地情要览·万宁市》，海南史志网，http：//www.hnszw.org.cn/news_list.php?Class=4781&Deep=2&type=14。

② 《海南概况·地情要览·万宁市·政区概况》，海南史志网，http：//www.hnszw.org.cn/xiangqing.php?ID=38148&Deep=3&Class=4802。

③ 《2019年海南年鉴·市县·儋州市》，海南史志网，http：//www.hnszw.org.cn/web/hnnj/list.php?Class=24241&Deep=4。

县）、昌化（今昌江黎族自治县）、吉安（今万宁市）、延德（今三亚市西）、宁远（今三亚市东）、澄迈、武德（今海口市琼山区、文昌市），郡治于义伦（今儋州市三都镇旧州坡），直属中央政府，并督于扬州司隶刺史。大业六年（610）改珠崖郡为儋耳郡，领义伦、毗善、昌化、吉安、感恩五县，治所在义伦县。唐高祖武德五年（622）设置儋州（儋州之立自此始），领义伦、昌化、感恩、富罗（毗善改名，今临高县），州治迁往义伦县高坡（今儋州市中和镇）。唐玄宗天宝元年（742），改儋州为昌化郡，领县六：义伦、富罗、昌化、感恩、吉安、浔阳（含儋州市西北），治所在义伦县，属岭南道。五代十国仍称儋州，领义伦、昌化、感恩、洛场四县，治所不变，属南汉。南汉乾和十五年（957）废富罗并入义伦。北宋太平兴国初年（976）改儋州之义伦县为宜伦县。宋神宗熙宁六年（1073）改儋州为昌化军，省昌化、感恩县为镇，并入宜伦县，统于广南西路。南宋绍兴六年（1136）废昌化军为宜伦县（含感恩、昌化），隶属琼州。绍兴十三年（1143）复置昌化军，原属县还隶本军。宋理宗端平二年（1235），改昌化军为南宁军，治所不变，属广西。元世祖至元十五年（1278）仍称南宁军，治所不变，属湖广中书省。明洪武二年（1369）复改儋州，属广东琼州府。清代沿明制。民国元年（1912）改州为县，属广东琼崖道，县治今儋州市新州镇。民国十年（1921）属琼崖善后处。民国十五年（1926）属广东琼崖行政专员公署。民国十七年（1928）属广东省南区善后委员会公署。民国二十二年（1933）属琼崖绥靖委员会。民国二十五年（1936）属广东省第九区行政督察专员公署。民国三十五年（1946）属广东省琼崖办事处。民国三十八年（1949）属海南特区行政长官公署。1950年属广东省海南军政委员会。1951年4月属广东省海南行政公署。1957年分立儋县和那大县，次年9月合并称儋县，县治驻那大镇。1959年9月属广东省海南行政区。1993年撤县设市，市政府驻那大镇，属海南省。

2005年，儋州市有海外侨胞6 899户，74 388人，占全市总人口的7.9%（2005年儋州市总人口为941 757人）。主要分布于东南亚、澳大利亚、美国、英国、日本等20多个国家和地区。其中马来西亚30 800人，新加坡7 100人，泰国5 060人，印度尼西亚7 036人，澳大利亚1 061人，越南1 997人，美国1 500人，其他国家和地区19 834人。①

定安县

位于海南岛的中部偏东北，东经110°7′~110°31′，北纬19°13′~19°44′。东接文昌市，西接澄迈县，东南与琼海市毗邻，西南与屯昌县接壤，北隔南渡江与

---

① 《海南概况·地情要览·定安县·政区概况》，海南史志网，http：//www.hnszw.org.cn/xiangqing.php？ID=38280&Deep=3&Class=4805。

海口市琼山区相望。截至 2018 年，全县土地面积 1 187 平方公里，辖 10 个镇、108 个村委会、15 个居委会，常住总人口 29.76 万人。[①]

元至元二十九年（1292）始设定安县，寓意必定安稳。定安县治在丘陵地带的南资都南坚峒，即今龙门镇西北的官衙、官井村一带（另说在定安县黎族聚居山区边缘——今中瑞农场的双灶岭）。天历二年（1329），升定安县为南建州，直属海北（今广西北海市）元帅府，级别升格，辖区不变。南雷峒主王官为知州，州治设在琼牙乡，即今定城南门外的杨墩坡村南边（仅见古代《定安县志》记载，从未发现文物证据）。明初由原南建州世袭知州王廷金将州治迁其故里今岭口镇九锡山村。明洪武二年（1369，另说洪武元年），改南建州为定安县，县治在琼牙乡，隶属琼州府。县治于次年迁到定阳（今定城）。清代不变。民国时期，定安县民国政府设在定城，隶属琼崖绥靖委员会公署、琼崖行政委员会、广东省第九行政督察区、海南特区行政长官公署等。中华人民共和国成立后，定安县人民政府 1950 年隶属海南军政委员会，县政府设在定城旧县衙。1951 年隶属海南行政公署。1958 年 12 月与屯昌县合并为定昌县，县政府驻地为屯城。1961年 5 月恢复定安县，人民政府驻地在定城。1985 年隶属海南行政区人民政府。1988 年海南建省，隶属海南省人民政府至今。

2005 年，定安县华侨有 9 543 人（2005 年全县总人口 316 395 人），主要分布在新加坡、马来西亚、加拿大、澳大利亚、美国等 17 个国家和地区。[②]

第三节　海南教育发展概况

一、古代的海南教育

广义上的教育是与人类社会共生的，其形式多种多样。这里主要指学校教育，包括官学、义学、私学等形式。海南岛从西汉建制至隋朝时期，行政隶属关系多变，甚至一度弃置。东汉交趾太守锡光建学"导之礼义"[③]。海南正式的学

---

① 《2019 年海南年鉴·市县·定安县》，海南史志网，http：//www.hnszw.org.cn/web/hnnj/list.php?Class=24241&Deep=4。

② 《海南概况·地情要览·儋州市》，海南史志网，http：//www.hnszw.org.cn/news_list.php?Class=4781&Deep=2&type=14。

③ （明）唐胄纂，彭静中点校：《正德琼台志》卷十五《学校上》，海口：海南出版社，2006 年，第335 页。

校教育肇始于唐。唐宋之际，中原板荡，内陆人口不断南迁，形成海南历史上第一次大规模移民潮，"大批贬官谪宦、墨客文人的文化活动，为封建文化教育在海南岛上兴起造成了浓厚的社会文化氛围"①。唐宣宗（847—859）时海南"文化始洽"，即从以本土私塾教育为主过渡到正规学校教育的衔接的"契入"时期。

南宋时期政治、经济重心南移，大批内陆汉民迁琼，其中有不少官宦文人，如王义芳、李德裕、卢多逊、丁谓、李刚、赵鼎、李光、韦执谊、胡铨、苏轼。他们不仅带来了先进的汉文化，也热心办学传教。如王义芳在昌江地区兴办学校教授黎族子弟，苏轼在儋州开设书院讲学明道。除了朝廷贬谪官员之外，宋代迁琼始祖、先祖57姓、107人中②，绝大多数是官宦世族和文人墨客。世族大家为了传承家风和延续世代功名，历来注重文化教育，鼓励子女读书科考、博取功名，无疑对树立尊师重教的风气起到示范作用。北宋时期，海南有琼州儒学、儋州儒学和昌化县学；南宋时期，有琼州小学以及临高、琼山、澄迈、文昌、乐会、万宁、陵水、吉阳和感恩等地县学共10所，还有数十间私塾、书馆、书堂等私学。办学经费有官府拨给学田，也有官员捐资助学。官学和私学的建立，表明海南的学校教育体系已经形成。宋庆历年间（1041—1048），朝廷在海南设州贡院，实行科举取士，标志着海南教育"规范化和制度化"③。宋代海南各州县共有24人登科进士，23人中举，42人征辟。

元朝时期，根据民族划分等级，实行民族歧视政策，国内矛盾分化严重。海南的教育发展缓慢，至元亡前50年才施行科举考试，导致终元一朝海南竟无一人中举。元朝海南教育比较突出的业绩是官府拨给学田兴办乡村社学，初级蒙学教育得到普及。

明朝时期结束了战乱，民族矛盾和阶级矛盾相对缓和，社会经济得到复苏和发展。明朝时期，世界地理和海上交通有了新的发展，欧洲殖民者的海外拓殖探险方兴，从地中海到东亚地区的海上贸易十分活跃，环中国海域的海盗、私商活动频繁。明政府一方面加强海上防御，实行长达百年的海禁政策；另一方面扩大对外交往，大力发展南洋贸易。海南岛处于中国与南洋交流的前沿，明朝政府在海南各口增加卫所屯军戍防，同时从大陆大规模迁民，海南丁口骤然增至45万人④。海南社会各方面发展受到朝廷的重视。教育经费比较充足，各类学校数量众多、规模宏大、分布广泛、设施较齐。全岛一府三州十三县的治所均设立儒

---

① 符和积、符颖：《海南古代教育发展史》，海口：海南出版社，2009年，第19页。
② 工俞春：《海南移民史志》，北京：中国文联出版社，2003年，第472–480页。
③ 符和积、符颖：《海南古代教育发展史》，海口：海南出版社，2009年，第29页。
④ 陈铭枢总纂，曾蹇主编：《海南岛志》，海口：海南出版社，2004年，第122页。

学，各地乡村社学、义学和书院有所增加，规模较大的书院有 24 间、社学 179 所。社学分布全岛各县，其中琼山 81 所，澄迈 19 所，儋州 18 所，崖州 16 所，临高 11 所，文昌 7 所，万州 6 所，乐会 5 所，会同 5 所，定安 3 所，感恩 3 所，昌化 3 所，陵水 2 所。万历四年（1576），王弘海提出科举"奏考回琼"，得到朝廷谕准。这不仅避免了海南学子跨过茫茫海峡舟车劳顿之苦，而且使更多的海南学子通过科举考试脱颖而出。明朝时期海南人才辈出，全岛各州县本科进士 64 人，举人 594 人，武举 15 人。有的留名青史，如被誉为"琼州三杰"的邱浚、海瑞和邢宥，以及钟芳、廖纪和王弘海。

清朝初期，清政府在思想、文化上实行高压政策，由于担心学校成为反清复明的思想阵地，清政府不断加强对知识分子的控制。在学校教育方面，大力推行国学教育，要求学子苦读经书谋取功名。嘉庆、道光之后，政治腐败，经济衰落，列强入侵，清朝封建统治由盛转衰。以道光为分水岭，海南的教育出现了转折：道光之前，整体教育呈现发展态势，全岛一府两州十一县均设立官学（县学），学费由地方财政和学田租税支撑；道光之后，朝廷财政日益拮据，教育经费缺乏保障，私人捐资办学有所增加，仅地方乡绅出资创办的书院就有 32 所，他们还捐助众多的社学、义学、私塾，其中社学文昌县 80 所，定安县 17 所，琼山增建 7 所，儋县建 6 所，澄迈 3 所。[1] 清代海南人口 125 万人，科举进士共 30 人，与明代相比减少了一半，但学校数量、办学类型、教育普及化程度等均有较大进步。

晚清中国社会正处于新旧制度交替时期，学校教育发生巨大变化。光绪三十年（1904），清政府颁布《奏定学堂章程》，实行癸卯学制，之后陆续出台一系列新的学校教育章程，逐步废除科举取士制度，实行新学制兴办新学堂。据不完全统计，1904 年，全国学堂总数 4 476 所，学生 99 475 人。到 1909 年，新式普通学堂递增至 59 117 所，在校学生 1 639 641 人，其中新式中学堂 460 所，在校学生 40 468 人；高等学校 24 所，学生 4 203 人；大学堂 3 所，学生 749 人；师范学堂 415 所，各类实业学堂 254 所，女学堂 298 所。[2]

早在光绪二十八年（1902），琼州知府刘尚伦就将琼台书院改为琼州府中学堂。癸卯学制颁布后，海南各地书院纷纷改办为学堂，府城的书院改为中等学堂，州、县的书院改为小学堂。光绪三十年（1904）一月，文昌县蔚文书院更名为蔚文高等小学校并附设初级师范简易科。之后，乐会、会同、定安、琼山、万

---

① 《海南省志·教育志·第一章 古代官学 书院 私学》，海南史志网，http://www.hnszw.org.cn/xiangqing.php? ID = 49156。

② 朱有瓛主编：《中国近代学制史料》（第二辑下册），上海：华东师范大学出版社，1989 年，第 221、633 页。

宁、儋州、屯昌、临高等县兴办一批高等小学堂。民国元年（1912）颁布了《普通教育暂行办法》，将学堂改为学校。

二、民国时期的海南教育

民国成立后，陆续出台一系列有关学校教育的政策，如《普通教育暂行办法》《学校系统改革案》等。海南各市县均设立了教育局，琼山县、文昌县还率先成立了教育促进会。海南各县积极挖掘潜力，或集资建校，或相继开办了一批高等小学校和初等小学校。至民国十四年（1925），海南已有幼稚园、小学、中学、师范、实业（职业）等类型学校，同时还存在若干私塾和教会学校，各类学校情况如下：

小学 2 900 余间，小学生 11 万余人；中等学校 14 所，其中省立 1 所、县立 10 所、区立 1 所、私立 2 所；省立师范学校 1 所、县立师范班 2 所；职业学校 1 所；私塾学校约 200 间；天主教学校 4 所，耶稣基督教学校 17 所，其中 2 所为中学，即华美中学和匹瑾女子中学，其余为小学。[①] 学前教育方面，民国十九年（1930），钟衍林在海口东门创办了海南第一所幼稚园——私立琼海中学附属幼稚园。1940 年，全岛有独立或者附设的幼稚园共 16 所，其中海口 3 所、文昌 12 所、昌江 1 所。[②]

1939 年 2 月至 1945 年 8 月日本侵略海南岛期间，原有学校几乎停办，代之以日本推行的"平民学校"。唯有幼稚园有所增加，但也难以为继，1950 年 5 月海南解放时，全岛仅存 1 间幼稚园。抗日战争后，海南的学校逐渐恢复。1947 年，宋子文等人倡办了海南第一所高等学校——私立海南大学。解放战争爆发后，海南的学校教育又陷入困难，许多学校不得不停课或停办。

总体而言，民国初期，海南各市县普遍设立了新式学校，以小学最多，中学次之，基本实现了近代教育制度的转型。但在学校类型、师资力量、办学条件、教学水平、地区差异和性别比例等方面还是比较落后。除了战争、自然灾难等不可逆因素外，根本上还是"由于教育行政经费之不充分，而多数教育设施之内容甚贫弱，只求量之增加，不求质之向上"[③]。

---

① 陈铭枢总纂，曾蹇主编：《海南岛志》，海口：海南出版社，2004 年，第 267－268 页。

② 《海南省志·教育志·第二章　幼儿教育》，海南史志网，http://www.hnszw.org.cn/xiangqing.php? ID=49156。

③ 冯河清译辑：《海南岛政治经济社会文化辑要》，新加坡：南洋英属琼州会馆联合会，1946 年，第 20 页。

三、1950 年至今的海南教育

1950 年 5 月 1 日，海南岛全境解放。海南岛解放至 1988 年 4 月 26 日海南建省前，海南的教育发展主要集中在小学、普通中学和各类中等职业学校。

1951 年海南区人民政府接管全部学校并开始改造旧教育。当时海南有小学 2 960 所，在校生 163 436 人；中学 39 所，在校生 1.21 万人。平均每 14 人中仅有 1 人受教育，有相当一部分人是文盲。为了扭转这种局面，海南区政府要求各市县每乡办一所小学，每里办一所村小学。1952 年，全区小学增加到 3 792 所，小学生 256 900 人。由于学校数量增加过快，教师队伍跟不上。经过调整，1956 年，海南的小学减至 2 512 所，在校学生 318 692 人；中学 76 所，在校学生 4.7 万人。1953—1957 年第一个五年计划期间，全国开展扫盲工作，海南也办了许多扫盲班和业余学校。1956 年，海南有职工业余学校 50 所，学员共 6 424 人；农民业余学校 5 903 所，学员 389 949 人。

1958—1960 年"大跃进"时期，海南的普通中学增到 313 所，在校学生达到 7.99 万人；中专学校、技工学校和高校增加到 13 所，在校生 4 025 人。不少县大办业余中学、业余小学和红专学校，共 4 535 所，学生 154 179 人。至 1965 年全区有劳动大学 20 所，在校生 4 080 人；农业中学 304 所，在校生 22 538 人；工厂、农场和各部门办的业余中学 30 所，各县半农半读中等技术学校 38 所，在校生 4 837 人；耕读小学 3 000 所，学生 11 万多人；改制耕读高小 60 所；全日制中等师范学校和半工（农）半读中等学校共 521 所，在校学生 84 737 人；各类小学 5 027 所，在校学生达 511 900 人，每万人中有小学生 1 399 人；中学 139 所，在校学生 5.05 万人。

由于二十世纪五六十年代的盲目办学和"文化大革命"的影响，海南的学校数量与师资比例严重失衡，许多学校教学设施简陋、教学质量低下。1978—1985 年，海南区委区政府对各市县中小学校重新规划和整顿。通过调整、压缩、合并等办法，各地各类学校的布局趋于合理，并逐渐恢复重点中小学校机制。至 1985 年，海南有小学 4 905 所，在校学生 872 473 人，每个市县有 1～2 所重点小学，乡镇有中心小学，全区普及小学教育；普通中学 480 所，在校学生 30.41 万人，恢复了广东省海南华侨中学。全区有 4 所全日制高等学校，分别是：海南师

范专科学校、华南热带作物学院、海南医学院和海南黎族苗族自治州师范专科学校。①

1988 年海南建省，全省有幼儿园 623 所，小学 4 781 所，中学 480 所，中等专业学校 16 所，技工学校 6 所，农业职业中学 44 所，普通高等学校 4 所。海南建省后，省委省政府提出 2000 年全省基本普及九年义务教育的目标，并大幅度增加教育经费投入。1988—1997 年，全省财政预算内教育经费年均增长 23.51%，财政预算内教育经费总投入 69.68 亿元，1997 年达 8.7 亿元，占财政总支出的 18.2%，还有社会集资 8.34 亿元，教育费附加征收 3.98 亿元。经过十年的努力，至 1997 年底，海口市新华区、振东区、秀英区及琼海、万宁、琼山、澄迈、文昌、三亚 9 个市县（区）及农垦 100 个单位实施九年义务教育，通过国家教委验收，普及地区人口 422.49 万人，占全省总人口的 58.3%。全省累计有 253 个乡镇和 132 个农场（单位）通过省级评估验收，累计实现普及地区人口 655.89 万人，占全省总人口的 90.6%。②

海南建省十周年，全省教育全面发展。1998 年，海南省各级各类学校中有普通高等学校 5 所，普通中学 487 所，农业、职业中学 37 所，小学 4 249 所，特殊教育学校 1 所，幼儿园 516 所，成人高等学校 4 所，成人中等专业学校 26 所，成人中学 4 所，成人文化技术学校 1 275 所，成人初等学校 260 所。③

至 2017 年，全省有普通高等学校 20 所，在校学生 20.73 万人；中职学校 87 所，在校学生 13.36 万人；普通高中 116 所，在校学生 17.10 万人；普通初中 397 所，在校学生 33.33 万人；普通小学（不含教学点）1 388 所，在校学生 80.95 万人；幼儿园 2 307 所，在园幼儿 36.43 万人。④

综上所述，海南的学校教育已经形成了幼儿园、小学、初中、高中、大学和职业技术院校等完备的国民教育体系。但是，长期以来，办学经费不足和专业人才缺乏制约着海南教育的发展，导致海南古代教育发展缓慢，近代教育发展反复曲折，学校的办学层次和规模分布不均，办学质量和教育水平参差不齐。

---

① 《海南省志·教育志·第二章 幼儿教育、第三章 小学教育、第四章 中学教育、第五章 职业技术教育、第六章 师范教育、第七章 普通高等教育》，海南史志网，http：//www.hnszw.org.cn/xiangqing.php? ID =49156。
② 唐和亲：《海南建省十年教育事业发展述略》，范基民、符和积主编：《文史集粹》，海口：南海出版公司，2000 年，第 261 - 263 页。
③ 《1999 年海南年鉴·卷二 海南政治与社会事业年鉴·社会事业·教育》，海南史志网，http：//www.hnszw.org.cn/web/hnnj/list.php? Class =4843&Deep =4。
④ 《2018 年海南年鉴·社会·教育》，海南史志网，http：//www.hnszw.org.cn/web/hnnj/list.php? Class =23794&Deep =4。

第二章　海南华侨兴学缘起和发展演变

海南教育经费主要来自中央财政、地方捐税和民间资助，其中社会名流、官员、乡绅和私人是民间捐助办学的主要来源。鸦片战争爆发后，内忧外患不断，朝廷债台高筑，经济陷入困难。海南孤悬海外，社会经济薄弱，教育经费历来不足。政府对待社会力量办学原则上是支持和鼓励的，并逐步纳入政府教育体系中进行管理和监督。[①] 民国时期，地方政府为了发展新式教育，允许将祠堂庙宇充作学校场所，鼓励私人捐助办学。海南华侨鼎力相助，支持家乡办学，遂使海南侨乡的学校摆脱困境，成为近代海南办学最多、教育发展最快的地方。

海南华侨捐助办学的风气始兴于晚清解除海禁之后。1884 年，文昌罗峰书院成为近代海南第一所华侨捐助创办的学校。1904 年，以癸卯新学制改革为契机，人们广泛利用侨汇、侨资，大规模改造旧学、实行新学。民国政府先后出台若干奖励华侨在国外办学和捐助国内学校的规定，主要有 1913 年颁布的《捐资兴学褒奖条例》、1921 年颁布的《华侨学校立案条例》、1929 年颁布的《华侨捐资兴学褒奖条例》和 1934 年颁布的《捐资兴学褒奖条例补充办法》。晚清民国时期，琼山、文昌、琼海等主要侨乡共有上千家由华侨捐资兴办的新式学校，其中绝大多数是小学，少数是中等学校，还有一所大学——私立海南大学。数以千计的学校得到华侨资助，推动了海南侨乡近代教育跨越式发展。

1950—1976 年期间，受到国内外形势和政策的影响，华侨捐助办学反反复复、起起落落。50 年代中后期，随着大批归难侨回国，华侨捐助办学出现一个小高潮，各侨乡的华侨中学、华侨小学大都是在这时期创办的。1966—1976 年，华侨捐资办学受到严重影响，甚至出现停滞。

1977—1978 年，国家平反了冤假错案，落实了侨房政策。尤其是 1978 年改革开放后，为了打开海内外关系，国务院及有关部门颁布了一系列有关鼓励华侨捐赠的政策、法律、法规，鼓励华侨回国探亲、旅游、投资、捐赠。这时期主要涉侨法律法规政策有：《关于接受海外华侨、外籍人、港澳同胞捐赠外汇或物资的有关规定》（1978 年）、《关于社会力量办学的若干暂行规定》（1987 年）、

---

① 张赛群：《中国的民间办学政策与国内侨校的发展》，《八桂侨刊》2007 年第 2 期，第 40 – 45 页；《新中国华侨捐资兴学政策演变及其特征》，《当代中国史研究》2010 年第 6 期，第 60 – 68 页。

《关于华侨、外籍华人和港澳同胞向国内投资捐赠不要公开宣传的通知》（1982年）、《关于报道华人捐资兴办公益事业应注意的问题的通知》（1987年）、《关于加强华侨、港澳台同胞捐赠进口物资管理的若干规定》（1989年）、《社会力量办学条例》（1997年）、《中华人民共和国公益事业捐赠法》（1999年）、《扶贫、慈善性捐赠物资免征进口税收的暂行办法》（2001年）、《中华人民共和国民办教育促进法》（2003年）、《关于海外侨胞捐赠公益事业资金服务管理办法》（2003年）等。

1988年海南建省后，制定和出台了《海南省华侨、港澳台同胞投资、捐赠奖励办法》（1991年）、《海南省华侨捐赠公益事业若干规定》（2007年）。文昌、琼海、万宁等侨乡侨校也采取积极措施，制定一些鼓励华侨捐助办学的规定，对华侨捐助办学起到促进和指导作用。

改革开放以来，海南华侨捐助办学在数量、规模、方式、质量等方面超越以往，除了捐款捐物，修建扩建校园，添购教学设备、图书资料外，还出现侨助公办、中外合作办班和侨助教育扶贫等新模式，许多学校成为县、市、省乃至全国名校。

第一节　清末民国时期海南华侨捐助办学的兴盛

清末民初是中国教育新旧制度交替的转折时期，海南各县原有学堂校舍往往建在祖祠、神庙里，资金主要由乡族筹集。1904年，清政府废除科举制，实行癸卯学制，要求书院、社学须改为小学堂、高等小学堂和中学，学堂开设社会科学、自然科学、体育、外文等课程。新学制对办学条件、教学设备和师资配备提出了新的要求，需要大量经费投入。发动华侨捐助办学，不仅加速了新学制的建立，而且为侨乡近代教育发展奠定了基础。

文昌、琼海是华侨捐助办学最早最多的侨乡。

清光绪十年（1884），由当地乡绅联合创建的罗峰书院是最早接受华侨资助的学校。1888年，在乡贤云凤若的动员下，一些在外工作的同乡和南洋的华侨捐资扩建了罗峰书院，使它成为当时岛内规模较大的学堂。1904年推行新学制后，罗峰书院先后易名为罗峰小学、罗峰初级中学和罗峰中学。光绪二十八年（1902），旅居海外的文昌龙楼人薛其和牵头成立了同源书院院董会。他慷慨出资黄金2斤、光洋1.5万元，创办了同源书院。书院有教室2间、宿舍16间、大厅1间，总建筑面积1000多平方米。他还为书院购置一批图书、桌椅等。同源书院后来改名为同源小学校。据族谱记载，薛其和在南洋辛勤创业，在陵水县城

办杂货店，常往返南洋各地。他生活俭朴，身着粗布，脚穿木屐，头戴竹笠，食粗茶淡饭，"一个鸭蛋吃到陵水"在当地传为美谈。民国《文昌县志》卷八《人物志·笃善》也记载了薛其和的这一善举，称：薛其和"捐苏泉、蔚文书院膏火，创造同源书院膏火，皆自己出，计前后创助善举费累巨万，无难色焉"。该书记载的清代文昌捐资助学笃善人物还有：潘仪廷、邢定三"捐蔚文书院膏火钱千缗，新印金银2 000元。其他创会馆、兴社学、赈饥荒种种公益，不惜巨资"，还"捐1 000元为郡垣改建苏泉书院"。光绪三十二年（1906），其被嘉奖"乐善好施"，建坊南城外。①

光绪三十三年（1907），文昌乡侨郭巨川奉父亲郭云龙之命，捐银500元在家乡南阳美丹村北麓创设迈众小学，并津贴学校费用。这是清政府实行教育体制改革后，最早由华侨捐资兴办的新式学校。民国初期，当地乡绅率先发动华侨捐助家乡教育，华侨先后捐资扩建了溪北书院、罗峰书院、万山书院、铜鼓书院、文溪书院、宗儒书院、同源书院和应源书院。②

琼海是仅次于文昌的第二侨乡，清光绪年间，旅居南洋各埠的会同籍华侨集资创办会同迈往学堂，此为琼海华侨捐资办学的开始。

表2-1　清末民国时期大宗捐资助学简表③

时间	捐资者姓名	籍贯	旅居国（地区）	捐助项目	捐款金额
清光绪二十八年（1902）	薛其和	文昌龙楼	南洋	文昌同源书院	1.5万元、黄金2斤
民国十五年、十八年（1926、1929）	周雨亭周文治	文昌抱罗	中国香港	琼海中学"雨亭楼"、奖学金	1.3万元
民国二十一年（1932）	周雨亭父子	文昌抱罗	中国香港	罗峰小学校门	1.35万元
民国二十一年（1932）	郭巨川	文昌南阳	马来亚	文昌中学"飞机楼"	1.7万元

---

① 《海南省志·教育志·第十章　勤工俭学华侨助学》，海南史志网，http：//www.hnszw.org.cn/xiangqing.php？ID=49156。

② 根据《文昌县志》《海南省志·教育志》《海南侨务志》等整理。

③ 《海南省志·教育志·第十章　勤工俭学华侨助学》，海南史志网，http：//www.hnszw.org.cn/xiangqing.php？ID=49156。

（续上表）

时间	捐资者姓名	籍贯	旅居国（地区）	捐助项目	捐款金额
民国二十一年（1932）	王兆松	文昌清澜	马来亚	文昌中学王兆松图书馆	1万元
民国二十三年（1934）	胡文虎	福建	马来亚	私立琼海中学胡文虎体育馆	1.33万元

表 2-2　20 世纪 30 年代侨胞捐资兴建文昌中学校舍情况表①

建筑物名称	建筑规模			房屋/间	建设资金/银圆	主要捐助者姓名
	长/米	宽/米	面积/平方米			
邢谷宝堂	15	9.8	147.2	5		邢谷宝
东一斋舍	24.5	9.8	240.1	6		王水源、林英佐、何墩锦、符宏昌、符和茂
东二斋舍	46.5	9.8	455.7	10		黄机书、何墩德、林鸿兴、林庭谢、吕先传、何墩瑚、林勉斋、林照英、符气华
东三斋舍	46.5	9.8	455.7	10	8万多	陈时谔、陈俊元、陈兴任、符大炳、福禄荣、陈治炳、符致辉、周国泰、陈世坤
东四斋舍	46.5	9.8	455.7	10		欧世强、王昌蔚、曾及象、罗子栋、王谟仁、陈昌河、林汉波、符福星、林鸿只、郭诒佳
王兆松图书馆	28	12	670	11	1万	王兆松
王晓山体育馆	21.1	9.5	196.8	1		王晓山

---

① 《海南省志·教育志·第十章　勤工俭学华侨助学》，海南史志网，http：//www.hnszw.org.cn/xiangqing.php？ID＝49156。

（续上表）

建筑物名称	建筑规模			房屋/间	建设资金/银圆	主要捐助者姓名
	长/米	宽/米	面积/平方米			
文焕章图书馆	21.1	9.5	202.3		3 592	文鸿恩
郭云龙斋			127.4			郭巨川、郭镜川
西一斋舍	25.4	9.8	248.9	6		登加楼、何墩富、翁德盛
西二斋舍	25.4	9.8	248.9	6		永吉昌、陈继间、林曜英、谭文瞟、三盛、纶章
西三斋舍	25.1	9.8	248.9	6		翁英兰、张振济、第星坦、罗文衍、陈宝甫、吴日琨
西四斋舍	25.9	9.8	248.9	6		何海光、韩恒光、游登玉、彭士炳、芬兰、符延祥
西五斋舍	25.9	9.8	248.9	6		史章福、符辉廷、詹开伊、芳安、符弼臣、林明擢
西六斋舍	25.9	9.8	248.9	6		唐敬轩、陶对庭、张从霖、陈金声、伍振倔、范拔豪

早期海南华侨出国主要是为了赚钱养家，移民定居非主要目的，呈现双向流动、季节性的特点。因侨眷大多留在家乡，宗乡子弟的教育问题成为华侨倾力捐助办学的动力。20世纪30年代南洋地区经济不景气，加上各国政府对华文学校采取严格的注册制以及各种限制政策，华校生读小学后升学困难，很多华侨把孩子送回国内上中学和大学。华侨捐助办学，主要是解决国内侨眷读书问题。民国政府出台一系列鼓励华侨回乡投资建设和捐赠公益事业的政策，华侨捐赠家乡教育成了侨乡的普遍现象。这时期，华侨兴学的主要表现为捐资兴办或扩建各类新式学校，捐建教学楼、图书馆，捐助教学设备、图书资料等，促进海南近代中小学基础教育的确立。据民国《海南岛志》记载，民国十九年（1930），全岛有小

学 1 400 间，小学生 6 万余人，女生约 3 000 人。其中，文昌女子教育最盛，约 2 000 人。各类中学 14 所，其中省立中学 1 所，县立中学 10 所，区立中学 1 所，私立中学 2 所。①

1939 年 2 月日本占领海南岛前，琼山、文昌、琼东、乐会、琼中等县，由华侨捐助兴办了一批公立和私立的中小学校。其中，黎苗地区的琼中县也有海外华侨捐助办学。

抗日战争期间，许多北方和沿海地区的学校迁到西南地区。这是民国时期教育经费最少的时期，教育经费支出最低时仅占财政预算的 0.3%，离宪法规定的 15% 相距甚远，而私立学校的经费只能通过募捐解决，"1941—1947 年，教育界兴起了频繁的教育募捐热潮"②。规模较大、影响深远的有西迁的上海大夏大学、苏州东吴大学、南京金陵中学、天津南开中学、北平燕京大学、厦门集美学校、山西铭贤学校，私立海南大学就是在这波募捐热潮中创办的。

第二次世界大战期间，东南亚许多华侨学校受到毁坏或被迫停办，有些被迫迁回国内。国立侨民学校（海南华侨中学前身）在抗日战争爆发后迁回国内，战后迁到海南。抗日战争胜利后，民国政府为了鼓励华侨捐助办学，修正了《华侨捐赠办学奖励办法》。战后许多学校迁回原址恢复上课，但大部分学校需要维修和扩建，有些学校完全被毁坏，必须重修。这个时期华侨捐助办学主要是重建被战争毁坏的校舍，添置教学设备和图书资料，尽快解决学子的读书问题。1946 年，全岛共有 1 512 所学校，其中小学 1 497 所、中学 14 所，还有筹建中的私立海南大学，这些学校 80% 是华侨捐助创办或扩建的。

总之，海南岛孤悬海外，各方面发展缓慢，经济基础薄弱，教育长期落后，其中经费问题是制约教育发展的重要因素。民国二十三年（1934），海南 13 个县教育经费中的 87.25% 用于初等教育，③ 而同时期广东省教育经费的 59.84% 用于初等教育。④ 华侨经济是海南侨乡社会的支柱，因而华侨捐助办学成了侨乡教育的特色。民国时期华侨捐助办学推动了海南新旧教育体制的转型，为海南近代教育发展奠定了基础。由于经费困难、人才缺乏，海南的整体办学水平比较落后，发展十分不平衡，小学多，中学少，仅有一所刚设立的私立海南大学。有学者评价："以人口比较论，以地位、面积论，除黎境外，初到琼岛者，未有不惊其学校设立之多，而称其教育发达之速；然若稍加考察，则办理之良否可立辨焉。大概因其地处海洋，交通不便，而人民复无向外发展之必要，经商务农，苟能维持

---

① 陈铭枢总纂，曾骞主编：《海南岛志》，海口：海南出版社，2004 年。
② 王树恩：《民国时期的"教育"募捐热潮》，《传承》2010 年第 28 期，第 30 页。
③ 黄麟书：《广东省二十三年度教育概况》，1935 年，第 28 – 30 页。
④ 黄麟书：《广东省二十三年度教育概况》，1935 年，第 32 页。

其生活，即以为自足，故该地曾受高等教育者极少。夫以缺乏知识之人，办理学校，以教育他人，其成绩可知。近来颇有向国内外求学者，然多因根基不良，感受极大痛苦，及至学成返琼，又多目睹现状太坏，觉整顿之无方，不欲从事教育事业。更有因环境关系，向外执行他种事业者。现虽有一二有志者在该地倡办教育，但成效亦属无几，此则吾人不能不为海外同胞太息也。"①

表 2-3　1934 年度海南教育经费总数及分配表②

单位：元（大洋）

县市别	全县教育经费数量	县经费分布				
		教育行政费	初等教育	中等教育	社会教育	用途未详
琼山	289 560	4 320	224 570	54 532	4 938	1 200
文昌	401 390	3 144	379 627	18 619	—	—
澄迈	53 448	2 000	36 936	8 316	720	5 476
临高	34 597	1 320	27 623	4 242	924	488
儋县	51 550	3 588	29 320	8 450	2 952	7 240
定安	181 747	2 160	169 880	9 107	600	—
万宁	28 881	3 960	19 092	4 659	750	420
陵水	15 436	2 016	8 000	5 200	220	—
崖县	30 130	2 450	15 500	11 500	500	180
琼东	68 391	1 752	58 360	6 152	2 127	—
乐会	67 120	1 920	55 060	9 600	540	—
感恩	5 079	1 520	3 559	—	—	—
昌江	6 867	1 200	5 667	—	—	—
合计	1 234 196	31 350	1 033 194	140 377	14 271	15 004
百分比	100%	2.54%	83.71%	11.37%	1.16%	1.22%

---

① 蒋瘦颠：《海南岛》，《东方杂志》1925 年第 32 卷第 10 号，第 52 页。

② 黄麟书：《广东省二十三年度教育概况》，1935 年，第 28-30 页。

图 2-1　文昌抱罗镇罗峰中学（林琳拍摄）

图 2-2　文昌铺前镇文北中学溪北书院（龙香谍拍摄）

图 2-3　1986 年列为文昌县文物保护单位的溪北书院（龙香谍拍摄）

图 2 - 4　文昌蔚文书院（符策龙拍摄）

图 2 - 5　文昌蔚文书院图书馆（符策龙拍摄）

图 2 - 6　私立琼海中学校门（《琼海校刊》1937 年第 7 卷）

第二节　1950—1977 年海南华侨捐助办学的波折

1949 年 4 月人民解放军渡江作战胜利后，大批国民党军政人员逃到海南岛。当时社会治安混乱，学校无法正常上课。1950 年 5 月海南解放后，人民政府接管了学校。侨乡许多小学是由民间集资兴办的，由于战乱和人员散失，师资短缺、生源不足，办学条件简陋，一些学校教室设在祠堂，一些学校仅有校舍和教师休息间。当时有关部门把民办学校当作封建宗族制度的产物，对公私学校、华侨学校给予区别对待，出现了一些错误的做法。1951—1952 年，地方教育部门经过整顿地方财政，所有学校由国家包办，对民办学校进行压缩、合并、改造，甚至取消民办学校、没收私人祠堂，华侨捐助办学基本停止。

二十世纪五六十年代东南亚地区发生"排华"运动，归国华侨增多，安置归侨子女读书问题迫在眉睫。1956 年，中国政府根据形势变化调整有关政策，鼓励华侨捐助在国内兴办学校，把小学移交民办。1957 年 8 月 2 日，国务院颁布《华侨捐资兴办学校办法》[①]。同年 8 月 12 日，中华人民共和国华侨事务委员会发言人就华侨捐资兴办学校问题发表谈话，指出华侨积极捐资兴学，不仅对解决华侨子弟教育问题有帮助，而且对发展侨乡文化建设事业也有贡献。《华侨捐资兴办学校办法》必将大大鼓舞华侨捐资办学的热情。[②]

1957 年国务院颁布《华侨捐资兴办学校办法》后，在广大归侨、侨眷、港澳同胞和教育界人士的努力下，海南华侨捐助办学较前几年有所进展。同年，海南

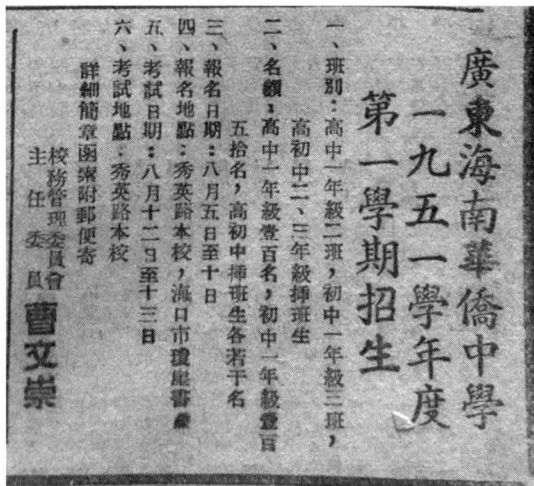

图 2-7　广东海南华侨中学 1951 学年度第一学期高中初中招生公告（《新海南报》，1951 年 7 月 30 日第 4 版）

---

① 全国人大华侨委员会办公室法案室编：《涉侨法律法规选编》，北京：中国民主法制出版社，2004 年，第 7-1 页。《华侨捐资兴办学校办法》于 1957 年 8 月 1 日经全国人民代表大会常务委员会第七十八次会议批准，于 2009 年废止。

② 《华侨事务委员会发言人发表谈话　欢迎华侨投资建设祖国和兴办学校》，《新海南报》，1957 年 8 月 13 日第 4 版。

华侨捐助家乡学校的侨汇款项有 10 多万元。1958
年，华侨捐助兴办学校和各种公益事业的款项达
100 多万元。海南琼山、文昌、琼海、万宁等传统
侨乡陆续复办或创办侨办学校。至 1962 年，海南全
区共有八所侨办中学，侨办小学也有很大的发展。
所谓侨办学校，就是"根据国务院颁布的《华侨捐
资兴办学校办法》的规定，由国外华侨和国内归
侨、侨眷捐资兴办，主要招收侨眷子女（包括归国
华侨学生和港澳同胞子女）入学的全日制的中学和
小学"①。侨办学校的创办，基本解决了归侨、侨眷
子女的入学问题。

　　1964 年 5 月 30 日，广东省海南行政公署教育
处和华侨事务局向文昌、琼海、海口、万宁、儋县
教育局和侨务局发布"有计划发展华侨捐资兴办小
学"的通知②，指出华侨集资兴办小学可使自己子
女就近得到学习机会，符合华侨的切身利益；兴办
小学同样需要一定的经费、校舍、教学设备等，也
会碰到各种困难，但总比兴办中学的困难少些。同
时还要求各地教育部门和侨务部门通过调查研究，
制订一个发展侨办小学的方案，有计划地争取华侨
捐资或调动国外、港澳、校产基金复办和创办一些
侨办小学。1965 年 1 月 26 日，广东省人民政府根

图 2-8　1952 年 7 月 11 日
广东海南华侨中学第一届高中第
三届初中毕业公告（《新海南
报》，1952 年 7 月 12 日第 3 版）

据国务院《关于华侨和港澳同胞捐资兴办公益事业问题的通知》精神，发布
《省委关于严禁发动华侨和港澳同胞捐资办学的通知》，针对有些地方在捐资办
学中出现的公开发动华侨和港澳同胞捐献或截留外汇购买物品进口，发布"劝捐
信""劝捐簿""建校劝捐缘启""鸣谢信"等情况进行批评，严令禁止强迫捐献
或变相捐献，并指出此举"不仅违反了党的侨务政策，而且会造成对外不良的政
治影响，为敌人进行造谣破坏提供材料，这是当前两条道路、两种思想斗争的具
体表现"。华侨捐助办学活动及侨办学校被叫停。

　　1966—1976 年"文化大革命"期间，海南各市县侨办学校、侨办班改为公

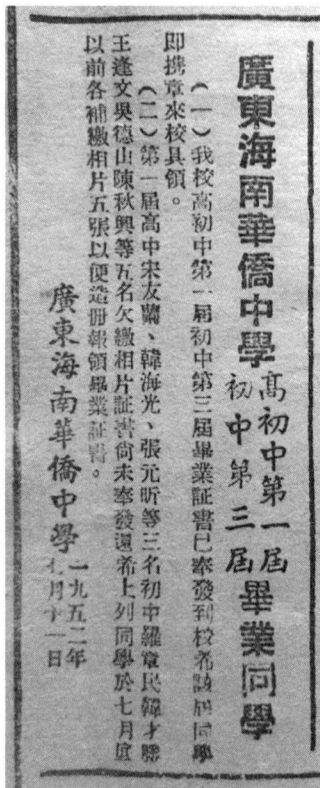

---

　　①　《认真办好侨办学校》，《海南日报》，1962 年 10 月 10 日第 1 版。
　　②　广东省海南行政公署教育处、海南行政公署华侨事务局：《关于有计划发展华侨捐资兴办小学的
通知》，琼海市档案馆，1964-25-195。

办，随之华侨学校校名被更改，校董事会被解散，学校财产被侵占，办学经费被挪用。侨务工作受到严重破坏，不仅侨胞的捐资赞助被拒绝，而且许多归侨、侨眷因有"海外关系"而受到限制，侨胞回国投资建设和捐助公益事业活动几乎陷入停顿。这时期停办或改名的华侨学校有：文昌华侨中学（停办），广东海南华侨中学（改名为海口市第五中学），琼海华侨中学（改名为琼海县人民中学），万宁华侨中学（改名为万宁县东方红中学）。

图 2-9　文昌华侨中学华侨历史文化长廊（符策龙拍摄）

图 2-10　琼山县华侨中学招生及迁址公告（《海南日报》，1958 年 8 月 15 日第 4 版）

第三节 1978年至今海南华侨捐助办学的新发展

一、中国改革开放与海南华侨捐助办学潮

1978年，中国共产党第十一届三中全会后，国家实行改革开放政策，逐渐恢复与各国的正常外交关系。同年11月12日，海南区归国华侨联合会举行委员座谈会，标志海南区侨联正式恢复活动。① 海南区逐步落实各项侨务政策，包括处理涉侨历史遗留问题，平反冤假错案，清理退还华侨房屋房租，恢复受迫害的归侨、侨眷名誉，恢复侨汇物资供应，恢复归侨、侨眷与海外亲人的正常联系等。海南侨乡的侨办学校也率先恢复校名。1978年4月10日，广东省海南行政区教育局批准试办一批省、区、市、县重点中小学校，其中许多是华侨捐助兴办的学校，如广东海南中学、海口市第五中学、文昌中学、罗峰中学、锦山一小、白延一小、建华山小学、琼山中学、嘉积中学、万宁中学、南侨小学、那大中学和侨南小学等。同年5月12日，广东省海南行政区革命委员会批准复办文昌华侨中学和恢复广东海南华侨中学、琼海华侨中学、万宁华侨中学的名称。

二十世纪五六十年代是中国人口出生高峰期，到了七八十年代，随着适学人数的增加，学校数量也快速增加，但是办学条件远远不够，办学质量难以保证。1982年，海南的中小学校和学生数量均比1950年增加了三倍，但是许多学校办学条件简陋，教育落后问题十分严峻。有些地方甚至连党中央、国务院提出的"校校无危房，班班有教室，学生人人有课桌凳"的基本要求都达不到。1983年，只有琼海、文昌、定安经过省普及小学教育验收。海南汉区中小学校舍尚有草房近2万平方米，危房37万多平方米，草房、危房占校舍总建筑面积16.6%，全汉区中小学共缺课桌椅2.3万多套。1982年上半年就发生校舍倒塌505次，共倒塌校舍784间，而当年全年的教育基建和校舍维修费用300余万元，即使全部用于新建校舍，也只能建成3万平方米左右。教学设备奇缺，海南汉区中小学只有物理、化学实验室32间，尚缺388间。按教育部教仪配备标准衡量，海南汉区只达到7.18%，尚差92.92%。②

20世纪80年代初期，广东省委、省政府为了发展教育事业，提出"宁可适

---

① 齐必荣：《海南区侨联恢复活动》，《海南日报》，1978年11月18日第1版。
② 昭文：《努力开创我区教育工作新局面》，《海南日报》，1983年7月13日第2版。

当压缩其他方面的投资，也要保证教育投资逐年有所增长"，并且"除了国家增加教育投资外，还要广开财路，发动全民和集体所有制的厂矿企业和社队集体办学，鼓励社会团体办学，允许私人办学，欢迎和积极支持华侨、港澳同胞捐资办学，并给予一定的荣誉"①。

海南区政府根据省委、省政府要求，结合本地情况制定相应的政策。提出海南区和各县、市要使教育投资的增长率略高于地方财政收入的增长率，厂矿企业在利润留成中设立教育科学基金，社队集体和群众筹资办学纳入各地乡规民约重要内容。特别指出，海南的华侨素有爱国爱乡的优良传统，应该按照党的政策，认真做好侨务工作，发挥广大爱国华侨的积极性，在兴办家乡教育事业中做出贡献。②

这时期，中共中央、国务院、地方政府先后推出一系列肯定、鼓励和支持华侨捐助办学的政策。1978年，中共中央、国务院颁布了《关于接受海外华侨、外籍人、港澳同胞捐赠外汇或物资的有关规定》，广东省委、省政府颁布了《关于受理华侨、外籍人、港澳同胞捐赠物资和捐资兴办公益事业的试行规定》（以下简称《规定》），这是改革开放后首部有关华侨华人捐赠公益事业的法规，对指导和规范海外捐赠工作具有重要意义。如《规定》中的第二条规定："对华侨、中国血统外籍人、港澳同胞自愿捐赠物资，捐资兴办公益事业，应当引导用于发展工农业生产、文教、卫生、科学技术等社会主义建设事业，并尊重捐赠人的意愿进行安排。"第八条规定："捐赠人对捐赠兴办的项目，有要求留名的，可用适当方式留名纪念。"1981年出台的《广东省人民政府关于华侨、港澳同胞捐资办学若干问题的通知》，肯定了华侨捐助办学是"热爱祖国，热爱家乡"的优良传统。1984年12月25日，广东省人民政府发布《广东省华侨、港澳同胞捐办公益事业支援家乡建设优待办法》，这是鼓励华侨捐助办学的具体表现。1988年海南建省后，先后通过了一系列鼓励华侨、港澳台同胞投资和捐赠慈善公益的政策规定，主要有：1991年的《海南省华侨、港澳台同胞投资、捐赠奖励办法》、2007年的《海南省华侨捐赠公益事业若干规定》。一些重点侨乡和学校也推出相关的实施办法，如文昌县、文昌华侨中学制定了鼓励华侨捐赠教育实施办法。

改革开放以来，海南华侨华人以各种形式捐助家乡兴办学校，捐款捐物数额、捐助学校数量都超越了以往任何时候。据不完全统计，1978—2005年，海

---

① 刘卓安：《广东省委和省政府联合作出决定　努力开创全省教育工作的新局面》，《海南日报》，1983年3月26日第1版。

② 昭文：《努力开创我区教育工作新局面》，《海南日报》，1983年7月13日第2版。

外华侨华人捐赠中国公益事业的资金逾 500 亿元人民币，其中 60% 的捐款用于扶持教育事业，华侨捐资已经成为仅次于政府拨款的中国教育经费来源。① 从 1978 年改革开放至 1988 年海南建省，海南省累计接受华侨捐赠款物折合人民币 8 000 多万元，其中约 70% 用于办学。② 至 2010 年，海南华侨华人、港澳同胞捐赠海南省公益事业的款物超过 13 亿元人民币，涉及教育、文化、卫生及其他社会福利等领域，其中教育卫生方面的捐助合计 11.4 亿元人民币，占全部捐赠总额的 85%。③

　　1991 年 7 月 26 日，海南省人大常委会通过《海南省华侨、港澳台同胞投资、捐赠奖励办法》，第三条规定："对投资、捐赠达到一定数额的予以奖励，具体标准如下：一、投资总金额 200 万美元以上（含本数，下同）或捐赠总金额 30 万美元以上者，授予'赤子楷模'称号，并颁发荣誉证书及纪念品；二、投资总金额 100 万美元以上、200 万美元以下或捐赠总金额 15 万美元以上、30 万美元以下者，授予'赤子模范'称号，并颁发荣誉证书及纪念品；三、投资总金额 50 万美元以上、100 万美元以下或捐赠总金额 3 万美元以上、15 万美元以下者，授予'爱琼赤子'称号，并颁发荣誉证书及纪念品。"第四条规定："从本办法发布之日起，在三年内投资二次或捐赠二次以上者，以及从一九七八年以来至本办法发布之前投资或捐赠者，可合并计算其投资或捐赠总金额，达到奖励标准的予以奖励。"根据《海南省华侨、港澳台同胞投资、捐赠奖励办法》规定，截至 1993 年 3 月，共有 110 人受到表彰。其中获得投资类奖励者 72 人，包括获得"赤子楷模"称号者 24 人，获得"赤子模范"称号者 15 人，获得"爱琼赤子"称号者 33 人；获得捐赠类奖励者 38 人，包括获得"赤子楷模"称号者 1 人，获得"赤子模范"称号者 1 人，获得"爱琼赤子"称号者 36 人。捐赠类绝大多数用于资助办学，38 名获奖者中，获得"赤子楷模"称号者是陈修炳；获得"赤子模范"称号者是罗新权；获得"爱琼赤子"称号者有文国杰、王春海、王禄益、邓文珑、邓秀平、邓章政、邓章教、叶世忠、冯振陶、许书标、庄水莲、邢谷鸿、邢诒溪、邢诒前、邢福鑫、吴乾华、何敦活、陈文民、陈金莲、陈泽荣、卓伟、杨开礼、张秀英、周成泰、林明桐、范南平、祝清坤、符气民、

---

① 《台港澳侨热心家乡公益事业　华侨华人 20 年捐资逾 500 亿元》，《人民日报》（海外版），2005 年 5 月 30 日。

② 《1989 年海南年鉴·国民经济各行业发展概况·侨务工作·捐资兴办生产和社会公益事业》，海南史志网，http：//www.hnszw.org.cn/web/hnnj/list.php? Class ＝4853&Deep ＝4。

③ 海南省人大常委会华侨外事工委：《维护华侨华人捐赠的合法权益　促进我省公益事业健康发展——〈海南省华侨捐赠公益事业若干规定〉执法调研情况报告（摘要）》，《海南人大》2011 年第 9 期。

符树玮、符致炳、符德胜、黄守正、黄守英、黄培茂、韩经元、韩柏光。①

这时期海南华侨捐助办学主要有以下特点：

第一，1978 年起的改革开放初期，海南的归侨、侨眷和老侨在家乡捐助办学中发挥了重要作用，通过他们的牵线搭桥和带动，以宗乡或校友联络方式进行募捐。受捐者主要是各侨乡的乡镇小学、华侨学校、重点中学和海南大学，捐款主要用于建设校舍和维修危房。

第二，1992 年后，来琼投资的侨商和港澳台同胞是捐助办学的主要来源。捐赠对象逐渐倾向侨乡的中心学校、重点学校和重点项目。捐款主要用于修建校舍、购置图书资料、设立奖学奖教基金和学习交流。

第三，2000 年后，海南华侨捐助办学更加注重内涵和质量的提升，在重点学校举办中外合作办学项目，在贫困山区推行教育扶贫，为贫困地区、贫困家庭子女提供优质义务教育助力。

第四，随着中国经济的快速发展，中外交流活动日益频繁，华侨回祖籍地寻根探亲、旅游观光和投资经商成为常态。中华传统节日清明节、春节是华侨回乡比较集中的时间，在此期间，各宗亲、乡团纷纷组织各种联谊、招商和公益活动，并逐渐形成固定的活动，比如世界海南乡团联谊会、文昌南洋文化节、侨乡美食节和华侨奖助学金颁布典礼等。

表 2 - 4　1983—2010 年海南华侨、港澳台同胞捐赠百万元以上项目基本情况统计表②

序号	项目名称	金额/万元	捐赠人或机构	受理单位	项目实施使用情况	接受捐赠时间	备注
1	文昌市学校、抗灾救灾	6 523.6	邢李㷧	联东中学、民政局、文教中心小学、文昌中学、华侨中学、翁田学校			
2	海南省眼耳鼻喉科医院	6 500	香港言爱基金会	海南省政府	在建	2010 年 8 月	
3	海口旅游职业学校校区建设	5 000	邢李㷧	海口旅游职业学校		2008 年	

① 《海南省人民政府关于表彰开发建设海南有突出贡献的华侨、港澳台同胞的决定》（1993 年 3 月 30 日），海口市档案馆，1993 - B017。

② 表格数据由海南省外事侨务办公室提供，统计时间：2011 年 6 月。

（续上表）

序号	项目名称	金额/万元	捐赠人或机构	受理单位	项目实施使用情况	接受捐赠时间	备注
4	亮睛工程	4 000	香港言爱基金会	海南省政府	完成手术31 306人次	2009年2月	
5	医院门诊、教学楼	2 386.6	潘正洲	翁田医院住院大楼、文昌中学			
6	海口市灾后重建	2 000	陈群川等侨领及侨企	海口市慈善总会		2010年	
7	李嘉诚基金会捐助海南农村卫生建设扶贫项目	2 000	李嘉诚基金会	海南省卫生厅	基本完成	2007年9月	港币
8	海南大学思源学堂	1 500	邢李㷛	海南大学	在建	2005—2011年	
9	文昌市教学楼抗灾救灾	1 373	陈文民	文昌市公坡卫生院、公坡英敏小学、文昌中学、华侨中学			
10	东方市思源学校	1 200	香港言爱基金会	东方市思源学校	完成	2008年	
11	屯昌县思源实验学校教学楼	1 200	香港言爱基金会	屯昌县教育局	2009年9月投入使用	2008年8月	
12	学校、医院、村建设	1 150	陈在成	文昌市东郊镇			
13	白沙县思源实验学校第一期工程	1 056	邢李㷛	白沙县教育局	已投入使用	2007年	
14	保亭县思源实验学校小学部校舍	1 000	香港言爱基金会	保亭县教育局	已投入使用	2007年	

（续上表）

序号	项目名称	金额/万元	捐赠人或机构	受理单位	项目实施使用情况	接受捐赠时间	备注
15	文明村建设、学校	1 000	邢福成	文昌市东路镇			
16	家乡建设、医院门诊、学校教学楼	750	陈修炳	文昌市东郊镇中山村、学校、东郊卫生院、龙楼医院			
17	科学馆、医院、救灾	691	邢诒喜	文昌中学、宝芳医院、民政局			
18	图书馆、办公楼	643.9	赵玉山	文昌中学、文昌华侨中学、清澜中学、海南华侨中学、海南大学			
19	教学楼	570	冯所瑛	文昌市湖山学校、罗吴学校、文昌外国语学院			
20	科学馆	550	张光燧	翁田学校、文昌中学			
21	科学馆、学生公寓楼	526	张学修	文昌市冯坡中学			
22	办公楼、文化室	507	陈世英	文昌中学、文教医院、文教镇三加村			
23	教学楼、医院门诊大楼	501.5	欧宗清	文昌市文教中心小学、医院			
24	保亭县思源实验学校中学部校舍	500	香港言爱基金会	保亭县教育局	已投入使用	2008年	
25	海南大学金光贫困奖学金	500	黄志源（金光助学与环保基金会）	海南大学	完成	2006—2011年	

（续上表）

序号	项目名称	金额/万元	捐赠人或机构	受理单位	项目实施使用情况	接受捐赠时间	备注
26	白沙县思源实验学校第二期工程	500	香港言爱基金会	白沙县教育局	已投入使用	2008年	
27	万宁后安清坤小学	482.6	祝清坤	原后安良田小学	整体使用情况很好	1992—1996年	现为后安镇重点小学
28	教学楼、会文医院	430	吴和风	文昌市琼文中学、会文医院			
29	教学楼、医院、文明村建设	306.7	齐必光	文昌市铺前文北中学、医院、北港村			
30	琼海潭门镇典礼昌小学	300	冯振轩	琼海市典礼昌小学	正常使用	1995年	
31	琼海市嘉积中学李强学苑	300	李强	琼海市嘉积中学	正常使用	1996年	
32	海南大学图书馆	450	吴多禄	海南大学	完成	1997年	泰铢
33	海南大学邵逸夫学术中心	400	邵逸夫	海南大学	完成	1992年	港币
34	教学楼、文明村建设、救灾	332	欧国樑	文昌市琼文中学、文山村、民政局			
35	海口旅游职业学校建设	300	香港唐宫集团	海口旅游职业学校		2008年	
36	海南大学博士点学科建设	300	邢李㷧	海南大学	完成	2005—2011年	

（续上表）

序号	项目名称	金额/万元	捐赠人或机构	受理单位	项目实施使用情况	接受捐赠时间	备注
37	教学楼、救灾	300	符传军	文昌市华侨中学、民政局			
38	泰坚楼	330	黄坚、吴多泰、周成泰	海南大学	完成	1983—1993年	港币
39	教学楼、村建设	297	黄宏萱	文昌市锦山中学、锦山镇南排田村			
40	医院门诊大楼、设备	280	张光利	文昌市锦山医院、锦山新山村			
41	教学楼、公路建设	253	林瑶廷	文昌市琼文中学、镇政府、医院			
42	救灾	253	三联矿业股份有限公司	文昌市民政局			
43	医院、学校、村建设	250	黄坚	文昌市文城镇			
44	教学楼、医院设备	236	严世全	文昌市琼文中学、会文医院			
45	教学楼、医院设备	226	王莆诚	文昌市琼文中学、会文医院			
46	琼海市华侨图书馆	220	王先德等30多名海外华侨	琼海市华侨图书馆	正常使用	1988年	
47	教学楼、医院设备	216	韩友兰	文昌市琼文中学、会文医院			
48	建路	205	郑有载	文昌市文城镇			
49	世界琼海同乡联谊会大厦	200	王春海、莫海涛	世界琼海同乡联谊会	正常使用	2003年	

（续上表）

序号	项目名称	金额/万元	捐赠人或机构	受理单位	项目实施使用情况	接受捐赠时间	备注
50	救灾	200	同创碧海开发有限公司	文昌市民政局			
51	教学楼、救灾	200	云海清	文昌市华侨中学、民政局			
52	医院、学校、村建设	200	吕先芙	文昌市锦山镇			
53	中国海南护理师资培训	156	新加坡淡马锡基金会	海南省卫生厅	2008 年 3 月开始实施，全省 156 人分 9 批到新加坡南洋理工学院进行 2～10 周培训，2010 年 6 月完成终期评估	2008 年 3 月	新加坡元
54	医院、学校、村建设	168	陈文秋	文昌市锦山镇			
55	万宁市和乐兴华小学	168.2	黄雄忠	原和乐红旗小学	整体使用情况很好	1997 年 1999 年	
56	教学楼、教师宿舍	160	符懋宝	文昌市昌洒镇彰善小学			
57	琼海市嘉积中学奖学基金会	150	李强	琼海市嘉积中学	正常使用	1994 年	
58	琼海李强教学基金楼	150	李强	琼海市嘉积中学	正常使用	1995 年	

（续上表）

序号	项目名称	金额/万元	捐赠人或机构	受理单位	项目实施使用情况	接受捐赠时间	备注
59	医院、学校建设	150	范南平	文昌市龙马办事处			
60	琼海东屿岛李运强小学	140	李强	琼海市李运强小学	正常使用	1994 年	
61	海南大学办公楼改造	150	田家炳	海南大学	完成	2007 年	港币
62	抗灾救灾	145.8	任良广	万宁市各受灾镇村	社评很好	2002 年 2005 年 2010 年	
63	学校建设、资助贫困学生和特困群众	131.8	任良广	多格小学等三所学校、万宁教育基金会、万宁市残联等	社评很好	2001 年 2010 年	
64	医院、学校、村建设	130	韩连元	文昌市锦山镇			
65	救灾	125	符祥翠	文昌市民政局			
66	复明工程	120.12	任良广	万宁市红十字会		2001 年 2006 年	万宁、屯昌等市县开展
67	文明村建设	120	邢诒前	文昌市东路镇			
68	文明村建设、学校	120	詹行銮	文昌市头宛办事处			
69	文明村建设、学校	120	叶保山	文昌市昌洒镇			
70	琼海市嘉积中学红楼	118	莫海涛、蔡敏	琼海市嘉积中学	正常使用	2006 年	

（续上表）

序号	项目名称	金额/万元	捐赠人或机构	受理单位	项目实施使用情况	接受捐赠时间	备注
71	海南大学游泳池、图书馆	115	白秀花	海南大学	完成	1991—1997 年	
72	琼海市华侨中学林鸿谟教学楼	110	林鸿谟	琼海市华侨中学	正常使用	1994 年	
73	农村建设	107.3	任良广	龙滚乐礼村、万城朝阳社区、礼纪群坡村等	项目实施使用情况很好，已成为省市级文明村	2002 年2010 年	
74	学校	105	符国成	文昌市文教镇			
75	海南华侨中学奖学金	102	钟保家	海南华侨中学		2010 年	
76	琼海市社昌圣育小学	100	周南炳	琼海市社昌圣育小学	正常使用	1996 年	
77	琼海市阳江镇中心小学	100	卢业栋	琼海市阳江镇中心小学	正常使用	2010 年	
78	教学楼	100	王润华	文昌中学			
79	运动场跑道	100	韩子劲	文昌中学			
80	医院、学校、村建设	100	符开源	文昌市文教镇			
81	医院、学校、村建设	100	潘先钾	文昌市铺前镇			
82	医院、学校、村建设	100	吴坤汉	文昌市铺前镇			

（续上表）

序号	项目名称	金额/万元	捐赠人或机构	受理单位	项目实施使用情况	接受捐赠时间	备注
83	医院、学校、村建设	100	叶世忠	文昌市铺前镇			
84	医院、学校、村建设	100	叶保庸	文昌市铺前镇			

二、海南华侨捐助教育扶贫工程

2005 年，为了海南经济社会的可持续性发展，海南省委、省政府决定将中部地区水源地列为生态核心保护区，对区内所有工业项目进行搬迁或关停，大力种植生态林，逐步减少经济林，鼓励发展绿色经济。生态核心保护区范围内有五指山市、琼中黎族苗族自治县、陵水黎族自治县、保亭黎族苗族自治县、白沙黎族自治县、乐东黎族自治县、昌江黎族自治县、东方市、屯昌县和定安县 10 个贫困市县。同年，海南省委、省政府把"教育扶贫移民"列入未来 5 年重点民生工程予以推进，首期计划在 2008—2010 年总投入 3.7 亿元，新增 2.7 万个优质学位。重点将自然条件差、基础设施薄弱的贫困自然村和处于生态核心保护区边远村庄的小学和初中生，就近转移到条件较好的乡镇学校或县城九年一贯制学校免费就读。

海南的教育扶贫移民从昌江县开始。2005 年，昌江县委、县政府在本县王下乡扶贫取得了较好的效果。他们在总结经验教训的基础上，提出"扶贫先扶智"的思路，决定在王下乡率先实施教育扶贫移民工程，即把全乡初中生迁至县城就读，逐步减少该乡的人口，既解决贫困问题，又有效地保护环境。当时的海南省委书记、省人大常委会主任卫留成了解到王下乡的典型事迹，要求省委、省政府有关部门组织全省农村教育扶贫专题调研，把解决城乡教育资源分布不均的"昌江经验"向全省推广，制订教育扶贫工作方案。

但是，生态核心保护区所涉范围均为不同程度的贫困市县，移民工程巨大，又要按照高标准建设校园，省政府和地方政府一下子拿不出这么多基金。加拿大籍琼裔商人邢李㷧先生听闻此事，提出了资助创建思源学校的想法。

邢李㷧先生祖籍文昌市文教镇三加村，出生在香港，后入籍加拿大。他最初

跟随同乡陈世英（邢诒溪）在高美制造厂打工。后来在著名国际服装品牌 Esprit 担任管理人员，由于勤奋用功、精明能干，成为 Esprit 代理商、股东、商标拥有人，2006 年以 28 亿美元登上福布斯全球富豪榜，缔造了香港"打工亿万富豪"的神话。1988 年，邢李㷧首次回乡寻根祭祖，了解到家乡教育落后、孩子无钱上学，便与东家陈世英一起捐助家乡联东中学。此后其一直关心家乡的教育，先后捐助四个亿用于海南教育慈善。

　　思源学校是贯彻海南省委、省政府教育扶贫（移民）政策，为整体迁移部分处于生态核心保护区和边远贫困地区的农村中小学生到县城学校接受较高质量的义务教育而创办的。学校采取侨助公办模式，由海南省政府和相关市县政府财政年度拨款，由邢李㷧先生的香港言爱基金会提供资金支持和校园设计，一次性完成学校基础设施建设。捐助金额一般在千万元以上。例如：2008 年，香港言爱基金会捐助 2 850 万元创办陵水思源实验学校，占学校建设资金的 50%。2009 年，定安仙沟思源实验学校创建，总投资 2 500 万元，其中言爱基金会捐助 1 200 万元，占总投资的 48%，另外言爱基金会还捐助价值合计 20 万元的图书 1 万册及摄像器材。定安平和思源实验学校创建于 2012 年，总投资 8 634 万元，其中言爱基金会捐助 1 350 万元，占资金总额的 16%。同年，由政府和言爱基金会共同投资 1.2 亿元创建陵水思源实验初级中学，其中言爱基金会捐资 3 000 万元，占资金总额的 25%。[①] 思源学校是实施九年一贯制义务教育的公办寄宿制学校，80% 的学生是贫困生，学校免除学生一切费用。住校生全部来自边远少数民族地区农村贫困家庭，所有住校生均享有政府生活补助和交通补助，省、县两级政府共同出资。思源学校高起点、严要求，邢李㷧先生不仅提供资金资助，还专门从中国香港及法国请来国际知名的建筑设计师进行校园设计，校园建筑通风、采光、隔音、交通良好，功能齐全，设施先进。邢李㷧先生提出至少 20 年内要确保思源学校拥有当地教育的最高水平。学校面向全国招聘骨干教师和校长，所有教师学历都在本科以上，许多来自重点高校。按照邢李㷧先生的规划目标，要在全国范围兴办 100 所思源学校。

　　2008 年，海南省教育扶贫移民工程正式启动，总投资 1.9 亿元，其中香港言爱基金会捐款 1.1 亿元，省级财政投入 6 500 万元，其余为市县配套投入。在陵水、保亭、五指山、琼中、白沙、昌江、屯昌、定安、乐东、东方 10 个贫困市县试点实施，建设 10 所主要用于接收教育扶贫移民学生的九年一贯制学校，新增优质学位 1.8 万个。2009 年 8 月 31 日，海南省教育扶贫移民工程首期 10 所思源学校正式开学，1.8 万名农村孩子进城读书，在美丽的校园里开始了他们的新

---

　　① 以上资料由定安教育局、定安平和思源实验学校和陵水思源实验学校提供。

生活。① 是年，第二期教育扶贫移民工程项目继续推进，由省政府投入一次性建设资金 6 700 多万元，在文昌、琼海、万宁、澄迈、儋州 5 市县改扩建 9 所学校，主要作为接收教育扶贫移民学生的乡镇中心学校，撤并一批办学条件落后、办学效益不高、交通和通信落后的学校，使该地区的学校布局结构更加合理。为了确保教育扶贫移民学校办学质量，省教育厅还要求聘用教师工作与工程建设同时启动，新聘用的教师学历要求达到本科以上。第三期教育扶贫移民工程项目是改扩建两所高中学校，主要招收全省各思源学校的初中毕业生，让更多农村孩子有机会接受优质的高中教育，实现自己的大学梦。

截至 2013 年，海南省已经拥有 24 所思源学校，分布在文昌、万宁、澄迈、屯昌、定安、陵水、琼中、保亭、五指山、白沙、儋州、临高、昌江、东方和乐东 15 个市县。在校生规模达到 3.5 万人，全省思源学校初中毕业生 6 140 名，高中毕业生约 1 000 名。邢李㷧先生创办的香港言爱基金会在海南累计捐赠总额 4.227 亿元，其中教育捐助项目达 20 个。②

2014 年 4 月 18 日，由海南外国语职业学院与海南省教育学会思源研究分会联合筹划的"思源学子圆梦工程"正式启动，标志着海南省侨助高等职业教育扶贫工程的零突破。根据项目管理负责人介绍，"思源学子圆梦工程"是一个多规合一模式的项目。项目计划每年招收 300 名高中毕业生、200 名初中毕业生进入"思源班"，分别接受三年制和五年一贯制（3 年中职 + 2 年高职）教育。这些学生将实现"零学费"就读大学。"零学费"模式涵盖了几个方面的资助内容：第一，五年制学生前三年享受国家规定的学费免除；第二，所有"思源班"学生免交住宿费；第三，每届学生第一学年入学报名时获得 1 000 元学院专项奖学金；第四，设立社会专项基金，学院将引进慈善基金团体、企业、爱心人士等助学资源，加大资助力度；第五，符合条件的学生还可享受国家或学院的奖助学金减免补政策。相关的资助项目共有 17 项，单项资助每位学生最高可达 8 000 元/年。另外，学院每年将安排学生进入世界 500 强合作企业，接受 3 ~ 4 个月的认岗社会实践，学生从中可获得企业提供的 9 000 元至 1.2 万元的勤工俭学资助。学校采取灵活的学分制教学方式，通过双导师制、现代学徒制的教学活动，不仅帮学生解决了生活费和学杂费，也让学生完成了岗前培训，为成为一名合格的员工做好准备。③"思源学子圆梦工程"的启动，不仅为思源学校毕业生提供了一条有前途的道路，也为我国高等教育发展提供了十分宝贵的借鉴经验。

---

① 《海南教育扶贫移民工程首期 10 所思源学校正式开学》，《海南日报》，2009 年 9 月 1 日。
② 《海南思源》理事单位及理事名录，《海南思源》2014 年第 1 期。
③ 《思源学子"零学费"圆大学梦》，《海南日报》，2014 年 4 月 18 日第 6 版。

2005 年海南已经全面实行九年义务教育制度，但是贫困地区和贫困家庭子女往往难以享受到优质教育资源。而有些重点中学以"国有民办"的名义高收费、乱收费，"不仅违反了义务教育法的规定，也切断了低收入家庭子女享受优质教育的希望，严重违背了义务教育的宗旨，加剧了社会不公，影响社会稳定和发展"①。思源学校针对解决贫困子女"读好书"的问题，让贫困地区和贫困家庭子女接受优质教育，实现真正的教育公平。实施教育扶贫移民工程有多方面的积极影响：把教育扶贫移民学校建设与农村中学的改扩建结合起来，有效整合了资源，有利于吸引、培养优质师资队伍，从硬件和软件上缩小了城乡、区域之间的差距；开阔了农村孩子的视野，提高了他们的综合素质和竞争优势，变"输血"为"造血"，有利于从根本上实现贫困地区的脱贫；通过教育扶贫移民，还减少了生态保护区的人口，并逐步改变其生产生活方式，有利于保护生态环境。这不仅是新形势下对教育发展模式的创新，也是对传统扶贫模式和生态环保的创新，是实现基本公共服务均等化、构建和谐海南的重要举措，具有经济、社会、生态等方面的巨大效益。②

香港言爱基金会对思源学校的资助力度超越了一般的捐助，这不仅缓解了国家财政压力，弥补了教育经费的缺口，而且为学校总体规划、高水平高质量办学打下了良好的基础。思源学校办学精益求精，短短几年，就在全省同类学校中脱颖而出。在 2012 年海南省中小学校办学水平督导评估中，定安、屯昌、昌江、琼中、陵水、白沙、保亭、乐东、五指山等地的九个思源实验学校通过省级规范学校的评审，且分数名列前茅，其中定安思源实验学校获得全省最高分。思源学校的创办，进一步缩小了海南省东西部、城乡之间教育的差距。其办学理念和办学模式，为海南义务教育发展提供了良好的示范作用。

三、海南华侨捐助中外合作办学

随着对外交流的不断深入，海南对教育的国际化要求越来越高。一些有条件的学校发挥海南海外侨务资源优势，采取"走出去、请进来"的方式，积极开展对外合作办学。主要成果有：海南大学与美国、日本高校开展"2＋2""3＋1"等形式的中外人才培养合作项目；海南职业技术学院、三亚航空旅游职业学院等学校与国外院校合作培养高尔夫球会管理专业人才；海南华侨中学、海南中

---

① 刘华、王英诚、赵叶苹：《海南："国有民办"校，穷人孩子莫进来》，《新华每日电讯》，2005 年9 月 20 日第 7 版。

② 《海南教育扶贫移民工程首期 10 所思源学校正式开学》，《海南日报》，2009 年 9 月 1 日。

学开办与美国、澳大利亚等国合作的高中国际课程项目（中美班、中澳班）；海南大学华文教育基地，海南师范大学东南亚汉语国际推广师资培训基地，海南华侨中学国际汉语推广中小学基地，海南省国兴中学、海南华侨中学、三亚市第九小学多所学校的中俄学生交流基地成立等。①

图 2 - 11　定安思源实验学校初中部教学楼

图 2 - 12　定安思源实验学校初中部运动场

---

① 周元：《我省教育事业国际色彩渐浓　申报在琼成立中国国际青少年活动中心》，《海南日报》，2011 年 11 月 16 日第 4 版。

第三章 琼山、海口华侨捐助办学

琼山县是琼州府所在地，是海南古代教育的中心。海口原属琼州外港，1926年成立海口市，1988年海南建省后定为省会城市。琼山、海口是海南岛教育资源最集中的地方，清末民初有书院、社学、义学和国民学校合计149间[①]，现已成为海南省主要重点高校和重点中小学的汇集地。琼山、海口华侨捐助较多的学校有私立琼海中学（现海南中学）、海南大学、演海中学、演海小学、三江中学、琼山华侨中学、琼山中学等。

第一节 清末民国时期琼山、海口华侨捐助办学

清嘉庆七年（1802），演海乡北港村旅居越南的华侨从越南运回乌木和楠木，在村庙里创办了乌公庙学校，这是琼山县最早由华侨捐助兴办的学校；道光十六年（1836），边海乡的华侨捐款创办了儒林小学。[②]

中华民国成立后，华侨回国投资置业有所增加，捐助办学也随之增加。清末民初改制设立的新式学校，不同程度上受到华侨的捐助。最早的是民国五年（1916）三江镇旅泰华侨冯裕然、冯裕源、林鸿高等人筹款修建的国民小学。

民国时期琼山县华侨捐资兴办的规模最大的学校是私立琼海中学，第一间大学是私立海南大学。

私立海南大学创办于1947年，校址在海口椰子园，设有文理学院、农学院和医学院。据私立海南大学校史记载，学校的创办经费来源于赞助，其中大部分是华侨捐助。1946年6月9日至1947年11月8日，广州市市长陈策邀集海南同乡及热心教育人士，商量筹备创办海南大学事宜，并在广州、海口两地成立海南大学筹委会。消息传开后，海内外同胞纷纷向海大慷慨捐款和捐赠书画、中西图书、仪器、标本等。大宗捐赠如下：一位不愿公布名字的琼籍人士出资法币

---

① 朱为潮、徐淦等主修，李熙、王国宪总纂，邓玲、邓红点校：《民国琼山县志》（第一册），海口：海南出版社，2004年，第248-269页。

② 《海南省志·教育志·第十章 勤工俭学华侨助学》，海南史志网，http://www.hnszw.org.cn/xiangqing.php? ID=49156。

7 500 万购买海口福大铁工厂（今海口造船厂）赠给海大；校董韩汉英将军捐赠《四部备要》《四库全书》等 8 652 部线装古书；意大利籍的罗斯（Ross）教授将自己收藏的中国历史文献书籍共 30 余箱全部捐赠给海大，后罗斯先生到海大供职，教授拉丁文，兼任图书馆馆长，1949 年逝世于海大附设海南医院。筹备委员会联络了 445 位当时的政学军商界名人为创校共同发起人，其中不乏孙科、宋子文、傅斯年、罗家伦等名人。在这 400 多位发起人中，非海南籍人士只有 95 位，而以宋子文、陈策、王俊、韩汉英、颜任光、范会国、梁大鹏等为首的海南籍社会精英多达 350 位。史料显示，当时的募捐目标是国币 268.4 亿元（折合美金 143.875 万）。在林少波、韩汉藩、云盈波、梁大鹏、颜任光等人奔走下，一笔笔捐款如雪片般从海内外飞来。截至 1948 年海大董事会立案时，已收到捐款国币 1 045 亿元，以及港币、美金各 4 万多。

私立海南大学办学初期共有资产近百万美元，经常费收入有当时的法币 11.8 亿、港币 27.75 万。1948 年 5 月尚存有折合近 100 万美元的资金作为办学经费。1949 年 4 月校长颜任光到榆林募得食盐 5 000 担，同年 8 月泰国琼侨已认捐港币 50 万元，其中校董云竹亭先生认捐最多，但这笔款因故未能汇寄回海大。不久法币迅速贬值，这致使海大在银行的存款形同画饼，经费特别拮据。后又由于战争，内地学生经济来源中断，华侨捐款也因战争的关系而中断，加上农场、机器厂等未能很好地发挥作用，1948 年第二学期，教师 6、7 月份工薪停欠未发，最后转向特区长官署借垫。为维持办学，海大一面四处募捐，一面向当时的教育部申请拨款辅助，梁大鹏为此飞往台湾后不能归来。

表 3－1　海南大学资产表

单位：元（国币）

资产名称	约值时价
海口椰子园房地产	900 000 000
第一机器厂	180 000 000
流水坡农场	6 000 000
实验医院	
海口广东省民行存款	20 000 000
海口市中国农民银行	4 500 000
泰国华侨捐款（150 万泰铢）	80 000 000
香港同胞捐款（港币 4 万余）	
美国华侨捐款（美元 4 万余）	

（续上表）

资产名称	约值时价
新加坡、马来西亚、越南、荷属东印度	
还有各地华侨正发动捐款中，数目尚未统计	
国币部分合计	1 190 500 000

资料来源：私立海南大学董事会立案呈报事项表（1948 年 5 月），《私立海南大学》，第 39 页。

图 3-1　1948 年私立海南大学校门

私立海南大学董事会于 1947 年秋成立后，未经立案即于当年 11 月 8 日招生开学，到第二年 5 月才申请立案。1949 年 6 月，教育部派督学阮康成赴海大视察。阮康成在视察报告中提出 6 点评语，概括为：①经费不足；②校舍须改扩建；③图书仪器待添置；④扩大本岛招生数；⑤应重农医发展；⑥教员严格称职。1949 年 8 月中旬，教育部正式批准私立海南大学立案。[①]

1950 年 5 月海南解放，人民政府接管了私立海南大学，另办起南方大学海南分校，原私立海南大学停办，正科生大多转学至内地各院校继续就读。[②] 在其医学院的基础上开办了海南医学专科学校，文理学院并入海南师范学院，农学院并入海口高级农业技术学校。

---

① 《海内外琼籍华侨多方捐款　共创私立海南大学》，《海南日报》，2012 年 11 月 16 日。

② 周润章：《今昔海南大学的创办》，海南省政协文史资料委员会编：《海南文史资料》（第五辑），海口：南海出版公司，1992 年。该文引用资料包括：国民党政府教育部督学阮康成 1948 年视察海大写的报告《私立海南大学》；梁大鹏的《海南大学前后》；何定之的《海南十年》；林缵春的有关遗稿；林莜海的《解放前海南大学创办始末》；国民党教育部文件《以财政困难海南大学改为国立大学不便照准》等。

第二节　1950年至今琼山、海口华侨捐助办学

　　1950—1978年，琼山、海口的华侨捐助办学出现重大波折，受捐学校主要有琼山县华侨中学（今海口市三江中学）、演丰中学、演丰镇中心小学、眼镜塘小学等。1966—1976年"文化大革命"期间，海外华侨的捐助办学活动几乎停滞。

　　1978年改革开放后，华侨华人回乡探亲和投资的频率逐渐增加，琼山、海口的华侨捐助办学出现新高潮。截至1996年12月，琼山市中小学在校学生共109 237人。其中，普通中学29所，在校学生21 811人；小学488所，在校学生87 426人。1979—1996年，琼山市海外华侨、港澳同胞捐款公益事业金额共计7 525万元人民币（货币单位下同），其中1979—1987年为251万元，1988—1996年为7 274万元。用于文教事业的共有4 580万元，包括：建中小学教学楼36幢，共3 368万元；建科学馆4幢，共280万元；建图书馆3幢，共220万元；建中小学学校大门32座，共132万元；修建校道43条，共60万元；创办教育基金会18个，共300万元；创办奖学基金会18个，共52万元；购置教学设备，共158万元；购买校服500套，共10万元。[①]

　　据报道，1978—2010年，海外华侨华人、港澳同胞向海口市捐款捐物折合人民币约4.5亿元，绝大部分用于教育、文化、卫生和公益事业，其中比较突出的有：旅居日本的陈学忠捐助40万元，为家乡的石山中心小学和石山中学各建一座教学楼；旅居美国的蒙如玲捐资10万元给海口市第一中学，设立"蒙如玲教育奖学金"；1996年，泰国华侨欧宗清在落实海口市的房产后捐款50万元用于海南大学图书馆的建设，捐25万元给海南省海运总公司；同年，吴氏宗亲捐款20万元作为"吴氏奖学金"；2005年，旅港海南同乡会会长、企业家张泰超在琼山区设立奖学基金，每年捐赠20万元奖励琼山区优秀高考毕业生，至2010年已累计捐款120万元；1991年，旅居加拿大的琼籍华侨潘先钾、黄玉珍夫妇向海南华侨中学捐资80万元兴建"潘先钾、黄玉珍教育基金楼"，还设立"潘先钾、黄玉珍教育基金"，至2010年已颁发奖助学金累计90多万元，近600名学子受惠；2008年，邢李㷧先生向海口旅游职业学校捐赠5 000万元，用于建设白水塘新校区；2010年，香港同胞、海口市侨资企业发展促进会常务副会长钟保

---

　　① 琼山市外事侨务办公室：《琼山市海外乡亲、港澳同胞捐款（含物折款）兴办公益事业统计表》（1996年12月15日），琼山市档案馆，1996-284-285。

家捐赠102万元给海南华侨中学用于奖励品学兼优学生。[①]

此外，旅居美国的吴志诚捐款兴建海口市传桂小学，并每年赠2 000元作为传桂小学的奖学金；香港同胞邵逸夫先后2次捐款400万港币给海南大学兴建邵逸夫学术中心；香港同胞吴多泰、周成泰、黄坚捐赠300万港币建造海南大学综合办公楼"泰坚楼"；原全国政协委员朱莲芬（吴多泰的夫人）捐30万元兴建新华区莲芬幼儿园。

这时期，除了原来华侨捐助创办的学校得到继续支持外，重点中学和大中专院校成为主要捐助对象，华侨捐助较多的有海南大学、海南师范大学、海南中学、海南华侨中学、海口旅游职业学校、海南华侨商业学校、琼山中学和琼山县华侨中学等；演丰中学、演丰镇中心小学、海口市石山中学和三江镇眼镜塘小学等也得到一定的资助。由于区位优势，海南的大中专院校、省级重点中学大多集中在海口市，如海口地区原属侨办侨建的学校海南中学、海南华侨中学、海南大学，还有大中专院校、职业技术学校也得到华侨资助，如海南华侨商业学校、海口旅游职业学校等。

一、琼山、海口华侨捐助的中小学校

（一）中学

1. 琼山中学

学校位于海口市琼山区府城镇，是海南最早的县级完全中学、琼山县重点中学、海口市区级重点中学。学校的历史可追溯到宋代创办的雁峰书院。清朝末年，雁峰书院改制为雁峰高等小学。民国元年（1912）扩建成琼山县立第一高等小学。1913年，琼山县立第一高等小学与琼山县立师范学校合并成立琼山中学。1914年，琼山县政府创办琼山县立中学，内设小学部。1917年将小学部改为县立师范学校，校址设在琼崖工业学堂，县立师范学校及其附小从雁峰书院迁入新校舍。1922年11月，琼山县立中学因场地狭小不能满足发展需要，迁进县立师范学校隔壁的新校址。1926年2月，琼山县教育局呈准广东省教育厅将县立中学和县立师范学校合并。1931年，琼山中学停止招收师范班和小学班，成为纯粹的普通中学。1937年抗日战争全面爆发后，学校迁到龙塘镇。1939年海南岛沦陷后，学校被迫停课。琼山中学接管的雁峰书院留下来的珍贵图书资料以及师生

---

① 《海外侨界23年捐赠海口4.5亿元 由传统的积德行善转向支持教育、文化、卫生和公益事业》，《海南日报》，2011年4月26日第1版。

的档案等因战争破坏荡然无存。1945年9月抗战胜利后，琼山中学在琼山甲子墟复办。同年11月琼山中学从甲子墟迁到海口市西门外竹林村。1946年上半年又从海口市迁回府城原校址，并发动了社会力量筹款。当时县商会、县公产整理委员会陆肃轩、王先生等人大力资助。学校添置了汽灯17盏、双架床300张、长凳60张、教具300多件、图书600册。1950年，琼山县人民政府接管了琼山中学。二十世纪五六十年代学校困难时期，琼山县人民政府依然大力支持琼山中学办学，充实师资队伍、扩建校舍，图书资料增加至5 000多册。1952年琼山中学随着琼山县人民政府迁到岭脚。由于交通不便，上学困难，1955年5月学校又迁回府城原址。1959年，琼山县和海口市合并，琼山中学改为海口市第三中学。1962年下半年琼山恢复设县，琼山中学又恢复了原名。"文化大革命"时期，琼山中学受到冲击，学校经常停课学工学农。1976年，学校恢复了正常的教学秩序。1978年，琼山中学被确定为琼山县重点中学，当时学校占地面积82亩，校舍建筑面积2.17万平方米，全校有教学班32个，学生2 140人，是当时海南岛规模较大、设备较完善的重点中学。[①]

从20世纪80年代开始，琼山中学在校园扩建中陆续得到海外华侨和港澳同胞的捐助。1984年，华侨捐建学校科学馆。1985年，琼山中学校友、旅港同胞杨兹楠捐赠人民币7万元建琼山中学新校门，同时捐赠人民币5万元设立"杨兹楠奖学金"。1988年，港商黄有雄捐资人民币8万元修建学校办公楼，命名为"有雄楼"。同年，旅港乡亲、校友黄奕金捐资人民币3.5万元修建"敬师亭"和"校友亭"。1992年，台胞吴乾华捐资港币40万修建教学楼"乾华楼"，建筑面积达1 050平方米。另外，香港同胞郭远祝和旅泰华侨冯裕昌、林鸿宝、林书茂等人共捐助人民币2万多元设立学校奖学金。[②]

图3-2　琼山中学科学馆（王艳拍摄）

---

① 辛业江：《海南省中等学校校史调查》（上册），海口：海南出版社，2006年，第185-188页。
② 琼山中学校史资料，王艳整理。

图 3-3 琼山中学校门（王艳拍摄）

2. 海口市三江中学

原名琼山县华侨初级中学，校址位于琼山县三江乡，即今海口市美兰区三江镇。1957 年，为了解决侨生读书问题，广东省海南行政区侨务局副局长周铮、琼山县人民委员会侨务科科长曾毓英和三江乡乡长冯裕标三人牵头，在当地村民的支持下，利用三江乡罗梧村一座无人居住的华侨大院（72 间房）作为校舍，创办了私立琼山县华侨初级中学。周铮（1910—1991）是琼山府城人、泰国归侨。曾毓英（1905—1973）是三江人、泰国归侨。周、曾两人曾经在泰国办过华文学校，分别是启光学校、光华中学，周铮曾任旅暹琼崖同乡会主席。他们熟悉地情侨情，能够团结当地群众和联络海外乡侨。学校从创办到扩建，从教学到管理，华侨均给予了大力支持。比如最初校舍所在的华侨大院是当地村民冯裕庄借给学校的。最早一批教师和行政管理人员中相当部分是归侨侨眷，如兴隆华侨农场的归侨韩德光被调来担任英语老师兼教导主任，后来担任副校长、校长；陈献芳、魏学甫、李隆增等老师均是琼山人、侨眷。

1957 年秋季，琼山县华侨初级中学正式招生，总共招 4 个班 261 名学生，另外还有两个补习班 100 多名学生。当年琼山中学初中部共有 15 个班，新生 225 名。所以，琼山县华侨初级中学成为当年琼山县初一新生招生人数最多的学校。1959 年学校开办高中部，不久更名为琼山县华侨中学，当年秋季招收两个高中班、新增 9 个初中班。由于学校规模扩大，校舍不足，所以就借用三江小学的教室上课。1959 年，王国典被任命为校长兼党支部书记，成为琼山县华侨中学第一任校长，韩德光任副校长。琼山县华侨中学第一届学生绝大多数是侨生，其中有 4 名考入海南中学。1959—1961 年三年自然灾害时期，因有部分学生家庭困难被迫中途退学，所以 1960 年学生人数从上一年的 800 多人减少至 400 人。1966—1976 年学生维持在 300 人左右。

1966 年，琼山县华侨中学改为琼山人民中学，1968 年又改为琼山三江中学，1979 年恢复原校名琼山县华侨中学。由于这一时期琼山县大坡中学、永兴中学、红旗中学改为农业职业中学，府城中学也办起职业高中班，因此华侨中学就成为当时琼山县仅有的几所完全中学之一。1985 年琼山县开始普及初中教育，全县增设 20 个初中班，入学率达到 51.1%。1986 年琼山县政府、县教育局制订的《琼山县初中教育七五发展规划》，决定当年扩招初中一年级 37 个班。同年，琼山县华侨中学被评为琼山县建设文明学校优秀单位。1987 年，该校在中考和高考中均取得较好成绩。

1988 年 8 月，新建的琼山县华侨中学挂牌后，原校改名为琼山县三江中学，2003 年更名为海口市三江中学。由于三江中学主要是面对三江地区而不是全县招生，教师流失、生源减少，加上办学条件不足，1992 年该校撤销了其高中部。由于三江中学与琼山县华侨中学之间的渊源，两校结成友好学校，采取领导蹲点、教师对口帮扶、学生手拉手等形式帮扶帮教，在教师队伍、图书资料、教学设备、奖学助学等方面给予支持。

海口市三江中学主要资金来源为中央和地方财政。2012 年，国家农村初中校舍改造工程项目拨款 295 万元，修建改建校舍面积 1 492.08 平方米。同年，海南省中小学校舍安全工程重建项目拨款 120.49 万元，改建学生食堂达 592 平方米。① 华侨捐助主要是建设校门和教学楼。1994 年，祖籍福建的台商许展章先生捐助 180 万元人民币修建教学楼。新校门由泰国华侨张其鸾先生捐助修建并题词。②

---

① 周先平主编：《海口市琼山华侨中学校史（1957—2007）》，海口市琼山华侨中学校史编委会，2008 年，第 1 - 37 页。

② 资料系 2016 年 12 月 9 日到海口市三江中学调研时由校长王方栋及相关教职工讲述。

图3-4　张其鸾捐建并题词的海口市
三江中学校门

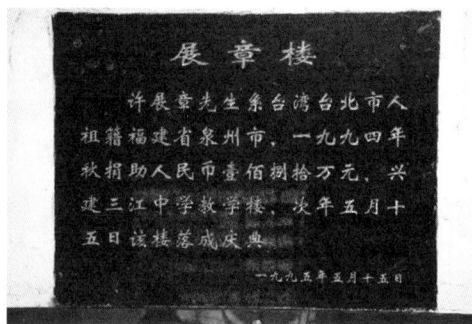

图3-5　许展章捐建的"展章楼"碑记

图3-6　海口市三江中学户外乒乓球桌

图3-7　海口市三江中学校园

3. 海口市琼山华侨中学

海口市琼山华侨中学原名琼山县华侨中学，位于琼山县府城镇东门蝴蝶岭（现海口市府城镇凤翔路），1987年冬创建，学校占地面积134亩。①

由于三江镇地理位置偏僻，经济比较落后，师资力量不足，华侨中学的发展受到一定的限制。在海南建设经济大特区热潮的推动下，琼山县人民政府决定在府城新建一所更大规模的华侨中学。1987年初，学校专门成立了琼山华侨中学筹备组，由县教育局和学校领导班子组成，具体工作由校长兼党委书记李代柏、副校长曾纪清等人负责。次年8月，琼山县华侨中学正式在府城镇凤翔路蝴蝶岭挂牌并破土动工，原三江镇上的琼山县华侨中学改名为三江中学。

琼山县华侨中学在建设过程中得到了华侨的大力支持。1989年，琼山县政府委派副县长刘莲生、校长李代柏、县侨办主任黄闻叁三人前往泰国，为修建

---

① 《琼山县志·第三章　普通教育（2）》，海南史志网，http：//www.hnszw.org.cn/xiangqing.php? ID=48789。

教学大楼和部分学生宿舍筹款募捐。同年 5 月 15 日，他们启程前往泰国，先后在曼谷、清迈、合艾等地拜访琼山同乡，受到当地华侨的热情迎接和支持。侨领张其藩、李昌钝、冯裕德带头认捐，陈承鑫、高舅梅、冯裕昌、吴多兰、吴多福等乡贤也慷慨解囊，文昌华侨、泰国海南会馆理事长符大应当场认捐两间教室。施建任先生放下手中工作，亲自带他们挨家挨户拜访同乡。此次泰国之行，共筹款合计 60 多万元人民币。1989 年 8 月教学楼建成，校园建设面积共 6 万多平方米，有一幢由 50 多位华侨捐资兴建的教学楼、一幢由香港著名企业家邵逸夫先生捐助的五层多功能科学馆大楼、400 米标准跑道的运动场、三栋可供 2 200 多人居住的学生宿舍楼。同年秋季，琼山县华侨中学正式招生。1990 年清明节，张其藩、冯裕德、高舅梅、吴多兰、吴多福等华侨作为嘉宾受邀参加琼山县华侨中学开学典礼暨教学大楼竣工剪彩仪式。高舅梅认捐三间教室，吴多兰夫妇又认捐一座图书馆，吴多兰先生被海南省人民政府授予"爱琼赤子"荣誉称号。[①]

1990 年琼山县华侨中学开始办高中部，当年招收高中 4 个班 200 人，初中新招两个班 100 人，并且挑选了一批有责任心、有水平的教师，充实到教学岗位。1994 年 5 月 20 日，琼山市华侨中学获得琼山教育局授予的"校容建设先进单位"荣誉称号，同年被评为琼山市重点中学。1999 年，琼山市华侨中学在校生 3 000 多人，教职工 220 人，学生参加全国性各学科比赛均获得了较好的成绩。2002 年 10 月 16 日，国务院批准撤销海南省琼山市和海口市秀英区、新华区、振东区，以原琼山市和海口市原秀英区、新华区、振东区设立海口市秀英区、龙华区、琼山区、美兰区。2003 年 1 月 1 日，海口、琼山两市正式合并为海口市，琼山区、龙华区、美兰区、秀英区四个区正式挂牌。同年 9 月，琼山市华侨中学更名为海口市琼山华侨中学。2007 年，海口市琼山华侨中学增加义务教育学位 6 800 个、优质高中学位 4 000 个。2008 年，海口市政府投资 1 500 万元新建两座综合楼。

---

① 周先平主编：《海口市琼山华侨中学校史（1957—2007）》，海口市琼山华侨中学校史编委会，2008 年，第 40～44 页。另据詹健雄副校长介绍，当初修建教学楼时，华侨的捐助方式是一人或一家认捐一间教室，有些经济条件较好的认捐几间教室，共捐了 100 多万元，平均一间教室捐 15 000 元，在当时是很大一笔钱了。

表3-2　海外华侨和港澳同胞捐资建校芳名录（按捐款先后顺序排列）①

姓名	金额	姓名	金额
张其藩	30 000 港币	吴秋菊	10 000 泰铢
李昌钝	52 000 泰铢	林师洲	26 000 泰铢
高舅梅	75 947 港币	陈承超	10 000 泰铢
吴多福	30 000 港币	李龙华	26 000 泰铢
吴多兰	15 000 港币	林尤仁	52 000 泰铢
陈承鑫	104 000 泰铢	符儒仙	10 000 泰铢
符大应	104 000 泰铢	韦家秦	26 000 泰铢
林鸿宝	104 000 泰铢	李代松	10 000 泰铢
陈明安	52 000 泰铢	齐必光	10 000 泰铢
陈明和	52 000 泰铢	李代吉	600 港币
吴钟伟	35 000 港币	陈灼顺、黄菊花	15 000 港币
冯裕德	30 000 港币	杨开礼	30 000 港币
王统儒	15 000 港币	书明	15 072 港币
韦儒丰、韦儒英	15 500 港币	吴毓章	15 000 港币
谢源芳	15 500 港币	李玉荣	1 000 港币
冯裕昌	30 588 港币	张光伍	100 元人民币
林梅桂	15 176 港币	冯尔人等八人	704.11 港币
王琼南	52 000 泰铢	陈承鑫	5 000 元人民币
黄闻寿	10 000 泰铢	黄闻书	10 000 港币
梁定明	1 000 泰铢	林书清	400 元人民币
林书茂	13 000 泰铢	新加坡信记兄弟	15 000 港币
刘衍荣	10 000 泰铢	吴钟仍	200 港币
周经通	26 000 泰铢	曾传忠	5 000 港币
庞廷盛、庞乾坤、庞乾新	52 000 泰铢	吴多兰	600 000 港币
许寿明	26 000 泰铢	陈文东	20 000 港币
陈玉用	26 000 泰铢	邵逸夫	500 000 港币

①　周先平主编：《海口市琼山华侨中学校史（1957—2007）》，海口市琼山华侨中学校史编委会，2008年，第43、190-191页。

图 3 - 8　海口市琼山华侨中学初中部教学楼

图 3 - 9　海口市琼山华侨中学高中部

图 3 - 10　海口市琼山华侨中学高中部校友捐赠的感恩石碑

4. 演丰中学

学校位于琼山县演丰镇（今海口市美兰区演丰镇），其前身为清末光绪三十四年（1908）由当地关帝庙改建的新民两等小学校，后改为外义丰乡立第二初高等小学校。演丰中学创办于1956年，从建校至2006年新教学楼修建，均得到海外华侨、港澳同胞的大力支持。

1958年，海内外乡亲共239人捐助建校，共捐款13 014元人民币和捐建一间教室，捐款数额从20元至1 207元不等。其中捐助较多的有：陈宗礼捐建教室一间。捐助1 000元人民币以上者：黄有鹏1 207元、蒙正平1 200元、黄奕勋1 200元、蔡泽信1 000元。捐助1 000元以下100元以上人民币者：梁安澜608元、梁安全569元、韦儒全569元、林志榜427元、刘所蛟362元、李昌琳341元、施日福304元、郑绪昌256元、吴敬孔243元、谢元金243元、庞兴斗243元、冯裕昌227元、张大昌218元、梁定富213元、王统雄200元、梁定春183元、李永焜182元、林诗情182元、吴钟茂161元、陈多盛142元、蔡泽恕142元、曾毓武140元、廖家武138元、廖之文138元、黄文进138元、吴文积138元、曾毓英136元、曾兴禄136元、刘所智136元、黄有金134元、邝仕发128元、林志兴128元、吴淑卿128元、黄善焕103元、李永问101元、林志标100元、王执全100元、周经伦100元。①

1985—1986年和2006年，演丰中学先后在修建两栋教学楼的过程中，得到了海外华侨、港澳同胞的大力支持，捐赠芳名录如下：②

表3-3　1985年华侨、港澳同胞捐建演丰中学第一栋教学楼芳名录

单位：元（人民币）

姓名	捐款数额	住在国/地区	备注
周经通	3 300	泰国	
周享德	660	泰国	
周成裕	330	泰国	
周成农	660	泰国	
周绪佳	330	泰国	
周经仁	330	泰国	
周经川	660	泰国	

① 演丰中学校史资料。
② 1985、1986、1993、2006年华侨捐款统计资料均来自演丰中学校史资料。

（续上表）

姓名	捐款数额	住在国/地区	备注
周福兴	330	泰国	
周经松	330	泰国	
周世栋	990	泰国	
冯裕昌	195 000	泰国	
林鸿宝	90 000	泰国	
冯裕德	30 000	泰国	
王琼南	15 000	泰国	
林书茂	10 500	泰国	
王琼泰	9 000	泰国	
庞朝新	9 000	泰国	
郑徐华桂	7 500	泰国	
施进汉	7 500	泰国	
吴美兰	2 000	泰国	
庞延盛	4 500	泰国	
刘衍荣	4 500	泰国	
周经通	4 500	泰国	
庞朝琨	4 500	泰国	
庞朝孔	4 500	泰国	
林鸿斐妻	4 500	泰国	
周成果	4 500	泰国	
林书儒	4 500	泰国	
陈继潘	4 500	泰国	
王琼昌	4 500	泰国	
梁定泰	4 500	泰国	
齐必光	4 500	泰国	
高姑梅	4 500	泰国	
林书椿	4 500	泰国	
李昌钝	4 500	泰国	
林鸿光	4 500	泰国	
林鸿宝	4 500	泰国	
林鸿泰	4 500	泰国	

（续上表）

姓名	捐款数额	住在国/地区	备注
林月英	4 500	泰国	
庞延文	4 500	泰国	
陈嘉文	4 500	泰国	
施继福	4 500	泰国	
林书泰	2 100	泰国	
符书荣	3 000	泰国	
林英兰	3 000	泰国	
吴钟伟	3 000	泰国	
梁安固	1 400	泰国	
林书春	1 500	泰国	
梁启泰	1 500	泰国	
唐辉益	1 500	泰国	
吴钟发	1 500	泰国	
梁香姑	3 600	泰国	
梁定隆	3 000	泰国	
梁定魁	920	泰国	
梁安存	910	泰国	
林诗应	910	泰国	
梁居瑶	100	泰国	
郭梅桂	5 000	泰国	
吴海（秋）	1 025	印度尼西亚	括号中的字因模糊不清不能确定
吴淑悦	1 227	新加坡	
林明礼	228	中国香港	
陈玉定	250	中国香港	
陈嘉（音）	200	中国香港	括号中的字因模糊不清不能确定
王中强	120	中国香港	
蔡泰富	100	印度尼西亚	
王鸿程	200	印度尼西亚	
林玉兰	200	印度尼西亚	
王载鋬	200	印度尼西亚	
吴钟兴	500	新加坡	

（续上表）

姓名	捐款数额	住在国/地区	备注
吴钟发	200	新加坡	
陈嘉文	6 050	泰国	
陈定寿	490	新加坡	
陈定乾	245	新加坡	
王丰章	359	泰国	
王鸿斡	200	印度尼西亚	
林书茂	1 000	泰国	
林书泰	110	泰国	
王琼南	3 798	泰国	
王琼存	3 798	泰国	
陈学坤	500	新加坡	

表 3 - 4 1986 年华侨、港澳同胞捐建演丰中学第一栋教学楼芳名录

姓名	捐款数额	住在国/地区
吴钟纬	15 万泰铢	泰国
李昌钝	15 万泰铢	泰国
冯裕德	15 万泰铢	泰国
吴育章	15 万泰铢	泰国
林鸿宝	15 万泰铢	泰国
李昌焜	6 万泰铢	泰国
王琼南	4 万泰铢	泰国
王琼泰	3 万泰铢	泰国
梁安荣	3 万泰铢	泰国
刘衍荣	2 万泰铢	泰国
林书茂	2 万泰铢	泰国
徐清洲	2 万泰铢	泰国
陈嘉文	1.5 万泰铢	泰国
廖志俊	1.5 万泰铢	泰国
林书香	1.5 万泰铢	泰国
施进汉	1.1 万泰铢	泰国

（续上表）

姓名	捐款数额	住在国/地区
施继福	1.1 万泰铢	泰国
刘尊宝	1.1 万泰铢	泰国
吴淑隆	1 万泰铢	泰国
吴淑宽	1 万泰铢	泰国
李代松	1 万泰铢	泰国
庞朝琨	1 万泰铢	泰国
施继朝	1 万泰铢	泰国
章符成龙	1 万泰铢	泰国
林彩香	1 万泰铢	泰国
吴钟行	1 万泰铢	泰国
蒙传圣	1 万泰铢	泰国
陈辉和	1 万泰铢	泰国
林书泰	1 万泰铢	泰国
林绍英	1 万泰铢	泰国
陈积深	1 万泰铢	泰国
周经道	1 万泰铢	泰国
庞延盛	1 万泰铢	泰国
符世坤	1 万泰铢	泰国
曾毓昌	1 万泰铢	泰国
吴毓明	1 万泰铢	泰国
吴毓儒	1 万泰铢	泰国
黄达深	1 万泰铢	泰国
陈灼顺	1 万泰铢	泰国
林英兰	1 万泰铢	泰国
吴淑坤	9 000 泰铢	泰国
吴钟茂	2 000 元人民币	泰国
吴钟俊	2 000 元人民币	泰国
翁王琼梅	2 000 元人民币	泰国
周绪佳	7 000 泰铢	泰国
林诗需	7 000 泰铢	泰国
王统肇	7 000 泰铢	泰国

（续上表）

姓名	捐款数额	住在国/地区
黄善焕	7 000 泰铢	泰国
梁居灼	7 000 泰铢	泰国
任应乐	7 000 泰铢	泰国
庞朝仪先生夫人	7 000 泰铢	泰国
林鸿斐妻	7 000 泰铢	泰国
周林爱莲	7 000 泰铢	泰国
施继达	7 000 泰铢	泰国
吴淑应	7 000 泰铢	泰国
吴钟发	5 000 泰铢	泰国
吴淑梧	5 000 泰铢	泰国
郑正梅	5 000 泰铢	泰国
黄奕成	5 000 泰铢	泰国
王道琚	2 000 港币	泰国
谭延发	3 500 泰铢	泰国
李昌成	3 500 泰铢	泰国
黄振誉	3 500 泰铢	泰国
韦修忠	1 000 元人民币	泰国
梁安固	1 000 元人民币	泰国
吴钟行	1 000 元人民币	泰国
陈金川	1 000 元人民币	泰国
林志标	1 000 港币	泰国
吴乾利	2 000 泰铢	泰国
梁安钦	2 000 泰铢	泰国
黄闻荣	2 000 泰铢	泰国
符世新	300 元人民币	泰国
林书裕	1 750 泰铢	泰国
吴定明	1 000 泰铢	泰国
吴钟荣	1 000 泰铢	泰国
吴乾璋	1 000 泰铢	泰国
高姑梅	1 000 泰铢	泰国
王才章	1 000 泰铢	泰国

（续上表）

姓名	捐款数额	住在国/地区
蔡泽懋	1 000 泰铢	泰国
谭群进	1 000 泰铢	泰国
符杨尤	200 元人民币	泰国
李昌松	200 元人民币	泰国
黄奕绍	200 元人民币	泰国
蔡氏信记兄弟	1.5 万元人民币	新加坡
王康书	300 叻币	新加坡
吴清胜	300 叻币	新加坡
吴钟仍	300 叻币	新加坡
符世焕	300 叻币	新加坡
林志兴	1 000 港币	新加坡
林书文	200 叻币	新加坡
李永华	200 叻币	新加坡
吴毓侨	200 叻币	新加坡
蔡吉平	200 叻币	新加坡
符世英	200 叻币	新加坡
吴钟达	150 叻币	新加坡
吴钟贵	150 叻币	新加坡
李春玉	100 叻币	新加坡
李永俊	100 叻币	新加坡
林书翰	100 叻币	新加坡
林志荣	100 叻币	新加坡
邝必泰	100 叻币	新加坡
符世斗	100 叻币	新加坡
庞朝三	100 叻币	新加坡
庞朝汉	100 叻币	新加坡
梁安兴	100 叻币	新加坡
蔡开庄	100 叻币	新加坡
李昌洲	100 叻币	新加坡
吴淑秀	100 叻币	新加坡
庞亚宝	100 叻币	新加坡

（续上表）

姓名	捐款数额	住在国/地区
符连深	100 叻币	新加坡
秦泽雄	100 叻币	新加坡
王康清	100 叻币	新加坡
吴毓山	50 叻币	新加坡
符世球	50 叻币	新加坡
吴钟宜	50 叻币	新加坡
吴钟印	50 叻币	新加坡
梁安业	50 叻币	新加坡
周成东	50 叻币	新加坡
庞朝杏	50 叻币	新加坡
林书华	50 叻币	新加坡
林诗甫	50 叻币	新加坡
梁定经	30 叻币	新加坡
王理仁	600 元人民币	中国香港

此外，1986 年，旅泰华侨吴钟纬先生捐助教学基金 2 万泰铢。吴钟纬、周凤梅伉俪，冯裕德、黄金蕾伉俪，李昌钝、韩金梅伉俪各捐 2 万港币修建校门。

1993 年，旅马华侨陈献春捐助 10 万元用于修建第一栋教工宿舍。

2001 年，旅泰华侨王琼南赞助 5 万元购置电脑。

2006 年 10 月 8 日上午，演丰中学举行新教学大楼落成典礼。旅泰华侨、泰国海南会馆理事长王琼南，副理事长冯裕德、冯裕昌，财务部部长梁安荣，泰国海南商会名誉理事长李昌钝等侨领特地赶来参加典礼。①

演丰中学第二栋新教学大楼是由政府投资、华侨捐赠和当地群众集资共同兴建的，海外华侨共捐款 520 000 元人民币，其中王琼南 60 000 元、李昌钝 60 000 元、冯裕德 60 000 元、冯裕昌 60 000 元、吴钟纬 30 000 元、梁安荣 30 000 元、李昌焜 10 000 元、冯所保 2 000 元、冯所福 2 000 元、冯所乐 2 000 元。②

---

① 《泰国华侨捐资 45 万　助建海口市演丰中学新教学楼》，中国侨网，http://www.chinaqw.com/news/200610/09/47475. shtml，2006 年 10 月 9 日。

② 演丰中学校史资料。

图 3 - 11 演丰中学办公室

图 3 - 12 演丰中学教学楼

5．海口市大华中学

位于海口市琼山区大致坡镇，1952 年创办时为私立大华中学。1996 年，由热心群众、华侨、港澳台同胞捐助 190 多万元，修建了科学馆。①

———————

① 海口市大华中学建造科学馆捐款芳名录。

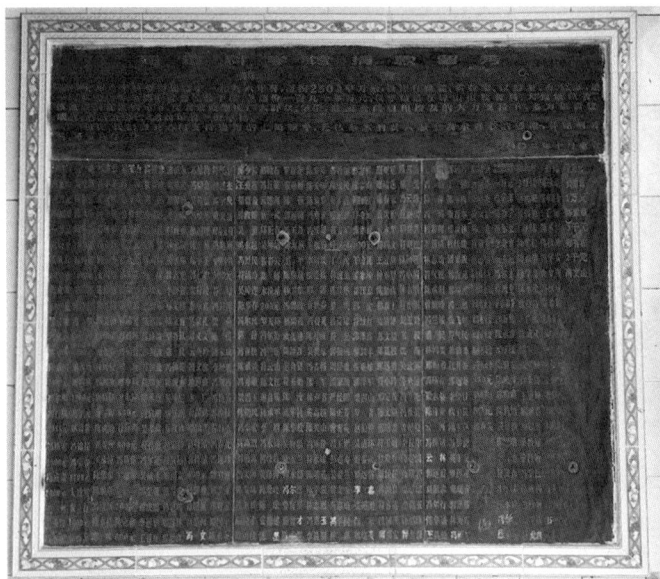

图 3 - 13　海口市大华中学建造科学馆捐款流芳碑

6. 海南省国兴中学

1990 年, 海南省国兴中学筹建时, 香港企业家、香港海南商会副会长李强捐资 150 万元助建"李强教学楼"。

(二) 小学

1. 海口市演丰镇中心小学

学校位于演丰镇。1957 年, 演丰镇中心小学获得海外华侨和地方人士捐资共 1 万元, 其中印尼华侨合计 1 000 元, 泰国华侨合计 3 000 元, 新加坡华侨蔡泽信 1 000 元。[①] 1995 年在修建教学大楼过程中得到海外华侨的热情支持。次年新教学楼落成, 建筑面积 2 300 平方米, 有 20 间教室、10 个单间, 造价合计 185 万元人

图 3 - 14　海口市演丰镇中心小学捐赠芳名榜

[①] 《华侨爱国爱乡积极捐款办学》,《新海南报》, 1957 年 6 月 11 日。

民币。新教学楼由海南省政府教育厅、琼山县政府、海口市政工程、演丰镇财政所、演丰信用社和海内外人士共同出资，其中旅泰华侨捐款折合人民币36.5万元。华侨捐助芳名如下：冯裕德9万元，张德智5万元，李隆民3万元，李昌钝3万元，林方军3万元，吴钟纬3万元，高姑梅3万元，符昌江3万

图3-15　海口市演丰镇中心小学校门

元，施继任1万元，符方道1万元，任应存1万元，王道唐5 000元，王道三5 000元，刘其雄5000元。①

2. 演海小学

二十世纪八九十年代曾得到华侨捐建教师宿舍，其中冯裕昌捐助港币20 000，庞国君捐助人民币30 000元。2001年，学校决定拆除已成危房的平房教室，重新修建教学楼。新教学楼由地方政府、演海各界人士和海外华侨出资共50多万元人民币修建，其中华侨捐助者包括：王琼南55 000元，王中强50 500元，冯裕昌、郭梅桂35 000元。②

图3-16　演海小学校门

图3-17　演海小学新教学楼

---

① 海口市演丰镇中心小学建校捐赠芳名榜。
② 演海小学捐赠芳名录。

3. 吴多福小学

1985 年，旅泰侨领吴多福捐款 20 万泰铢，重建家乡的新美小学，后改名为吴多福小学。[①] 现已停办。

4. 眼镜塘小学

位于海口市三江镇，1958 年由本地华侨捐助创办。1988 年，旅泰华侨林师洲率先捐 5 万港币，后带动 52 名侨胞共捐 16 万港币，为该校修建一座建筑面积540 平方米的三层综合教学楼和新校门，1991 年建成。1989 年，华侨捐资修建一栋平房教室，后来改为教师宿舍。

图 3-18　眼镜塘小学校门

图 3-19　1989 年华侨捐助修建的眼镜塘小学教师宿舍

图 3-20　1989 年眼镜塘小学华侨捐助芳名榜

---

① 《海南省志·教育志·第十章　勤工俭学华侨助学·第二节　华侨助学 (2)》，海南史志网，http://www.hnszw.org.cn/xiangqing.php? ID = 49198。

1989 年 5 月"捐建今教学楼芳名榜"依稀可见冯学会、吴多裕、冯学友、陈战华、吴清光、冯所无、吴清珍、苏文波、陈锦芳、苏文椿、谢元书、谢元坚、林道雄、吴淑忠、陈成华、吴多泰、吴多礼、吴多轩、吴清福、谢元财等。

图 3 - 21　1991 年建成的眼镜塘小学教学楼

图 3 - 22　1991 年眼镜塘小学华侨捐助教学楼芳名榜

表 3 - 5　1991 年旅泰华侨资助琼山县三江镇眼镜塘小学新建教学大楼芳名榜

捐助者	捐助资金	捐助者	捐助资金	捐助者	捐助资金
林师洲、韩春花夫妇	五万港币	许声连	三千元	林明德	一千元
陈玉盛偕夫人林金花	五千元	卢秋芳	三千元	何国华	一千元
连魁宏	五千元	陈玉南	两千元	许寿明	一千元
谢源礼	五千元	韦仟丰	两千元	冯所勤	一千元
林道高	三千两百元	韦仟英	两千元	蒋习凤	一千元
王太和	三千元	陈玉顺	两千元	韦家秦	一千元
王昌凤	三千元	刘衍珮	两千元	陈玉盛	一千元
陈文卿	三千元	符绍吾	两千元	冯尔珏	一千元
谢源芳	三千元	陈金兰	两千元	冯学安	一千元
冯学芳	三千元	陈华山	一千元	冯所尊	一千元
吴爱连	三千元	吴坤成	一千元	冯尔骏	一千元
郑有河	三千元	吕烈鸿	一千元	陆仟栋	一千元
吴清河	三千元	彭连楷	一千元	黄有合	一千元
篑必光	三千元	谢源瀛	一千元	高舅梅	一千元
林明札	三千元	林明惠	一千元	符梅双	六百元

（续上表）

捐助者	捐助资金	捐助者	捐助资金	捐助者	捐助资金
符树珊	三千元	韩道准	一千元	陈玉振	五百元
符国暖	三千元	符福钧	一千元	吴清就	五百元
符儒仙	三千元	冯所斌	一千元	吴秋花	两百元
蒋之乐	三千元	林志忠	一千元		

二、琼山、海口华侨捐助的大中专院校和职业学校

（一）海南大学

1981 年 6 月开始筹办，1983 年 5 月经国务院批准正式成立。海南大学与私立海南大学有一定的历史渊源，是在原海南师专、海南医专和海南农学院的基础上建立起来的，由广东省和海南行政区双重领导。[①] 1983 年，以海南师专、海南医专为主体，共同成立海南大学。海南师专改为海南大学师范部，海南医专改为海南大学医学院，原水产学校旧址改为海南大学农学院。1986 年，海南师专、海南医专分出，分别成立海南师范学院、海南医学院。海南大学在海甸岛校区设立文学院、理工学院、农学院等。

1981 年 2 月 20 日，中共海南行政区委员会召开会议，贯彻国务院指示精神，认为在"大力发展海南经济建设的同时，必须重视海南智力资源的开发，大力积极发展教育事业，尤其是高等教育事业，以培养与造就大批四化建设人才，保证开发建设海南的需要。不论从政治影响或从海南经济建设和教育事业来考虑，现在都有必要复办海南大学"。同年 6 月 21 日，海南行政区常委讨论决定成立"海南大学筹备委员会"[②]，报请广东省委、省政府和国务院教育部批准。同年 12 月，为了加快海南大学的筹建工作，区公署聘请了十一位港澳同胞和侨胞为海南大学筹委会副主任、委员。旅日华侨陈学忠、美籍华人林汉生博士、泰籍华人张光利等相继到校考察，表示愿意从各方面支持办好海南大学。他们不仅积极为海南大学的筹建工作提出建议，还分别在中国香港及日本、新加坡、泰国、美国等地向海外侨胞进行游说宣传，动员海外侨胞资助筹建海南大学。1982 年广东省

---

① 《海南大学——一所多科制的综合性大学》，《海南大学学报》（自然科学版）1985 年第 1 期，第 1－4 页。

② 《海南大学开始筹办》，《海南日报》，1981 年 6 月 21 日第 1 版。

人民政府批复同意成立海南大学筹备委员会。1983 年 5 月 10 日，国务院正式批准在海南师专、海南医专和海南农学院的基础上复办海南大学。1983 年 6 月，首届海南大学十二个专业共招本科、专科新生 540 人，其中师范生 300 人，限于海南地区范围。① 同年 10 月 5 日，正式开学。②

图 3 - 23　海南大学成立暨首届新生开学典礼大会会场③

2007 年 8 月，原华南热带农业大学和原海南大学合并为海南大学，围绕着创建高水平"211 工程"大学的目标，不断增创"热带、海洋、特区、旅游"特色，各项事业取得了跨越式的发展：实现省部共建并纳入国家建设高水平大学战略，一级学科博士点由 1 个增至 5 个，国家重点学科由 1 个增至 3 个。2007 年 11 月，合并后的海南大学成为教育部与海南省人民政府共建高校。2008 年 12 月，海南大学进入国家"211 工程"建设高校行列，结束了海南省没有"211 工程"大学的历史。

海南大学是改革开放后海南华侨捐助兴办的第一所高等学校，1977 年中国恢复高考后，大学师资力量十分薄弱，教学科研人才十分紧缺。据原海南大学党

① 《海南大学今年有十二个专业招生　招生范围限于海南地区　对华侨、归侨子女给予照顾》，《海南日报》，1983 年 6 月 12 日第 1 版。
② 《海南大学昨天隆重举行开学典礼》，《海南日报》，1983 年 10 月 6 日第 1 版。
③ 《海南大学昨天隆重举行开学典礼》，《海南日报》，1983 年 10 月 6 日第 1 版。

委书记李光邦回忆，当时海南区党委、海南行署向广东省委、省政府写的关于成立海大筹委会的报告获得批准后，于1981年6月20日成立了"海南大学筹备委员会"（以下简称筹委会）。筹委会由43人组成，其中海南区的主要领导干部8人，各有关部门负责人11人，华侨、港澳同胞代表15人，有关学校领导4人，民主党派、知名人士代表5人，办公地点设在海南师专。筹委会成立后，发动华侨和港澳同胞支持海南大学建设，他们在献策献计、捐资献物、培训师资方面为海大做了重要贡献。美籍华人林汉生博士建议：专门成立海外华侨资助基金，一种是一次性捐助，一种是投资办企业从中提取部分利息作为奖学金；与外国高等学校建立校际关系，聘请学者回来讲学，由他补助来回旅费。海南农垦总局副局长潘照建议，以筹委会名义召开各农场场长、书记会议，宣传办海南大学的意义，请他们在物质方面支援。泰籍华人林诗盈先生来信建议筹委会制定一个捐款纪念具体办法公布于众，便于发动工作。泰籍华人张光利先生建议派人出国对华侨进行宣传发动工作。有些华侨代表建议筹委会在香港或深圳召开一次海外筹委会副主任和各界人士代表会议。以上意见得到筹委会的重视且基本都被采纳。1982年8月28日，筹委会在深圳召开会议。出席会议的代表共40多人，包括：广东省省长刘田夫，海南区党委书记罗天，海南区政府主任雷宇，海南区党委副书记肖焕辉、林树兰，新华社香港分社副社长李启新，广东省高教局副局长黄其江，广东省侨联副主席符荣鼎，暨南大学副校长韩拓夫，海南区侨联主席周铮，海南区侨办主任张光兴，筹委会副主任李光邦，港澳代表黄坚，旅泰华侨代表林尤仁、林尤义、黄宏萱、张光利、冯裕德、陈成鉴、齐必光、曾传赀，旅日华侨代表陈学忠，旅美华侨代表林汉生，旅法华侨代表冯谦。会议初步决定筹集3 000万泰铢为海大建一幢图书馆。陈学忠先生率先表态，愿意出资为海大建一幢10 000平方米的科学馆；泰国华侨表示捐建一幢图书馆大楼；香港海南商会黄坚、吴多泰、周成泰三人决定合资兴建一幢4 000平方米的行政办公大楼，命名为"泰坚楼"。泰籍华人陈起江先生带团回国探亲闻悉故乡办大学，主动带团来筹委会参观访问并赠送锦旗、照相留念。周成泰先生捐赠复印机一部。林汉生博士以美国中华图书基金会名义，给海大捐赠外文书籍18 000多册以及英文教学录音带一批。陈学忠先生提出在十年内资助100名海南留日学生，每年10人，毕业后回海大工作（后出于种种原因该项目中止）。林汉生博士还协助选派国外专家教授回来讲学办班，以提高海大教学水平。[①]

海南大学有三个校区，分别位于海口市海甸岛、海口市城西镇、儋州市原华

---

① 李光邦：《筹办海南大学的回顾》，海南省政协文史资料委员会编：《海南文史资料》（第十辑），海口：南海出版公司，1994年，第17-23页。

南热带农业大学校园。其中校本部位于海甸岛，面积 3 000 多亩，规划建筑总面积为 14 万多平方米，主要建筑群是以图书馆、科学馆、海南自然博物馆、教学大楼和各学科实验楼为主的中心教学区，东南为教工住宅区，西南为体育运动场、游泳池、实验农场和各个科学研究所，西北为生活后勤区、变电站和实验工厂，东北为第一附属医院。此外，还有幼儿园、附小以及园林建设等用地。

海南大学在海南地方政府财力有限的情况下，由各级财政拨款，在社会各界、华侨华人和港澳台同胞支持下兴办。1981 年，海南区党委、区公署决定拨款 80 万元兴建海大图书馆，拨款 10 万元作为办学活动经费，并决定从第二年起，连续五年每年拨款 100 万元作为海南大学的基建经费。① 1982 年 10 月 7 日，海南区党委、区公署又发出文件，决定从 1983 年至 1987 年五年内，拨给海南大学筹办经费 1 500 万元，其中从地方财政拨款 1 000 万元，海南农垦系统资助 500 万元。② 根据规划预算，海南大学两期基建总投资约 6 000 万元，其中约 5 000 万元由中央、省、海南和省高教局、省农垦局拨款或捐助，余下 1 000 万元拟发动侨胞和港澳同胞资助。③

海南大学校园内的办公楼、科学馆、教学楼、图书馆以及部分体育设施等建筑多是由华侨华人、港澳台同胞捐资兴建的。1982—2013 年，捐资在 100 万元人民币以上者有邢李㷪、邵逸夫、吴多泰、黄坚、周成泰、郑有英、吴多禄等。主要物资来源地如下：中国香港 5 620.72 万元、21 寸彩电和录像机各一部；中国澳门 14 万元、图书 100 册；中国台湾 63 万元、1 000 美元；泰国 225.43 万元、1 054.97 万泰铢；新加坡 140 万元；马来西亚 119.5 万元、2 万马币；印度尼西亚 1 620 万元；美国 214.3 万元、2.5 万美元；加拿大 7 050 加元；英国 3 600 英镑、2.5 万元、郑保发捐赠 21 寸彩电一部；法国骆芳伶校庆捐赠陶瓷一件；德国 2.07 万元；日本 841 万日元、28 寸彩电和录像机各一部；世界海南乡团联谊会教育基金会 10 万元。泰国企业家郑有英先后捐赠人民币 167 万元、港币 57 万建海南大学图书馆和教学楼；文昌籍知名香港人士吴多泰、黄坚、周成泰捐赠港币 300 多万建标志性建筑"泰坚楼"；邵逸夫捐赠港币 400 万修建学术交流中心。捐款主要用于修建办公楼、科学馆、教学楼、图书馆，以及体育设施和图书设备购置、学科建设、"211 工程"建设、博士点建设和奖学奖教基金。④ 2007 年 4

---

① 叶铭：《党政领导重视　各方大力支持　海南大学正在积极筹建》，《海南日报》，1981 年 12 月 26 日第 1 版。

② 海南大学筹委办秘书科：《区党委、区公署采取有力措施　加快筹建海南大学　争取明年秋季部分专业招生》，《海南日报》，1982 年 10 月 14 日第 1 版。

③ 王国雄：《建设中的海南大学——林英校长谈海大建设情况》，《海南日报》，1984 年 3 月 28 日第 3 版。

④ 海南大学外事侨务处统计资料，若无特殊说明，统一以元人民币为单位，香港地区的捐款大多集中在 1997 年后，故港币兑人民币以 1∶1 折算。

月 6 日，来自马来西亚、新加坡、文莱、美国等 13 个国家和地区的世界海南乡团联谊会代表，捐赠给海南大学教育基金会 10 万元，这是世界海南乡团联谊会首次对海南高校进行资助。①

图 3-24　海南大学图书馆（孙秋寒拍摄）

以下是 1981—2013 年华侨华人、港澳台同胞及社会各界捐赠海南大学芳名录。②

表 3-6　华侨华人、港澳台同胞及社会各界捐赠海南大学芳名录（20 万元以上）

捐赠年份	捐款人或团体	国家或地区	捐赠情况
1983	黄坚	中国香港	100 万港元，建"泰坚楼"
1983—2003	吴多泰	中国香港	156 万港元。其中 130 万港元建"泰坚楼"；21 万港元购一套镭射音响和一部 25 寸彩电；5 万港元作教育基金
1983—2006	周成泰	中国香港	157 万港元。其中 100 万港元建"泰坚楼"；17 万港元建电话总机，购面包车一辆；10 万港元开发校农场；30 万港元作教育基金

---

① 《世界海南乡团联谊会捐款 20 万助学》，《海南日报》，2007 年 4 月 9 日。
② 表格数据由海南大学外事侨务处提供。

（续上表）

捐赠年份	捐款人或团体	国家或地区	捐赠情况
1983—1999	日本黑潮会	日本	750 万日元，设立教育基金
1984—1988	海南农垦总局	中国内地	500 万元，建造农学院大楼
1985	海南铁矿	中国内地	28 万元，建造铁矿楼，现改造为海南大学医院
1985—1993	黄守正	中国香港	25 万港元，设立黄氏奖学金
1986	吴多福	泰国	60 万港元，建阶梯教室
1986—1997	郑有英	泰国	57 万港元，建阶梯教室；500 万泰铢，建校图书馆
1988—1993	吴乾华	中国台湾	60 万元，建东校门
1991—1997	白秀华	新加坡	115 万元。其中 100 万元建游泳池；15 万元建校图书馆
1992	海口商务化工实业总公司	中国内地	30 万元，建南校门
1992	邵逸夫	中国香港	400 万港元，建学术交流中心
1993	海南省政府、琼山县政府	中国内地	海南省政府 1 500 万元，琼山县政府 1 000 万元
1994	吴坤治	美国	50 万元，设立奖教基金
1994	吴坤汉	美国	50 万元，设立奖教基金
1996—2004	海南省籍教育基金	新加坡	11 万新元，图书经费
1997	吴多禄	泰国	450 万泰铢，建校图书馆
1997—2007	欧宗清	泰国	150 万泰铢，建校图书馆
1997	陈修炳	泰国	150 万泰铢，建校图书馆
1997	张光巍	泰国	150 万泰铢，建校图书馆
1997—2011	李运强	中国香港	2 020 万港元和 40 万元。其中 2 000 万港元支持校史馆内部装饰和布展、青春记忆广场建设、高层次人才培养及国际合作交流等项目；30 万元建校图书馆；10 万元建校农学实习基地；20 万港元作教育基金。2012 年起，每年至少再捐赠 100 万港元设立助学金
1997	陈文民	中国香港	30 万元，建校图书馆

（续上表）

捐赠年份	捐款人或团体	国家或地区	捐赠情况
1997—2006	潘正洲	中国香港	40 万元和 20 万港元。其中 30 万元建校图书馆；10 万元建校农学实习基地；20 万港元作教育基金
1998—2005	海航集团	中国内地	53.68 万元，建校图书馆、支持重点学科建设以及奖励优秀师生
1999—2012	王伟光	美国	81 万元，学术交流基金、优秀贫困大学生助学金
2002	方润华	中国香港	80 万元，建树华电子智源中心
2003—2011	郑心本	美国	19.3 万元和 1 万美元。其中，1 万美元和 10 万元设立心本爱心奖学金；9.3 万元为校庆捐款
2003—2008	欧国樑	中国澳门	30 万元。其中 10 万元为校庆捐款；20 万元作教育基金
2004—2008	王大富	中国内地	100 万元，设立时代海岸留学奖学金
2005	李兴福	印度尼西亚	20 万元，教育基金
2005—2011	邢李㷧	中国香港	1 800 万元。其中 1 500 万元资助思源学堂建设；300 万元支持博士点学科建设
2006—2013	海南金海浆纸业有限公司	印度尼西亚	1 000 万元。2005 年捐资 500 万元设立海南大学金光贫困大学生助学金；2011 年再次捐资 500 万元设立金光奖学金
2006	海南钢铁公司	中国内地	20 万元，设立海钢研究生助学金
2006	海南汽车集团有限公司	中国内地	130 万元，教育基金
2006	泰国海南会馆	泰国	20 万元，教育基金
2006	王琼南	泰国	50 万元，建校图书馆
2006—2009	陈群川	马来西亚	70 万元，建校图书馆
2006	南山旅游文化有限公司	中国内地	25 万元，支持校二届理事会二次会议召开

（续上表）

捐赠年份	捐款人或团体	国家或地区	捐赠情况
2007	吉利集团	中国内地	20万元，教育基金
2007	海南红牛饮料有限公司韩强元	泰国	50万泰铢，教育基金
2008—2012	香港吴多泰博士教育基金	中国香港	100万元，设立吴多泰博士奖学奖教金
2009—2011	刘建贤、张永清	中国内地	100万元，优秀学生奖学金
2009—2011	北京健坤投资集团有限公司	中国内地	400万元。其中300万元设立骨干教师交流基金；100万元设立学生素质教育创新活动基金。协议捐赠600万元
2010	田家炳	中国香港	150万港元，改造科研实验中心
2011	唐绪衡	中国内地	20万元，教育基金
2011	钟德辉	中国内地	20万元，教育基金
2011—2013	韩平元	中国香港	400万元，设立人才引进和人才培养合作项目。协议捐赠1 000万元
2011—2013	雅居乐地产有限公司	中国内地	30万元，设立雅居乐地产奖学金。协议捐赠50万元
2012	海南大乐成开发控股有限公司	中国内地	50万元，支持热带高效现代农业项目
2013	百翔物流有限公司	中国内地	20.1万元，设立海南大学百翔奖助学金

表3-7　华侨华人、港澳台同胞及社会各界捐赠海南大学芳名录（20万元以下）

捐赠年份	捐款人或团体	国家或地区	捐赠情况
1981	泰国北部海南同乡会陈起江等二十九人	泰国	177 000泰铢，教育基金
1981	美国纽约海南同乡会潘先生等九十六人	美国	15 000美元，教育基金
1985—1986	韩培元	加拿大	7 050加元，教育基金
1986—1990	赵玉山	新加坡	3万元，教育基金

（续上表）

捐赠年份	捐款人或团体	国家或地区	捐赠情况
1986	李有仁	新加坡	1 万元，教育基金
1986	林鸿谟	新加坡	10 万元，添置科研设备
1986	符致兴	中国香港	5 万港元，教育基金
1987	陈国清	中国香港	2 万元和 21 寸彩电、录像机各一部
1988	吴监池	中国香港	3 万港元，教育基金
1988	朱莲芬	中国香港	3 万港元，教育基金
1988	王和源	法国	1 万港元，教育基金
1988	冯谦	法国	1 万港元，教育基金
1988	潘以和	法国	1 万港元，教育基金
1988	吴多旺	中国香港	5 000 港元，教育基金
1988	温嘉旋	中国香港	5 000 港元，教育基金
1988	卢业燦	中国香港	5 000 港元，教育基金
1988	吴坤能	中国香港	5 000 港元，教育基金
1989	林猷仁	泰国	3 万港元，教育基金
1989	林志熙	泰国	5 000 港元，教育基金
1989	林猷澄	泰国	1 万港元，教育基金
1989	林文蔚	泰国	5 000 港元，教育基金
1989	林鸿顺	泰国	5 000 港元，教育基金
1989	林明苑	泰国	5 000 港元，教育基金
1989	林猷岑	泰国	5 000 港元，教育基金
1989	林鸿照	泰国	5 000 港元，教育基金
1989	林书明	泰国	1 000 港元，教育基金
1989	林明文	泰国	1 000 港元，教育基金
1989	林道环	泰国	1 000 港元，教育基金
1989	林鸿贵	泰国	1 000 港元，教育基金
1989	林克发	泰国	1 000 港元，教育基金
1989	林猷松	泰国	1 000 港元，教育基金
1989	林明定	泰国	1 000 港元，教育基金
1989	林猷川	泰国	1 000 港元，教育基金
1989	林鸿文	泰国	1 000 港元，教育基金
1989	林潘淑英	泰国	1 000 港元，教育基金
1989	林栋	泰国	1 000 港元，教育基金
1989	林树松	泰国	1 000 港元，教育基金

（续上表）

捐赠年份	捐款人或团体	国家或地区	捐赠情况
1989	林鸿鹏	泰国	1 000 港元，教育基金
1989	河合毅	日本	28 寸彩电及录像机各一部
1989	符国平	法国	1 000 美元，教育基金
1989	吴忠	美国	3 000 元，教育基金
1990	韩行准	法国	1 万港元，教育基金
1990	颜香梅	法国	1 万港元，教育基金
1990	齐祥卿	法国	1 万港元，教育基金
1990	吴淑明	泰国	2 000 元，教育基金
1990	吴乾煌	泰国	1 万港元，教育基金
1990	东实先生（黑潮会）	日本	10 万日元，教育基金
1990	马来西亚同乡商业考察团一行十二人	马来西亚	2 万马币，教育基金
1990	祝清坤	马来西亚	1 万元，教育基金
1990	邢福金	马来西亚	1 万元，教育基金
1990	云逢豪	马来西亚	1 万元，教育基金
1990	黎政民	马来西亚	5 000 元，教育基金
1990	黄益民	马来西亚	5 000 元，教育基金
1990	龙学品	马来西亚	1 万元，教育基金
1990	泰国十二宗祠观光团	泰国	3 000 港元，教育基金
1990	谢微	中国香港	运动服装70套，折合人民币5 000元
1991	寸志团田	日本	50 万日元，教育基金
1991	符致炳	泰国	3 000 元，教育基金
1991	符儒仙	泰国	800 元，教育基金
1991	符树栅	泰国	800 元，教育基金
1991	符气石	泰国	800 元，教育基金
1991	符祥企	泰国	800 元，教育基金
1991	符楣双	泰国	700 元，教育基金
1991	符鸿旭	泰国	500 元，教育基金
1991	符儒梁	泰国	500 元，教育基金
1991	符气铨	泰国	500 元，教育基金
1991	符气壮	泰国	500 元，教育基金
1991	符秋连	泰国	500 元，教育基金
1991	符国媛	泰国	500 元，教育基金

（续上表）

捐赠年份	捐款人或团体	国家或地区	捐赠情况
1991	符应桓	泰国	100 元，教育基金
1991	符和茂	泰国	100 元，教育基金
1991	李文源	中国台湾	1 000 美元，教育基金
1991	云昌锦	英国	15 000 港元，教育基金
1991	郑保发	英国	21 寸彩电一部
1991	王会壮	英国	1 万元，教育基金
1991	丘添	英国	1 000 英镑，教育基金
1991	李志章	英国	500 英镑，教育基金
1991	郑炳福	英国	200 英镑，教育基金
1991	郑家祥	英国	200 英镑，教育基金
1991	郑国昌	英国	200 英镑，教育基金
1991	郑福根	英国	200 英镑，教育基金
1991	郑柱廷	英国	200 英镑，教育基金
1991	李子同	英国	200 英镑，教育基金
1991	陈素文	英国	200 英镑，教育基金
1991	廖惠林	英国	100 英镑，教育基金
1991	郑耀坤	英国	100 英镑，教育基金
1991	罗法胜	英国	100 英镑，教育基金
1991	彭润彬	英国	100 英镑，教育基金
1991	温敬堂	英国	100 英镑，教育基金
1991	梁锦鸿	英国	100 英镑，教育基金
1991	李庆贤	英国	100 英镑，教育基金
1991	酒井具之	日本	1 万元，教育基金
1991	陈和	法国	5 000 法郎，教育基金
1992	叶保容	中国香港	10 万港元，设立叶保容奖学金
1993	黄向农	中国香港	15 万元，设立金穗奖学金
1997	李昌琨	泰国	10 万泰铢，建校图书馆
1997	符致森	泰国	10 万泰铢，建校图书馆
1997	李昌钝	泰国	10 万泰铢，建校图书馆
1997	郭泽民	泰国	10 万泰铢，建校图书馆
1997	冯裕德	泰国	10 万泰铢，建校图书馆
1997	方是忠	泰国	10 万泰铢，建校图书馆
1997	陈颖杜	泰国	10 万泰铢，建校图书馆

（续上表）

捐赠年份	捐款人或团体	国家或地区	捐赠情况
1997	吴多兰	泰国	10 万泰铢，建校图书馆
1997	韦儒英	泰国	10 万泰铢，建校图书馆
1997	陈承鑫	泰国	5 万泰铢，建校图书馆
1997	周伟民	泰国	5 万泰铢，建校图书馆
1997	陈嘉程	泰国	5 万泰铢，建校图书馆
1997	韩俊元	泰国	5 万泰铢，建校图书馆
1997	符儒仙	泰国	5 万泰铢，建校图书馆
1997	符气石	泰国	3 万泰铢，建校图书馆
1997	陈动岱	泰国	3 万泰铢，建校图书馆
1997	冯夙祯	泰国	3 万泰铢，建校图书馆
1997	符福锦	泰国	3 万泰铢，建校图书馆
1997	伍书锦	泰国	3 万泰铢，建校图书馆
1997	吕烈鸿	泰国	3 万泰铢，建校图书馆
1997	韦儒丰	泰国	3 万泰铢，建校图书馆
1997	梁安秦	泰国	2 万泰铢，建校图书馆
1997	陈金霞	泰国	2 万泰铢，建校图书馆
1997	何国华	泰国	2 万泰铢，建校图书馆
1997	符绩忠	泰国	1 万泰铢，建校图书馆
1997	胡隆辉	泰国	2 000 泰铢，建校图书馆
1997	泰国梁氏宗亲	泰国	10 万泰铢，建校图书馆
1997	泰国机铸联谊会	泰国	10 万泰铢，建校图书馆
1997	林尤烈	泰国	3 万港元，建校图书馆
1998	黑潮会	日本	30 万日元，教育基金
1998	翁明辉	中国台湾	3 万元，推广木球运动
1998	骆英	德国	2.07 万元，教育基金
2000	吴川进	马来西亚	1 300 元，教育基金
2000	冯所发	马来西亚	500 元，教育基金
2000	卢朝科	马来西亚	500 元，教育基金
2000	符致辉	马来西亚	500 元，教育基金
2000	卓敦蛟	马来西亚	400 元，教育基金
2000	郭桂英	马来西亚	200 元，教育基金
2000	郭桂风	马来西亚	200 元，教育基金
2000	李蟠全	马来西亚	200 元，教育基金

（续上表）

捐赠年份	捐款人或团体	国家或地区	捐赠情况
2000	蔡兴川	马来西亚	200 元，教育基金
2000	汤振霖	马来西亚	200 元，教育基金
2000	符惠玲	马来西亚	200 元，教育基金
2000	林秀兰	马来西亚	200 元，教育基金
2000	刘少廉	马来西亚	100 元，教育基金
2000	林树河	马来西亚	100 元，教育基金
2000	符和清	马来西亚	100 元，教育基金
2000	丁才珊	马来西亚	100 元，教育基金
2003	张其璠	泰国	2 万元，校庆捐款
2003	张光巍	泰国	2 万元，校庆捐款
2003	陈修炳	泰国	2 万元，校庆捐款
2003	邢诒喜	泰国	2 万元，校庆捐款
2003	郭泽明	泰国	2 万元，校庆捐款
2003	吕先芙	泰国	1 万元，校庆捐款
2003	李昌焜	泰国	1 万元，校庆捐款
2003	李昌钝	泰国	1 万元，校庆捐款
2003	曾兴柏	泰国	4 000 元，校庆捐款
2003	谢晋昕	泰国	4 000 元，校庆捐款
2003	符致森	泰国	4 000 元，校庆捐款
2003	陈川福	泰国	4 000 元，校庆捐款
2003	陈泽铭（以父亲陈勋创名义捐赠）	泰国	4 000 元，校庆捐款
2003	香港海南商会	中国香港	10 万港元，校庆捐款
2003	韩阳光	中国香港	3 万元，校庆捐款
2003	韩大光	中国香港	2 万元，校庆捐款
2003	曹小鹏	中国澳门	10 万元，校庆捐款
2003	骆芳伶	法国	校庆捐赠陶瓷一件
2004	王润华	中国澳门	4 万元，图书 100 册
2004—2006	陈晓晖	中国香港	7.3 万元，设立彩能奖学金；捐赠图书 120 册，折合人民币 16 000 元
2005	海南农工贸（罗牛山）股份有限公司	中国内地	10 万元，教育基金

（续上表）

捐赠年份	捐款人或团体	国家或地区	捐赠情况
2005	洋浦经济开发区管理局	中国内地	10 万元，教育基金
2005	杨振宁	美国	1 万元，设立优秀学生奖学金
2005	戴杰文	中国香港	1.5 万港元，教育基金
2006—2007	郭全强	马来西亚	10 万元，教育基金；作品 2 册
2006	符之庆	马来西亚	6 万元，教育基金
2006	邢福鑫	马来西亚	6 万元，教育基金
2006	张裕民	马来西亚	6 万元，教育基金
2006	丁才荣	马来西亚	6 万元，教育基金
2006	吴国强	马来西亚	10 万元，教育基金
2006	邢诒喜	泰国	5 万元，教育基金
2007	鲍亦和	美国	5 万元，教育基金
2007	世界海南乡团联谊会教育基金会	各国	10 万元，教育基金
2008—2010	王承守	美国	8 万元，设立王承守奖学金
2011	海南月圆装饰工程有限公司	中国内地	10 万元，设立立邦漆助学金
2012	海南省慈航公益基金会	中国内地	4 万元，设立海航·慈航精英学子奖
2012	李利芹	中国内地	13.64 万元，设立李利芹奖学金
2012—2013	中华农业科教基金会	中国内地	4.8 万元，设立何康农业教育科研基金奖学金
2012—2013	宝钢教育基金会	中国内地	15.43 万元，设立宝钢教育奖
2012—2013	海南国源土地矿产勘测规划设计院	中国内地	10.04 万元，支持海大国土资源管理系学生实验实践项目
2013	中国宋庆龄基金会	中国内地	9 万元，设立中国海油大学生助学基金

据以上表格统计，1981—2013 年，华侨华人、港澳台同胞和内地社会各界捐赠海南大学款项合计 8 443.97 万元人民币，3 003.6 万港元，1 580.9 万泰铢，11 万新币，2.7 万美元，2 万令吉马来币，7 050 加元，5 000 法郎，3 700 英镑，830 万日元。其中华侨华人、港澳台同胞捐赠人民币 4 309.92 万元和以上外币，

另捐赠物品计有 21 寸彩电 2 部、28 寸彩电 1 部、录像机 2 部、陶瓷 1 件、图书 120 册价值 91 万元等；内地社会各界捐赠人民币 4 134.05 万元。华侨华人、港澳台同胞的捐赠集中在 1981—1993 年和 1997—2013 年两个阶段，前一阶段以马来西亚、新加坡、泰国、印度尼西亚、英国、法国、美国、加拿大和日本等国家的华侨华人和港澳台同胞个人捐赠，后一阶段主要是香港商会捐赠为主。捐赠款项大大超出海南大学原来的规划预算，使学校建设能够顺利完成，教学科研条件得到极大改善。

（二）海南师范大学

其前身是建于康熙四十九年（1710）的琼台书院，是年乡绅焦映汉独自捐出俸银，在府衙西面的丁字街旁修建书院。科举废除后，琼台书院改为琼台中学堂，民国时期先后更名为琼崖中学校、广东省立第六师范学校、广东省立琼崖师范学校。

1949 年秋，琼崖师范学校校长符致逵利用国民党政府人员逃亡海南之机，组织一批专家学者，在琼山县府城镇琼台书院校园内成立广东海南师范学院。广东海南师范学院与琼崖师范学校实行"两块招牌，一套人马"制，符致逵身兼广东海南师范学院院长及琼崖师范学校校长两职。广东海南师范学院开设文史、数理、图音等系，五个专业，学制四年，当年共招收 130 多名新生。1950 年 2 月正式开课，同年 5 月人民解放军解放海南，海南军政委员会文教处接管学校。同年 9 月 12 日，海南师范学院搬迁到城隍庙（今琼山区文化宫内）上了六个星期课。后因庙堂地盘狭小，海南军政委员会核准拨给文庄路已停办的旧热带病院为新院址。同年 10 月 29 日，学院正式入驻新址上课。同年冬季，撤销私立海南大学，其文学院和理学院部分教师和图书设备调整到海南师范学院，范会国担任院长。同年，海南师范学院迁至府城西北部（现海南师范大学南校区），将原私立琼海中学和建华中学合并，成立海南师范学院附属中学。1952 年 7 月，全国高校院系调整，海南师范学院二、三、四年级学生和部分教师并入其他院校，另外部分教师和一年级学生留下，在原址成立海南师范专科学校（简称海南师专）。1953 年夏，院系再次调整，海南师范专科学校并入华南师范学院，海南师范专科学校附属中学接收了海南师范专科学校的校址和部分图书仪器，改名为广东海南中学。1953 年海南师范专科学校停办。1958 年 6 月"大跃进"期间，中共海南区党委决定在琼山县府城镇复办海南师范专科学校。学校因陋就简，校舍、设备来自原海南师范学院留下部分，办学经费由海南区政府拨给，教职人员从广东其他高校、海南中学、琼台师范学校等抽调组成。同年 9 月 9 日，海南师范专科学校宣布成立并正式开学。1970 年，海南行政区革命委员会政治部决定原海南

师范学校合并入海南师专，更改校名为"广东省海南行政区师范学校"。1972 年 12 月 2 日，重新恢复海南师范专科学校，实行广东省高教局和海南行政区党委双重领导。1978 年 11 月，取消学校革命委员会，建立党委领导下的校长分工负责制。1983 年，广东省高教局和海南行政区决定在海南师范专科学校和海南医学专科学校基础上筹办海南大学。海南师专改名为"海南大学师范部"并成立师范部党委。1986 年 11 月，经国家教委批准，海南大学师范部单列独立成为海南师范学院。① 1999 年，海南师范学院与海南教育学院合并，原海南教育学院校址改为海南师范学院北校区。2004 年，海南师范学院通过教育部本科教学评估。2007 年，海南师范学院改为海南师范大学，桂林洋新校区正式投入使用。2012 年，海南师范大学北校区划给海南广播电视大学（现海南开放大学），现海南师范大学有南校区（原址）和桂林洋校区。

海南师范学院的创办与华侨符致逵（美国华盛顿大学硕士）、符孔遴（巴黎大学博士）、杨焱（巴黎美术学院毕业）、陈序经（美国伊利诺伊大学博士）及国内学者陈千钧、王先进、谢振民、廖秉真等的积极努力分不开。

符致逵（1900—1968），字镇禹，海南省文昌市南群村人。农业经济学家，美国华盛顿大学硕士。回国后历任朝阳大学、华北大学、东北大学、民国大学、南开大学等校教授，福建省立农学院院长。1947 年回琼任私立海南大学教授兼教务长。1949 年 7 月任琼崖师范学校校长，与符孔遴、杨焱、林猷芬、陈序经、康白情、王先进等人，于同年秋在琼崖师范学校校内宣布成立国立海南师范学院，并正式招生。1950 年 2 月被任命为海南师范学院首任校长兼琼崖师范学校校长。

陈序经（1903—1967），海南省文昌市清澜瑶土村（现洋头村）人。1925 年自复旦大学毕业后赴美留学，1928 年获美国伊利诺伊大学博士学位。回国后历任岭南大学、南开大学、西南联合大学教授，并任西南联合大学法商学院院长、南开大学经济研究所所长、南开大学教务长、岭南大学校长、中山大学副校长、暨南学院院长、南开大学副校长、私立海南大学董事。1962 年调整时，广东省委决定仅保留四所师范专科学校中的一所，将海南师范专科学校撤并。陈序经认为这个决定脱离海南实际，将严重影响海南的教育事业发展，在省委专门会议上与时任海南区党委书记杨泽江力排众议，据理力争，最终说服省委同意保留下来。海南师范专科学校成为当时广东省唯一的师范专科学校，陈序经在关键时刻做出了重要贡献。

范会国（1899—1983），字秉钧，海南省文昌市文教镇田墩村人。法国巴黎

---

① 韦经照、陈封椿、温强等：《海南师范学院的创建与变迁》，海南省政协文史资料委员会编：《海南文史资料》（第五辑），海口：南海出版公司，1992 年。

大学理化科硕士、数学科博士。回国后先后于国立中央大学、北京大学、上海交通大学、复旦大学、大同大学教授数学。1948年回海南，曾为私立海南大学积极筹集经费。1951年任海南师范学院院长。1953年调北京师范大学数学系任教，并任理论力学研究室主任。

海南师范大学在艰苦条件下创办起来，在发展过程中得到海外华侨华人、港澳同胞的支持。2002—2008年该校接受海外华侨华人、港澳同胞捐赠办学情况如下：

2002年4月，香港田家炳教育基金会主席田家炳先生捐赠人民币500万元兴建"田家炳教育书院"。

2003年，香港同胞邵逸夫先生捐赠人民币300万元修建"邵逸夫艺术楼"。香港海南商会黄华康先生捐赠人民币20万元设黄华康奖学金。泰国九族会馆代表团捐赠10万泰铢。

2004年，印度尼西亚海南联合总会总主席李兴福先生捐赠人民币5万元。香港海南商会黄华康先生捐赠人民币50万元修建"黄华康体育馆"。泰国海南会馆理事长陈修炳先生代表会馆捐赠人民币20万元。香港海南同乡会理事长韩阳光先生代表同乡会捐赠人民币15万元。泰国海南商会捐赠人民币10万元。印度尼西亚海南联合总会总主席李兴福先生捐赠人民币10万元。马来西亚海南联合会会长张裕民代表会馆捐赠人民币2万元。新加坡海南会馆李亚丰代表会馆捐赠人民币5 000元。泰国海南会馆副秘书长符传才先生为海南师范大学艺术团捐赠人民币1万元。泰国海南会馆捐赠人民币15万元。在泰国海南商会理事长李昌钝先生的倡议下，欧宗清博士、陈文秋先生、王琼南先生、李昌钝先生、林鸿鹏先生、冯裕德先生、林明礼先生和郭泽明先生等与泰国海南商会捐赠人民币10万元。李昌钝先生代表泰国海南商会捐赠人民币10万元。陈撒撒先生代表父亲陈明安先生捐赠人民币1万元。郑如明博士代表泰国中华商会捐赠人民币10万元。台湾爱国人士净空法师设立基金会，每年捐赠2 000美元，奖励20名优秀大学生。

2005年，黄培茂先生赠送海南师范大学一批书籍。印度尼西亚海南联合总会李兴福总主席捐赠人民币50万元设立两个奖学金，其中李兴福优秀学生奖学金基金人民币30万元，每年奖励30名优秀大学生，每人1 000元；李兴福优秀贫困大学生奖学金基金人民币20万元，每年奖励20名优秀大学生，每人1 000元。泰国海南商会理事长李昌钝先生捐资20万元建设图书馆，建立"李永标、李欧氏书苑"。

2006年，泰国海南会馆代表团王琼南理事长等13人合计捐款人民币20万元。其中王琼南先生100 000元，欧宗清先生11 000元，陈文秋先生11 000元，冯裕德先生10 750元，林鸿鹏先生10 000元，林明焕先生10 750元，陈嘉程先生7 500元，李荣源先生7 500元，冯学儒先生4 000元，周德清先生7 500元，

吴钟纬先生 7 500 元，符绩林先生 7 500 元，韩大丰先生 5 000 元。日本驻广州总领事馆利民文化无偿援助项目资助海南师范大学 78 572 美元实施日语教学器材配置项目。香港圆玄学院捐资 15 万元用于体育系潜水专业班的培训。新加坡海南会馆会长符永平先生率团访问，并向海南师范大学爱心助学基金捐款 5 万元。美国休斯敦大学蒙如玲教授捐赠 600 册英文书籍，其中儿童书籍 350 册、科技书籍 250 册。新加坡飞达潜水学院许文星向爱心基金捐赠人民币 5 000 元。香港著名文化艺人曾志伟先生、赵曜年先生等 5 人向爱心基金捐赠人民币 12.5 万元。

2007 年 6 月 5 日，泰籍华人陈颖杜先生给海南师范大学图书馆捐赠佳作《三元港币闯天下》《爱的时光》及书刊 17 册。

2008 年 5 月，香港吴多泰博士教育基金会设立吴多泰博士创新奖学金，每年一次性提供 20 万元人民币的创新奖学金。

2007 年 4 月 6 日，世界海南乡团联谊会捐赠给海南师范大学爱心助学基金 10 万元，这是世界海南乡团联谊会首次对海南高校进行资助。[①]

（三）海南省华侨商业学校

海南省华侨商业学校（原海南华侨中等职业学校）位于海口市琼山区南渡江畔，建筑总面积 29 790 平方米，有两个校区：海口本部和文昌分校。该校成立于 1997 年，是一所侨助公办学校，宗旨是立足海南、面向海外。它是培养华侨、侨属子弟人才及海外乡亲、港澳台同胞子弟回乡学习汉语和举办冬、夏令营活动的基地，也是海内外乡亲和乡团开展联谊活动的场所。学校在办学过程中获得华侨的大力支持，先后收到华侨捐资共 653 万元，其中贡献较大的有：吴多泰 255 万元，设立吴多泰博士基金奖学金 4 万元；许书标捐出文昌清澜 176.5 亩地，折合人民币 494 万元；梁振发 50 万元；郑有英认捐泰铢 150 万、人民币 110 万元；新加坡海南会馆 1 万新加坡元；法国海南同乡会 10.04 万元；澳大利亚新南威尔士州海南同乡会 133 201 元；加拿大满地可海南同乡会 5 600 加元。[②]

2009 年 4 月 8 日，海南华侨职业教育集团在海南省华侨商业学校揭牌。海南华侨职业教育集团是由若干海外著名侨领、海外海南华侨社团、国内院校、行业组织、企业法人及社会知名人士组成，通过整合教学、企业、社会和海外资源，以海南省华侨商业学校为龙头，在原筹建海南华侨服装职业教育集团的基础上，经省教育厅批准创办的教育集团。[③]

---

① 《世界海南乡团联谊会捐款 20 万助学》，《海南日报》，2007 年 4 月 9 日。
② 海南省华侨商业学校校史馆资料。
③ 周元、张锦稀：《海南华侨职业教育集团揭牌》，《海南日报》，2009 年 4 月 10 日第 3 版。

第三节　中国名校——海南中学和海南华侨中学

琼山、海口地区有两所被列为中国名校的省级重点中学——海南中学和海南华侨中学。

一、海南中学

（一）私立琼海中学的创办

海南中学的前身是私立琼海中学，民国十二年（1923）8月创办，校址位于琼山县府城镇。同年9月21日首批新生正式开学，是日定为校庆日。[1]

府城是琼州府治所在地，人文荟萃，书院学堂云集。清末民初，改革科举旧制、兴办新学，府城地区率先办起各式新学堂，各市县来府城求学的学生日益增加，出现学校不足的现象。据海南中学退休历史教师陈多余讲述，民国十二年8月，当时海南唯一一所高等学府——广东省立第六师范学校（今琼台师范学院）招收200名新生，前来报名的考生达1 300名。时任省立第六师范学校教员的钟衍林、冯官尧、韩鉴塘、李开定、何仁楷、林达伍、符益禹、林廷材、王政等人见此情景，联名发起创办私立琼海中学的倡议。[2] 其倡议得到众多同行支持，他们迅速着手办理建校事宜。"民国十二年十月呈准地方长官拨海口生猪出口附加捐，以为常年经费。"[3] 民国十三年（1924）9月，呈准教育厅立案。学校最初借用府城镇苏泉书院作为临时校址，因"地力僻小，水土恶劣，员生多病"[4]，于民国十三年12月1日，呈准官厅拨府城西门外大路街五贤祠[5]旧地一百亩为新校址（即海南中学现址）。新校址附近是古代明臣邱浚、海瑞[6]的故居，为表示对

---

① 1949年后改为10月1日，海南中学校史编写组：《海南中学校史（1923—2013）》，2014年，第6页。

② 陈多余：《私立海南中学创办史》，中国人民政治协商会议海南省海口市委员会文史资料委员会编：《海口文史资料》（第二辑），1985年，第145 – 146页。

③ 琼海中学校董会编：《琼海中学校第二期南洋募捐报告书》，1928年，第3页。

④ 琼海中学校董会编：《琼海中学校第二期南洋募捐报告书》，1928年，第3页。

⑤ 五贤祠原是真如寺，清代改建，祭祀明代邱浚、郑廷鹄、钟芳、海瑞、许子伟五位名人，称为五贤祠。

⑥ 邱浚（1421—1495），字仲深，号琼台，谥号文庄公，别称琼台公。琼州府城人，正统甲子广东乡试解元，景泰甲戌傅胪，弘治年间户部尚书、武英殿大学士。海瑞（1514—1587），琼州府城人，字汝贤，号刚峰，谥号忠介，别称海青天、海忠介公，嘉靖年间举人，历任州判官、户部主事、兵部主事、尚宝丞、两京左右通政、右佥都御史。邱浚、海瑞是海南古代代表性人物，被誉为"琼州双璧"。

琼台公（邱浚）、海忠公（海瑞）的缅怀与敬仰，取校名"琼海中学"。

琼海中学是海南岛第一所按照新制注册成立的非营利性私立完全中学，1950年前实行校董会管理制度，分为校董和名誉校董，校董全面负责管理学校日常事务。学校成立初期校董有冯官尧、王国宪、韩卓秦、陆达节、李开定、符孔遴、林廷材、何仁楷、王政、林炯华、林绍昆、冯运蔚、钟衍林（校长）、詹行烆、韩珍彝、王文宪、陆兴焕、冯伟民、陈世旼、黄少怀、周福明等人。名誉校董由捐助者和社会贤达组成，1938年前名誉校董有周雨亭（名誉校长）、王兆松、钟锦泉、郭镜川、凌开忠、潘昌浩、陈序柏、符宏昌、冯宣甫、龙祥光、韩而准、韩亦准、韩凤准、孙昌琦、叶星五、叶基、叶祺祥、周成兴、周香岩、林树森、陈运进、陈开国、詹道鸾、林照英、韩勉斋、陈秋顺、史福章、陈家凤、云用卿、陈香芸、陈玉璋、钟瑶轩、陈章甫、周景臻、韩春塘、韩升东、潘学政、曾得象、黄守仁、何名杰、朱任龙、詹行宽、陈玉清、郭大龙、陈学遂、陈锦堂、陈猛苏、吴秀南、张泾泉、冯思兴、谭文暸、林濂熙、廖开振、邢谷宝、林如盛、符德源、王先成、潘玉声、冯尔轩、林肖岩、何敦华、陈翼兰、韩揖轩、林藻英、符庆清、詹荣尊、彭士炳、史昌经、林少松、郭开基、王鸿饶、邓焕玠、王朝、韩坤翼、符大炳、王永源、林弼臣、符和祺、林鸿兴、陈立夫、林英藻、云拔廷、陈世祥、陈如强、吕先传、陈昌何、林熙旼、林廷柱、林曜英、符养华、邓品泉、林英明、王其俊、罗大衍、林敬舆、林泽雨、云逢炳、林天全、陈传统、叶仁基、黄义华、吴升春、陈实甫、潘先兴、李有宣、王文宪等。1939年学校迁至香港后，增聘陈策（董事长）、宋子文（名誉董事长）、周文治（副董事长）、王俊、蔡劲军、郑介民、韩汉英、林廷华、陶林英、吴宪、冯蔚轩、周成泰、周德昌等人为校董。1946年复办后，增聘陈序经、陈洪范、温心园、曾同春、陈绍经、万仲文、郑兰生、陈传栋、王兴瑞等人为校董，金湘帆、许崇清、瞿载阳、唐惜分、黄希声、陈继烈、岑家梧、陈学谈、卓浩然、陈质平等人为名誉校董。

钟衍林（1898—1956），字竹贤，乳名文发，祖籍文昌市铺前镇溪北村，出生于海口西门抗宅，后迁至海口竹林村。父钟光佩，母林氏。幼年跟随海口马房太阳庙私塾王先生读书，1919年在琼崖中学[①]学习期间，五四新文化运动爆发，与同学发起成立琼崖十三属学生联合会，被推举为第一任会长。1921年北京大学预科肄业，返琼在广东省立第六师范学校任教。1923年与冯官尧等人一起创办琼海中学，1923—1952年连续七次被推选为校董和校长。1953年蒙冤入狱，

---

① 琼崖中学前身为康熙四十九年（1710）设立的琼台书院，1906年改为琼崖中学堂，1914年改为琼崖中学，1920年改为广东省立第六师范学校，1946年改为琼崖师范学院，1950年改为琼台师范学校，2004年改为琼台高等师范专科学校，2015年升为琼台师范学院（分为琼台老校区和桂林洋新校区）。

1956 年在狱中因心脏病发作，经抢救无效离世。1986 年 4 月平反昭雪，并于 10 月在《海南日报》登载公告。[①] 为纪念钟衍林创办琼海中学的历史功绩，海外校友捐资和学校出资修建"衍林堂"，1993 年落成。"衍林堂"建筑面积 580 平方米，上下两层，一层设校史陈列室、学术报告厅，二层是校友会永久会址。其一生热心教育，呕心沥血，曾数次下南洋募捐，为琼海中学的创立和发展奠定了基础。其提倡"教育救国""科学救国"和"生产建设"[②]，激励琼海中学学子刻苦学习、服务国家社会，开创了良好的校风学风。

1923 年琼海中学刚开办时仅招初中班，1929 年在本部办小学部。1932 年，在海口市竹林村办琼海中学附属小学，同年在海口市东门爱莲别墅内办琼海中学幼稚园。1933 年，在校本部旁建了 80 亩的校农场和养鸡场，同年出版《琼海校刊》。1937 年，在海口市竹林村建学校村（今海口市第一中学初中部校内）。1938 年，学校农场兴办制糖厂，并开设制糖职业班；同年开办普通高中班，又在陵水、万宁两县之间购地 3 000 亩作为农场。

1937 年 7 月 7 日卢沟桥事变爆发，抗日战争全面爆发。学校开办夜校识字班，免费为市民扫盲，同时向民众宣传抗日救国思想。

1938 年，中共琼崖党组织为适应形势变化，决定创办一所学校培养革命骨干力量，派史丹与校长钟衍林联系，经琼海中学校董会同意，设立琼海中学琼西初中部，由原县立一小校长戴恩民任该校校长。[③] 学校地址在昌感县（今东方市）八所镇新街墟昌义村，1938 年 9 月 1 日正式开学，招生 220 多人，分四个班。1939 年 2 月 10 日，日本占领海南岛，学校被迫停办。1950 年海南岛解放后在原址成立昌感县中学，1954 年更名为琼西中学。

1938 年 10 月广州沦陷，琼崖告急，校董会果断将贵重图书、仪器转移到香港，设立琼海中学香港分校，有中学部和附属小学。1939 年 2 月 10 日，日军侵占琼崖，将琼海中学工字楼据为其海军司令部，学校被迫停办。同年秋，琼海中学香港分校校董会成立，增聘陈策等 13 人为校董，陈策为董事长，周文治为副董事长，宋子文为名誉董事长。琼海中学香港分校在港教学三年（1939—1941），除了部分从海南岛随迁的学生外，还招收因战争滞留香港的南洋侨胞共百余人。学校最初在青山租屋上课，后迁至九龙、新界元朗，再迁到跑马地。1941 年冬，香港沦陷，香港分校关闭。钟衍林带领一百多名师生艰难辗转回内地，先在粤北

① 陈多余：《钟衍林传略》，海口：海南出版社，2008 年，第 8 – 16 页。
② 钟衍林：《钟衍林校长为毕业生〈同学录〉作的〈序〉》，符树郁主编：《琼山文史》（第七辑），1992 年，第 81 – 83 页。
③ 戴泽运：《忆母校琼西中学》，中国人民政治协商会议海南省东方黎族自治县政协文史组编：《东方文史》（第四辑），1988 年，第 29 – 30 页。

韶关地区上课一段时间，因战争严重影响不得不解散各谋生路。

1945 年 8 月 15 日，日本宣布无条件投降。次年春，钟衍林回琼接收学校，其间，校董会在湛江、海南等地募捐准备复校，筹款共计 300 余万元国币，琼崖地方政府亦补助 300 万元国币。1946 年 4 月 6 日，学校正式复课，共招收新生 300 余名。复校后召开第一次全体校董会会议，增聘陈序经等 10 人为校董，金湘帆等 10 人为名誉校董，钟衍林续任校长（第六届）。1948 年秋，全校初中、高中学生共 1 135 名，教职员 55 名，规模达到建校以来在校生最多的历史纪录。1949 年 8 月 10 日，校董会投票选举钟衍林连任第七届校长。同年 8 月，海南行政区长官公署核准发还海口市竹林村琼海中学附小校舍，10 月 16 日招生上课。

1950 年 5 月，海南岛解放。海南革命军事管制委员会（简称"军管会"）派员接管琼海中学，将私立琼海中学改为公办，任命何仁楷为校长。1951 年，军管会决定将琼南中学、匹瑾女子中学并入琼海中学。1951 年春，海南师范学院从琼山县委招待所迁至今址，为了管理上的方便，海南行政区政府将校名改为"海南师范学院附属中学"。之后先后改为"海南师范专科学校附中"（1952）、"广东海南中学"（1953）等。1959 年，学校被广东省教育厅定为全省首批 11 所重点中学之一。1988 年 4 月 26 日，海南宣布建省，"广东海南中学"随之改为"海南中学"，校名沿用至今。

（二）南洋募捐

私立琼海中学的创办者怀抱振兴教育的理想，不畏艰难、勇于开拓，该校从仅 200 人的私立初级中学，发展成为国内一流的公办全日制重点中学，堪称近代海南教育史上的奇迹。

私立琼海中学创办之初就确立了奖学和工读相结合的培养制度，十分注重学生的全面发展，兴办工厂、农场、电机房等，学生勤工助学，学以致用。学校率先实行夜课晚修制，紧抓理论知识学习，教学质量显著提高，在历年升学考试中均名列前茅，是海南地区高考状元的摇篮。其校友遍布世界各地，在各行各业表现突出。这些成就与学校良好的学习环境、严谨的教风学风分不开。而海外侨胞解囊相助、鼎力支持，为学校的创办与发展做出了举足轻重的贡献。

公立学校的经费来源主要有各级财政保障，办学条件比较好。相比之下，私立琼海中学虽然得到地方财政一些支持，却是微不足道的。① 私立琼海中学的办

---

① 有关琼海中学官拨经费数量有不同说法，与不同时期税率税收变化有关，在此一一照录。据《海南中学校史》记载，官拨经费每年五千大洋，见海南中学校史编写组：《海南中学校史（1923—2013）》，2014 年，第 4 页。又据《益群日报》1927 年 11 月 14 日第 10 版《琼崖华侨赞助琼海中学之踊跃》一文报道，琼海中学"常年经费二万元"。另据陈多余《私立海南中学创办史》一文介绍，海口市政厅案准拨定海口市"益生社"每年出口香港生猪，按每头抽税一角，年人六七百元，作为学校的办学经费。

学经费几乎是靠社会募捐，办学成果却得到一片好评，其"校舍建筑宏伟，其校董多南洋华侨，基金尤足，此校前途似较有希望"①。私立琼海中学创办之初的捐赠者主要是琼籍香港同胞、南洋侨胞和本岛人士，其中不少知名侨领，如福建籍南洋富商胡文虎和国内名流政要人士宋子文、陈立夫、陈策、陈序经等。

私立琼海中学的办学经费来源主要有二：一是海口的生猪出口附加捐，二是香港和南洋的琼籍侨胞捐助。生猪出口捐又称为猪厘，清光绪初年已经开办，归琼山县办理，宣统元年（1909）收入 1 366.59 两。民国十六年（1927）始猪牛出口捐合二为一，年收税 22 000 元。从民国十二年（1923）起，华洋商每年准贩牛只出口合计 12 600 头，按照当时每头牛征收 1 元税率，每年牛出口捐 12 600 元，猪出口捐 9 400 元。②又临时校址苏泉书院"地力僻小，水土恶劣，员生多病"③，因此校董会决定向社会筹款修建新校。民国十三年（1924）12 月 1 日，学校获得政府批拨府城西门外五贤祠旧地一百亩作为新校址。这里"地势平旷，土质优良，四围竹篱，校防天然。学校范围内有井有田，有山有泽，风景清幽，地当西路之冲途，擅半村半郭之美"④。新校址定下来后，学校专门成立了由校董、校长组成的募捐团，并制定了《琼海中学校第二期募建校舍办法》《募购图书仪器办法》和《琼海中学筹办高级中学及附设小学部幼稚园捐款概略》等规章，规定：募捐款全部用于修建教室、学生宿舍、图书馆、办公楼、大礼堂、会议室、大门等基础设施和购置图书仪器等教学设备，以及开办高中班、职业科和幼稚园。为此，王国宪、冯官尧、符孔遴、韩珍彝、周福明、陆达节和钟衍林等人1924—1928 年期间，在海南本地、香港地区和南洋进行一系列募捐活动，其中海外募捐三次，分别赴中国香港及安南、马来亚。

第一次海外募捐是民国十三年（1924）夏季。新校址批下来后，为筹款建设校舍，校董会推荐校董王国宪、冯官尧、符孔遴和校长钟衍林四人为募捐员，赴香港募捐，得到香港琼崖商会侨胞"周雨亭、邢兰亭、冯宣甫、张泾泉、林泽雨、林少松、郑子云诸先生，鼎立提倡，在港计捐一万四千余元而还"⑤。其中周雨亭个人捐助一万元，用于建造学校办公楼，命名"雨亭楼"。香港募捐首战告捷，引起海内外琼籍乡亲的轰动，"嗣后一年之中，复蒙海口及各县云旭如、邱兆麟、梁骏臣、周香严、林文渊、陈锦堂、符庆清、邢玉华、张徽五、周席卿、谢沇川、符敬名、陈邦瑚、詹荣尊、陈耀君、何位川、符璧元、吴碧川、陈

---

① 陈铭枢总纂，黄强等分纂，曾骞主编：《海南岛志》，上海：神州国光社，1933 年，第 200 – 202 页。
② 陈铭枢总纂，黄强等分纂，曾骞主编：《海南岛志》，上海：神州国光社，1933 年，第 161 – 162 页。
③ 琼海中学校董会编：《琼海中学校第二期南洋募捐报告书》，1928 年，第 3 页。
④ 琼海中学校董会编：《琼海中学校第二期南洋募捐报告书》，1928 年，第 3 页。
⑤ 琼海中学校董会编：《琼海中学校第二期南洋募捐报告书·序》，1928 年，第 3 – 4 页。

立夫、陈育儒、冯思兴，海防钟锦泉、洪明波、阮德卿夫人，岘港韩治平、潘义光、潘玉声，会安孙昌琦、吴寿千、韩鈫丰、潘文甫，藩郎韩赏轩、韩揖轩、韩升东，南洋各埠林照英、符气浩、林藻英、林曜英、陆锦文、韩省吾、韩朝准、韩恒光、林廷藻、詹行宽、龙兆京、林濂熙、林德辉、林英明、林廷柱、林英藻、林熙旼、云茂标、韩保元等诸先生陆续自动乐捐，又约三万余元。民国十六年（1927）1月，钟校长赴安南收款，经归仁、蓬山、津关、广义、三岐、会安、岘港、顺化、海防等埠，又承钟锦泉、叶贞基、叶星五、叶麒祥、韩邦畴、史濯吾、欧碧山、叶用信、冯实吾、吴开书、吴秀南、潘先蔚、吴世招、陈如刚、陈如强、韩春塘、史昌经、韩寿臣、张裕轩、廖开振、韩哲甫、叶用芳、潘敬山、韩连三、符和绣、韩财准、韩财丰等诸先生，慨捐万余元，二年之间，捐款六七万元，赞助者，可谓踊跃矣"[1]。

第二次海外募捐是民国十六年（1927）1月6日至31日，钟衍林亲自赴安南接收此前该地侨胞的捐款，顺便进行募捐。"经归仁、蓬山、津关、广义、三岐、会安、岘港、顺化、海防等九埠，深蒙各埠琼州会馆、学校及琼崖同乡诸先生殷殷招待，踊跃捐款，其热心桑梓教育之处，殊足令人十分感佩也。"[2]

钟衍林此次安南之行，筹款合计24 960元，以及一批价值数千元的珍本图书。安南各埠侨胞捐助详情如下：

归仁：韩邦畴1 000元、欧碧山550元、叶用信350元、史濯吾350元、冯实吾50元、孙世蕃20元、叶用利20元、冯克明10元、林华五10元。

津关：叶麒祥1 000元、吴开书300元、潘于澄10元、叶保衍10元、叶用泰10元、欧纯义10元、韩伯元10元。

怀恩洞涯：叶贞基1 000元。

广义：吴秀南300元、潘先蔚300元、吴世招300元。

三岐：陈如刚、陈如强合捐300元。

会安：孙镇南3 000元、吴寿千3 000元、韩鈫丰3 000元、叶星五1 000元、韩邦畴1 000元、韩恒光300元、史昌经300元、韩寿臣300元、张裕轩100元。

岘港：韩治平3 000元、潘玉声300元、潘义光300元、叶用芳

---

①　琼海中学校董会编：《琼海中学校第二期南洋募捐报告书·序》，1928年，第3－4页。

②　钟衍林：《安南募捐记》，琼海中学校董会编：《琼海中学校第二期南洋募捐报告书》，1928年，第32－35页。

300 元、廖开振 300 元、韩哲甫 300 元、潘敬山 300 元、韩柳亭 10 元、冯允封 10 元、韩泰丰 10 元、潘善卿 10 元、潘俊三 10 元。

顺化：韩连三 300 元、韩财准 300 元、符和绣 300 元、韩财丰 300 元。

海防：钟锦泉 500 元建学校头门并捐珍本图书十六箱价值数千元，洪明波捐图书价值 200 元。

第三次海外募捐是民国十六年（1927）7 月 19 日至十七年（1928）1 月 31 日，学校为扩招建新校舍以及增设职业科、高级中学和幼稚园[①]，再次推荐校董冯官尧、符孔遴、韩珍彝、周福明、陆达节和校长钟衍林六人赴南洋募捐[②]。

1927 年 7 月 19 日下午 3 点，冯官尧、韩珍彝、符孔遴、钟衍林四人从海口启程，经中国香港转新加坡，再赴马来半岛各埠。[③] 四人次日晚七点到达香港地区，受到香港琼崖商会会长、琼海中学名誉校长周雨亭及名誉校董冯宣甫、邢兰亭等人热情接待，并为他们联络好南洋各埠琼籍侨胞。此次募捐员逗留香港十三天，主要成果一是借此让更多侨胞了解琼海中学："我等此次赴港，除募建校舍外，兼负责本校宣传之责，故在港各大机关及各学校教育场所，皆赠予本校校刊一本……此举并非以我校校刊奇篇异什、内容丰富，不过欲表示空间有所谓我琼海中学者至是我等对于募建校舍事颇有头绪。"[④] 二是获得旅港琼崖商界同胞的大力支持，在港成立了琼海中学募捐款项管理总汇，由周雨亭先生总负责，"统筹建筑事宜，将来印征信录以昭信用"[⑤]，"用于置业或储蓄殷实银行生息"[⑥]。在香港设立募捐款项管理总汇，主要是利用香港至海口交通的便捷，以及香港国际自由贸易金融中心的优势，便于海外募捐款项的兑换结算。

---

① 据海南中学校史记载，民国十三年（1924），仅招初中班学生二百余人，至民国十六年（1927）春，学生已达六百余人，校舍不敷使用，且根据当时社会发展需求，学校规划增设职业科和高级中学。见海南中学校史编写组：《海南中学校史（1923—2013）》，2014 年，第 6 页。

② 《本校在香港募建校舍之经过》，琼海中学校董会编：《琼海中学校第二期南洋募捐报告书》，1928 年，第 31 页。

③ 陆达节已提前到新加坡，周福明一个月后再动身，琼海中学校董会编：《琼海中学校第二期南洋募捐报告书》，1928 年，第 5 页。

④ 《本校在香港募建校舍之经过》，琼海中学校董会编：《琼海中学校第二期南洋募捐报告书》，1928 年，第 31 页。

⑤ 《琼海中学校第二期募建校舍办法》，琼海中学校董会编：《琼海中学校第二期南洋募捐报告书》，1928 年，第 36 页。

⑥ 《琼海中学校筹办高级中学及附设小学部幼稚园捐款概略》，琼海中学校董会编：《琼海中学校第二期南洋募捐报告书》，1928 年，第 38 页。

民国十六年 8 月 11 日，韩珍彝、符孔遵、钟衍林三人到达新加坡①，开始了在马来半岛的募捐活动，至 1928 年 1 月 15 日返回新加坡。在新马期间，钟衍林一行所到之处，无不受到当地侨胞的热情招待和支持。"其热心赞助之盛情，殊可感也。"② 难能可贵的是，其时恰逢国际树胶价格下跌，南洋经济陷入困难，国内局势动荡不安，而扩建校舍所需经费颇多，加上前有文昌、琼东、乐会各中学已来南洋募捐，难免有一定压力。所幸"马来半岛各埠侨胞关心桑梓，乐育为怀，所至各埠，莫不开会欢迎，踊跃解囊，如此热心公益，殊足令人敬佩"③。

有关琼海中学南洋募捐之事，当时的报刊亦有报道，以下摘录几则华文报纸刊登的消息。

《益群日报》民国十六年 11 月 28 日登载了《吉隆坡琼州会馆启事》④：

> 迳启者，琼海中学募捐员韩珍彝、钟衍林两君昨日抵埠，请本馆予以赞助。查教育乃国家之根本，琼海中学为琼崖十三属之学校，设立有年，成绩卓著，因建筑新校舍及筹办高级中学，故向各埠募捐。经在海口、香港、安南及叻甲蔴峇、芙蓉等埠前后共捐十余万元，已建成第一期校舍七八十间。事关桑梓教育大计，本馆经于本月十一日开会筹商劝捐办法，当众公推吴秉臣、王兆松、陈家凤、凌开忠、符树茂、王坚白、钟文庆、安良梅、陈如嵩、龙其山、杨维柄、陈位庭、林英明、詹亦农、陆克臣、陈永忠、王立之、陈明佑、庄运昌、杨旭章、陈朴宪、陈擎天、林圣谟、吴英三诸先生为募捐员，光东公司万昌号为财政员。事属全州最大公益并蒙四州府华民政务司允准，凡吾琼崖侨胞务请鼎力赞助，踊跃输将，成此善举，永垂纪念，功德无量矣。此启　民国十六年十一月□号

《益群日报》民国十六年 11 月 14 日第 10 版，标题《吧生琼侨热心桑梓教育之可嘉——捐助琼海中学五千一百元　无铺不捐　无捐不乐》：

> 琼海中学因扩充校舍及高中事派员南来募捐，所经叻峇蔴、芙蓉、吉隆坡等处各埠琼州会馆莫不开会踊跃捐助，已见前天本报。本月廿日吧生琼州会馆赞助琼海中学募捐事，特开大会，到场人数颇多。由总理

---

① 冯官尧到香港后因事提前返琼，琼海中学校董会编：《琼海中学校第二期南洋募捐报告书》，1928年，第 5 页。

② 琼海中学校董会编：《琼海中学校第二期南洋募捐报告书》，1928 年，第 6 页。

③ 琼海中学校董会编：《琼海中学校第二期南洋募捐报告书·序》，1928 年，第 3 页。

④ 《吉隆坡琼州会馆启事》，《益群日报》，1927 年 11 月 28 日第 10 版、11 月 29 日第 23 版。

林獭东君主席。公推龙泳琴君为本埠财政员，林獭东、龙贵卿、符平北、龙冠三四君为募捐员，当场共捐二千元。次后两日由龙君泳琴出汽车一辆并携林龙符龙四君及募捐员钟衍林、韩珍彝两君赴坡面山顶港口各处……

《益群日报》民国十六年12月10日第10版，标题《琼海中学校募捐续闻》：

琼州琼海中学派员南来募捐，各埠琼侨莫不踊跃捐助，前后共捐十余万元。经过情形，以叠见本报十一月廿七日募捐员韩珍彝、钟衍林两君由吉隆坡来怡保……闻怡保琼崖侨胞，以事关全琼教育大计，当仁不让，莫不乐为赞助。

《槟城新报》民国十六年12月19日登载了《琼海中学募捐员抵埠劝捐消息》：

闻钟韩两君抵槟城后，本坡琼侨以事关全州教育，莫不乐为赞助。琼州会馆于本月十七日开全体大会时，当众公推王家纪为财政员，何敦锦、王家纪、云逢裕三君为募捐员，潘君正昌报效募捐之汽车一辆并同何敦锦君被举为代表，往见本坡华民政务司。今早潘何两君，募捐员韩珍彝、钟衍林两君，往见华民政务司经蒙允准。各闻募捐员将于明早（廿日）出发劝捐云。本坡琼侨向来热心桑梓公益，此次正当之募捐，料踊跃者必众不下于别埠也。

1927年7月至1928年1月，钟衍林等人的南洋之行历时六个多月，往返马来半岛西岸三十余埠，募集款项共七万余元，加上此前捐款共十四万余元[1]。马来半岛各埠捐款结果统计如下[2]：

新加坡：黄卓如500元、韩勉斋500元、云茂利500元、光东公司500元、陈开国350元、林英佐350元、符大炳350元、陈兴任350元、陈明任350元、永吉昌350元、王永源350元、符气浩300元、韩朝准

---

[1] 据《琼海中学校第二期南洋募捐报告书》统计两期南洋募捐款合计十四万余元，与报纸报道约十三万元有所出入。

[2] 根据琼海中学校董会编《琼海中学校第二期南洋募捐报告书》第5-27页整理。

300 元、韩恒光 300 元、宝通号 150 元、陈治炳 100 元、陈宝儒 100 元、利民旅店 100 元、翁德盛 100 元、云茂悦 100 元、锦和号 100 元、邓焕玠 100 元、三盛信局 100 元、何伯儒 100 元、纶彰号 100 元、锦新号 100 元、黄机书 50 元、林猷瑞 50 元、裕利号 50 元、陈声抢 50 元、陈闻明 50 元。①

马六甲：郭巨川、郭镜川合捐甲种四库全书一套（价值一万余元）和四部丛刊一套（价值七百余元），龙祥光、龙兆京合捐 4 300 元（含之前 300 元），陈明波 1 250 元，符文章 500 元，陈懿初 500 元，黄樑裔 500 元，陈实甫 350 元，陈天位 350 元，郭盛德 350 元，郭始成 350 元，钟其致 350 元，黄守仁 350 元，李有宣 350 元，源美号 100 元，翁明吉 100 元，符斯阶 100 元，岑会朝 100 元，张星垣 100 元，林兰轩 100 元，陈经谟 100 元，陈学谟 100 元，曾遇春 100 元。②

万挠：李征祥 20 元。③

叻思：李运山 20 元、黄献廷 10 元、陈德蛟 10 元、庄运栋 10 元、李兴达 10 元、沈昌盛 10 元。

古毛：黄有德 350 元、新裕昌 100 元、郑令和 30 元、郭贻舜 30 元、林明擢 30 元、庄运学 10 元、何达德 10 元、陈昌环 10 元、李运全 10 元。

龙邦：龙兴洲 30 元、龙兴潮 30 元、詹开灿 20 元。

丹蓉马林：林廷柱 300 元、叶用识 30 元、符成祥 30 元、张家喜 30 元、傅梅藩 20 元、张运钊 10 元、叶崇钦 10 元、郑兰江 10 元、钟光林 10 元。

打巴：龙鹏景 100 元、洪德风 100 元、许书琇 100 元、符师庭 50 元、王行仁 50 元、王行德 50 元、王士辅 50 元、黄信兴 20 元、王士辑 10 元、王士和 10 元。

安顺：龙兴仁、龙兴海合捐 100 元。

美罗：范世景 100 元、运昌现 20 元、黄钟鸣 20 元、范基存 20 元、祥发栈 10 元、覃国惠 10 元。

怡保：周国泰 1 250 元、朱儒林 350 元、林濂熙 300 元、徐道佩 100 元、王先摄 100 元、符斯焕 100 元、陈明聪 100 元、莫克铨 40 元、

---

① 琼海中学校董会编：《琼海中学校第二期南洋募捐报告书》，1928 年，第 7 页。
② 琼海中学校董会编：《琼海中学校第二期南洋募捐报告书》，1928 年，第 8 页。
③ 钟衍林途经万挠遇见一陌不相识乡侨所捐，琼海中学校董会编：《琼海中学校第二期南洋募捐报告书》，1928 年，第 17 页。

张统垂 30 元、詹开松 30 元、陈翼南 30 元、陈元武 30 元、符树萍 20 元、王宝富 20 元、黄晓春 20 元、符炳山 20 元、洪照初 20 元、杨开纶 20 元、陈明让 20 元、陈世瑛 20 元、陈肇光 20 元、吴文忠 20 元、黄大鸿 10 元、詹心傅 10 元、朱章廷 10 元、李业源 10 元、林树桂 10 元、梁安荣 10 元、张雄福 10 元、詹道宗 10 元、黎光丙 10 元、陈永发 10 元、李居泮 10 元、陈书英 10 元、詹开纪 10 元、魏文英 10 元、符气福 10 元、怡保果室 10 元、梁居荣 10 元、谢源樑 10 元、黎先圻 10 元、符宝臣 10 元、陈开忠 10 元、集兰居 10 元、龙鹏翻 10 元、尤臣淑 10 元、王以梓 5 元、邢诒铭 5 元、源益昌 5 元。

芙蓉：符运璋 350 元、王朝纲 100 元、陈祥运 50 元、吴多玉 50 元、集商号 50 元、共和号 50 元、陈序华 25 元。

金宝：黄家秀 10 元、琼源丰 10 元、源利丰 5 元、合兴号 5 元。

浮庐江秀：王朝 350 元、邢毂樑 100 元、龙学礼 100 元、许振星 30 元、王以超 30 元、王缵充 20 元、邢诒燔 20 元、洪嘉效 20 元、钟光焕 20 元。

太平：陈贵球 350 元、锦成号 100 元、陈经秀 100 元、郑心成 100 元、陈贵智 30 元、陈永桂 20 元、谢汉臣 20 元、陈运筹 20 元、陈继濂 20 元、曾大丰 20 元、陈达循 20 元、陈永益 10 元、林巨熙 10 元、黄学和 10 元、范仁羹 10 元、桃园 10 元、田由裕 10 元、符用杰 10 元、杨庆熙 10 元、林熙森 5 元。

马根士来：翁方明 30 元、潘正川 20 元、陈文宗 10 元、翁少经 10 元、邢福颂 10 元。

新邦：洪烈扬 100 元。

槟城：陈传统 350 元、王谟仁 100 元、何敦锦 100 元、吴清胦 100 元、云逢裕 50 元、林廷琚 50 元、凌运源 50 元、王家纪 50 元、陈有臣 50 元、李锦兴 50 元、陈继崇 50 元、朱仁育 23 元、嘉陈训 23 元、吴世琪 23 元、陈传椿 23 元、潘正昌 20 元、何立斋 20 元、翁璺铄 20 元、庄家钵 20 元、庄春华 20 元、源裕昌 10 元、远奇居 10 元、同春堂 10 元、陈人琏 10 元、陈秀华 10 元、吴运彪 10 元、邢保昭 10 元。

亚罗士打：陈大通 100 元、覃国炳 50 元、陈维琚 30 元、云维霁 30 元、林家樑 20 元、李居鸾 20 元、黄信源 20 元、符气香 20 元、李大炯 10 元、全日新 10 元、源利公司 10 元、何敦应 10 元、泉吉公司 10 元、益华公司 10 元、黄岭卿 10 元、萧进兴 10 元、中英客栈 10 元、东源隆 5 元、一天楼 5 元、津津号 5 元、新泉昌 5 元、远香园 5 元。

双溪大年：裕丰隆 30 元、邢谷芃 30 元、锦成公司 30 元、张宋文 20 元、王恩隆 20 元、何和逊 20 元、庐士旭 10 元、庐士金 10 元、林猷熙 10 元、奇南居 10 元、李之炳 10 元、符众 10 元、王成隆 2 元。

民国十七年（1928）初，钟衍林校长等赴暹罗陶公、谷打多罗闽、大年各埠募捐。陶公埠捐计 3 000 余元，大年、谷打多罗闽等埠捐计数百元，捐助 100 元以上的人员是：范肇球、范肇现、范肇玑（合），丁饶轩、丁积农（合），陈思桂，华景秀各 250 元；丁积材、丁积深（合），黄长烈各 200 元；云昌禄、丁荣光、冯裕成、符松云、黄有文各 10 元。①

1926 年秋季，第一批校舍落成，计有办公楼一座，教室九座，学生宿舍四十间，以及招待室和头门等。1927 年冬，第二批校舍落成，有图书馆一座，学生宿舍二十间。1928 年再添二十间学生宿舍。南洋琼侨纪念堂和侨光楼 1929 年兴建、1931 年竣工。②

华侨捐资修建的建筑均刻上捐款者姓名以为纪念，计有：周雨亭捐 12 300 余港元建造的学校办公楼"雨亭楼"③，韩裕准（亦准）、韩礼初（而准）捐 5 000 元建造的"凤栖堂"会议室④，韩治半、韩焕墀等捐 3 200 元建造的"贻燕堂"⑤，邢兰亭捐建的"乐善堂"，闽富商胡文虎捐 12 000 元修建的体育馆（健身房、田径场和游泳池)⑥。

周雨亭⑦等人热心捐助，贡献突出，高谊可风。1929 年，广东省政府教育部特授奖状，以资鼓励。其中周雨亭获得一等奖，韩治平、邢兰亭等获得三等奖，王兆松等获得四等奖，林照英等获得五等奖。

民国二十五年（1936）是钟衍林校长在抗日战争全面爆发前最后一次到南洋

---

① 《马来半岛琼侨之热心赞助琼海中学》，《南洋商报》，1928 年 2 月 3 日第 20 版。谷打即 Kota，马来文，城市之意。"谷打多罗闽"指吉兰丹州州府哥打巴鲁，位于马来亚、泰国交界一带。
② 南洋琼侨纪念堂即大礼堂，面积 1 800 平方米，可容纳 600 人开会。侨光楼为两层建筑，上层是教室，底层是教工宿舍。
③ 1987 年因年久失修拆除。
④ 韩裕准（亦准）、韩礼初（而准）捐 5 000 元建造两层楼会议室，以其父韩凤栖命名。
⑤ 韩治平、韩焕墀为纪念先祖贻燕公而命名"贻燕堂"，与"乐善堂"合为两层楼的图书馆，因年久失修于 1987 年拆除。
⑥ 健身房、田径场在今海南中学校内，游泳池在今海南师范大学校内，因年久破旧停用，2012 年被列为海口市重点文物保护单位。
⑦ 周雨亭（1872—1933），名缵霖，号雨亭，祖籍文昌市抱罗镇昌锦村人。幼年随父母移民越南，10 岁又随父母移居中国香港，就读香港拔萃书院，后在新加坡求学。香港华商会（今香港中华总商会）创始人、会董和会长，二十世纪二三十年代香港琼人首富。热心慈善公益，主要捐赠香港东华医院、嘉德懿行、海南私立琼海中学、罗峰中学、海南医院、海口钟楼大钟等。1929 年被授予香港太平绅士、广东省国民政府一等奖章荣誉称号。

募捐。此次南洋募捐数月，获得马来亚各埠华侨的支持，筹得款项共 20 万元。学校用募捐款 8 000 元设立奖学基金，资金分别由郭镜川（5 000 元）、周雨亭（1 000 元）、周文治（1 000 元）、云昌谟和云昌训（1 000 元）赞助。每年为 16 名学生提供奖学金，每人 500 元。此举为成绩优秀而家境贫困的学生提供勤工助学机会，学生在校办实业中每日勤工助学两小时可免除膳食费。①

琼海中学将募捐款全部用于修建教室、办公楼、图书馆、学生宿舍、招待室、大门、体育场，添购图书和仪器设备，设立奖学金等。学校图书馆藏书量近万册，其中珍贵图书有：《四库全书》珍本初集一部 2 000 册，《四部丛刊》一部 2 000 余册，《四库全书》续编一部 500 册，还有《小学生文库》《国学基本丛书》《新时代史地丛书》《汉译世界名著》等。华侨捐助不仅帮助琼海中学成功创办，而且为学校的发展奠定了基础。

图 3－25　南洋琼侨纪念堂（《琼海校刊》1937 年第 7 卷）

图 3－26　雨亭楼（《琼海校刊》1937 年第 7 卷）

（三）从私立琼海中学到公办海南中学

1. 20 世纪 50 年代后海南中学的发展变化

琼海中学的创办得到众多海内外人士的支持，为捐助者树碑立传以为纪念，邀请社会名人、商界人士参观学校，借此提高学校的声誉并争取更多的资助，已经成为琼海中学的办学特色。尽管琼海中学在短短时间内取得诸多成就，但是兴办教育资费菲靡且需要长时间才能见效，长期依靠社会捐助或者勤工助学并非长久之计。加上当时战乱频繁，经济困难，公办学校尚得不到保证，何况私立学校。

---

① 《琼海校刊·马来亚筹款专号》1937 年第 7 卷。

1950 年，军委会接管私立琼海中学后，逐渐改造为公办海南中学。海南中学从私立琼海中学到公办海南中学，乃至成为省重点中学、全国名校，走过了一段艰难曲折的道路。

1952 年秋，海南师范学院改为海南师范专科学校，师院附中随之改为师专附中。师专附中只为师院学生提供实习的园地，教学管理、教学设备依然保留原琼海中学的状况。当时，附中图书馆藏书量 6 481 册，还有生物、物理、化学、地理、历史等学科的教学器材。

1953 年秋海南师专并入华南师范学院，广东省教育厅将海南师专附中更改为广东海南中学。同年，将海口市私立建华中学并入学校。当时全校初中生共1 167 人。

1954 年，学校利用政府拨款修建了三间茅草屋作为膳堂，配备长方形木板做饭桌，分班用餐，按位就座，井然有序。学生根据自己的饭量打饭打菜，没有随意浪费现象。经过艰苦劳动的学生，深切体会到了"粒粒皆辛苦"的道理。

学校领导在大抓德育教育的同时，也十分注意教学工作，因此这个时期教学成果突出。1952 年，海南师范专科学校附中首届高中毕业生 19 人全部考上大学，其中 7 名考上中山大学、武汉大学等名牌高校。1954 年，海南区政府教育处在海南中学举行语文课公开观摩教学，全区的中学校长、教导主任和文科组长都参加了。此后每学期全岛各个学校都派教师前来听课观摩，使这项活动成为海南中学主办的全岛中学教学法研讨会。1956 年，海南中学高中毕业生 72 人中，有 53 人考上高等学校，高考升学率 73.6%。有些还考上全国重点大学，其中有华中科技大学本硕毕业、后来当选为社科院院士的韩才元。

1957—1958 年，由于极"左"路线的影响，一些师生被打成右派，受到批斗或退学，学校也投入大办农场、大炼钢铁运动中，学校的教学秩序被打乱。1958 年春，学校为了培养德智体全面发展的人才和无产阶级革命事业的接班人，呈准琼山县人民委员会划拨"三玛坡"荒地作为校办农场。3 月 12—15 日，琼山县人民委员会在《新海南日报》上发通知，通告海南中学本部四边地段标记为"东至簕竹篱圮，西至山高田边，南至大园旁尚电电线杆向西南伸展，北至下田坑板桥止"。通过师生的共同努力，校办农场总共开荒 200 多亩，种植香茅100 亩、芝麻 24 亩、瓜 50 亩和其他蔬菜 48 亩。学生每周劳动时间超过 9 课时，使校办农场初具规模。同年 9 月，学校受到全国"全民大炼钢铁"热潮的影响，也上山烧炭，修建平炉炼钢，均以失败告终。同年 12 月初，学校陆续恢复文化课。

1959—1965 年，学校各方面逐渐恢复并有一定发展。1959 年，学校经过调

整课时，恢复了教学秩序。在当时全国招生人数减少的情况下，海南中学的升学率依然高达64%。同年10月，海南中学被广东省教育厅定为重点中学。以此为契机，学校提出"调整、巩固、充实、提高"的方针。政府也大力支持海南中学办学，拨款添购图书设备，从各地选拔优秀教师充实教学队伍。学校的办学条件、师资力量大为改善，教学质量和学校管理水平有较大提高，获得了"海南区教育先进单位"等称号，1965年高考升学率达到84%[①]。

1966—1976年"文化大革命"期间，学校教学受到极大干扰，办学规模大大缩小。1972—1976年，全校教职工仅80人左右，学生900～1 200人。[②]

1978年改革开放后，海南中学经过拨乱反正，恢复了"以课堂教学为主"的教育教学方式，各项工作逐渐走上正轨。1979年，兴建新教学大楼和增加一批现代教学设备，实现了电化教学。1984—1987年，学校通过深化教育教学改革，逐渐规范课堂教学和学校管理，通过改善办学条件，促进教学质量不断提高。1981年以来，海南中学连年获得海南高考第一名的佳绩，成为海南高考状元的摇篮。[③]

1988年海南建省后，海南中学善抓机遇，广筹资金，加快基本建设；大胆创新，锐意进取；扩大交流，加强国际办学；明确学校发展目标，推进培养计划落实；促进学生的全面发展，使学校步入全国一流中学之列。截至2012年，学校获得海南省、部、全国荣誉称号主要有：海南省中小学德育工作先进集体（2012）、海南省安全文明生态示范校、海南省课程改革实施工作先进单位、海南省科技教育示范校、全国现代教育技术实验示范校、全国物理化学奥林匹克竞赛一等奖学校、全国学校艺术教育工作先进单位、全国体育工作先进单位、全国科技创新教育十佳学校（2006）、中国第一批全国教育系统先进集体（2007）等。[④]海南中学办学水平实现了跨越式发展。1987年，学校应届毕业生283人，考上大专院校269人，高考录取率95.1%，其中考上重点院校87人，重点院校录取率30.7%。2013年，高考800分（不含会考分）以上31人，占全省800分以上人数40%，平均一本入围率80.5%，保送清华、北大共28名。[⑤]

2. 20世纪50年代以来海南中学的办学资金来源

50年代以后，海南中学几乎没有得到海外资助。国家财政拨款是学校的主

① 海南中学校史编写组：《海南中学校史（1923—2013）》，2014年，第50－54页。
② 海南中学校史编写组：《海南中学校史（1923—2013）》，2014年，第61－67页。
③ 海南中学校史编写组：《海南中学校史（1923—2013）》，2014年，第310－311页。
④ 海南中学校史编写组：《海南中学校史（1923—2013）》，2014年，第282－308页。
⑤ 海南中学校史编写组：《海南中学校史（1923—2013）》，2014年，第91、252、253页。

要资金来源，还有无偿划拨土地、选拔优秀教师和赠送教学设备及图书资料等。

1954 年，学校利用政府拨款修建了 3 间茅草屋作为膳堂。

1958 年，琼山县人民委员会批准划拨"三玛坡" 200 多亩荒地作为校办农场。

从 1963 年开始，初中加招两个实验班，学生人数增加到 1 400 人。1964 年，为了改善办学条件，国家拨款 10 万元扩建了原来的工字楼，扩建后增加了 10 间教室；又修建了一栋平房教工宿舍，共有 12 间房。1965 年，学校的图书馆藏书量达到 35 000 册，高考升学率达到 84%。

1979 年，学校向政府申请拨款 61 万元，用于兴建新教学大楼和购置现代教学设备。新教学大楼高五层，有 30 间教室，建筑面积 3 421 平方米。广东省教育厅还拨来黑白和彩色电视 14 部、投影机 2 部，建立起电化教学实验室。

海南中学的校园硬件建设从 20 世纪 80 年代中期开始有所起色。1984 年起，学校领导班子贯彻"每年搞一点，十年大变样"的指导思想，开始建设校园。1984 年秋天，海南行政区政府拨款 6 万元人民币修缮"凤栖堂"，作为学校的迎客厅。至 1986 年 4 月，总共修建成了 8 000 平方米的大小校道，校园里种上了草皮、各种花卉和果树，整个校园绿树成荫，葱葱郁郁，芳草鲜美，相映成趣，被誉为"花园式学校"。

1988 年，国家拨款 165 万元兴建科学图书馆，总面积 5 070 平方米，高 6 层。新科学图书馆在原图书馆（乐善堂、贻燕堂）、大礼堂的地址上修建，此三堂因年久失修成为危房而拆除。

1992 年，省财税厅从政府发行的"公共建设彩票"和"爱岛建设大彩券"筹集到的公共建设资金中拨款 100 万元，投资兴建艺术馆，建筑面积 1 367 平方米，高 3 层。同年，省计划厅和教育厅先后拨款 582 万元，新建篮球场 3 个，建筑面积 3 655 平方米，有观众座位 1 000 个，还有羽毛球、乒乓球、体操、健身 4 个分馆和 1 个露天网球场。

1993 年，学校自筹资金 130 万元、省财税厅拨款 70 万元，装修了教学大楼。

从 20 世纪 80 年代初到 2013 年，学校先后新建和扩建了教工住宅楼和男女学生宿舍。

改革开放后，学校逐渐恢复与海内外校友的联系。1988 年是海南建省头一年，也是海南中学建校 65 周年。学校邀请海内外校友参观校园，向校友介绍学校情况和发展规划。琼海中学毕业生、丹中友好协会名誉会长符德胜回家乡文昌探亲并拜访母校，捐资 15 000 美元改建校门，由中山大学教授商承祚题写校名。

1993 年，海南中学建校 70 周年，为了纪念琼海中学创办者之一、首位校长钟衍林先生，学校决定修建"衍林堂"，作为校史馆和校友会永久会址。海外校友捐资港币 22 万，学校通过自筹资金投资 25 万元人民币，当年建成建筑面积 580 平方米的两层复古建筑。"衍林堂"与"凤栖堂"东西相望，伫立在大门两旁。同年，海内外校友捐款 10 万元，购买了 13 座雕像放在校园中。

国家的力量支撑海南中学走过了艰难岁月，使学校的教学条件得到较大改善，办学质量不断提高。海内外校友的支持和帮助，为海南中学的腾飞助一臂之力，校友会成为海内外校友联系的桥梁。

图 3 - 27　海南中学高中教学楼

图 3 - 28　海南中学"凤栖堂"

图 3 - 29　海南中学"衍林堂"

图 3 - 30　海口市文物保护单位胡文虎游泳池

二、海南华侨中学

海南华侨中学是由国家创办的第一所华侨中学，现为海南省、海口市属重点中学。

（一）海南华侨中学的变迁

海南华侨中学的历史可追溯到清末民初创办的泰国华侨学校黄魂初级中学、新民初级中学和 1932 年创办的中华中学，这是当时泰国规模比较大的华文学校，其中新民初级中学、中华中学有学生约千名，黄魂初级中学五六百名。1921 年，泰国政府颁布了小学教育法，规定 8～14 岁的儿童必须接受泰国国民教育，华文教学时间每周不超过 5 小时。1938 年，泰国政府推行大泰民族主义教育政策，关闭了绝大部分华文学校。1939 年秋，中华中学、黄魂初级中学和新民初级中学三所华文学校在云南昆明联合创办暹罗联立育侨中学，后来改名为"私立育侨中学"（下称育侨中学）。1940 年 10 月，学校迁至昆明呈贡龙翔寺。1940 年 5 月，教育部在云南保山成立国立华侨中学。1941 年 8 月，教育部在重庆江津成立国立第二华侨中学（下称侨二中）。1941 年 10 月，教育部决定将育侨中学并入国立华侨中学，育侨中学原校址改为国立华侨中学呈贡分校。1943 年 3 月，呈贡分校并入国立西南中山中学。1941 年底，鉴于已有国立第二华侨中学，教育部电令国立华侨中学改名为国立第一华侨中学（下称侨一中）。1942 年 5 月 4 日，侨一中遭受日机轰炸，校园被炸毁，学生遇难 15 人。教育部决定将侨一中迁往贵州省贵阳清镇市五里桥乡。1942 年 9 月迁校完毕。1944 年 9 月，教育部决定撤销侨一中校址，将高中部学生并入侨二中，初中部改为国立第十四中学分校。1946 年 5 月，侨二中迁往海南岛海口市。1947 年 2 月，教育部决定将侨二中改名为国立第一华侨中学；同年 5 月，学校再次更名为国立第一侨民中学。[①]

1946 年，抗战胜利后，为了便利华侨子女入学以及满足将来海南岛建设需要，国民政府教育部决定将侨二中迁到海南岛海口市。学校校址在海口市秀英路金刚岭，面积 200 余亩，环境清幽，风景优美，日本侵琼期间被充作日军驻地。1949 年 9 月 27 日，海南遭遇特大台风，侨中校舍被风刮倒 35 座，毁坏 10 座，教具损坏不计其数，学校被迫停课一周。由于政府经费拮据，学校发起了救灾建校募捐活动。

---

① 海南华侨中学海内外校友主办：《私立育侨中学　国立第一华侨中学　国立第二华侨中学校史专刊》，2013 年。

1950 年 5 月海南解放，国立第一侨民中学改名为广东省海南华侨中学，被列为广东省和海南地区的重点中学，并开始招收高中班。1950 年秋，海南文教处决定将 1949 年从广州迁至海口的广东省立黄埔中正中学并入海南华侨中学。[①] 1952 年 7 月，广东省海南华侨中学迎来首届高中毕业生。[②] "文化大革命"期间，学校先后改名为"海南人民中学""海口市第五中学"。1978 年恢复广东省海南华侨中学名称。1986 年 11 月 28 日，海口市教育局向海南行政区教育局和海口市侨务办提出申请报告，申请将广东省海南华侨中学列为省属重点中学。[③] 1988 年海南建省后，学校改名为海南华侨中学。

（二）华侨、港澳同胞捐助海南华侨中学

改革开放以来，海南华侨中学先后得到旅居日本、泰国、澳大利亚、美国、丹麦、印度尼西亚等地华侨华人和港澳同胞的捐助。为了加强国内外校友的联络和管理，1979 年 11 月 10 日，广东省海南华侨中学董事会正式成立。大会选举林树兰为董事会董事长，刘青云、王国雄、史丹、符荣鼎、林泉、段克静、周静、陈修发、陈学忠（日本华侨）、黄坚（香港同胞）、周成泰（香港同胞）、王大师（澳大利亚华侨）12 人为副董事长，孙有禄、占力之、邢福昆（泰国华侨）、吴贤伯（香港同胞）、吴贤佐（印度尼西亚华侨）、冯立奇、郭开元（美国华侨）、汤邦霖（加拿大华侨）、符得胜（丹麦华侨）、卢鸿礼（新加坡华侨）、黄开吉等27 人为董事，冯立奇为秘书长，吴贤伯为副秘书长。[④]

1979 年，旅日华侨陈学忠捐资 30 万元人民币修建"陈学忠科学馆"，并捐赠了一批办学设备。他还决定资助 100 名海南赴日留学生，每年选派 10 名，学成后需回海南岛工作，来往旅费、学费、杂费及伙食费等全部由他负责。[⑤] 1982年，海南华侨中学"陈学忠科学馆"建成，陈学忠和同学们一起修建大花坛。在"全民文明礼貌月"活动中，全校共植树、栽花 1.3 万株。[⑥] 同年，旅居泰国、澳大利亚、美国、丹麦、印度尼西亚等地华侨捐赠 40 万元给海南华侨中学建造教学楼、校门、归国补习侨生宿舍楼各 1 座，同时又捐献了一批彩电、录音机等教学设备。1991 年，旅居加拿大华侨潘先钾的夫人黄玉珍遵循丈夫的遗嘱，

① 梁鸿志：《广东省立黄埔中正中学——〈府海地区大中学校教育史略〉补遗》，中国人民政治协商会议海南省海口市委员会文史资料委员会编：《海口文史资料》（第五辑），1989 年，第 159 - 161 页。
② 《广东省海南华侨中学第一届高中第三届初中毕业生》，《新海南报》，1952 年 7 月 12 日第 3 版。
③ 广东省海口市教育局：《关于申请把海南华侨中学列为省重点中学的报告》，海口市档案馆，1986 - B017。
④ 冯小平、邢贻迪：《广东海南华侨中学董事会成立》，《海南日报》，1979 年 11 月 13 日第 1 版。
⑤ 张玉存：《"陈学忠科学馆"破土动工》，《海南日报》，1980 年 11 月 7 日第 1 版。
⑥ 陈学思、周可斌：《海南侨中美化校园好》，《海南日报》，1982 年 3 月 22 日第 1 版。

将归还的 9 间房产拍卖得款 85 万元捐给海南华侨中学，并成立潘先钾教育基金。2010 年，香港同胞钟保家捐款 102 万元。2011 年，香港海南商会会长张泰超捐款 10 万元。

（三）海南华侨中学的成长

海南华侨中学校歌创作于 1941 年，由国民政府中央侨务委员会委员长陈树人作词、著名作曲家张定和作曲。歌词为："绵绵华胄，浩浩寰瀛，海外是我们的第二故乡，祖国是我们的第二家庭。归来，展望河山带砺，沐受，五千余载文明，我们经过时代洪炉的锻炼，一堂亲爱精诚。努力学业，勇往迈进，为祖国贡献力量！努力学业，勇往迈进，为侨胞争取光荣！"它激励着一代又一代的侨中人爱国爱乡、努力学习、奋勇拼搏。

海南省建立后，学校各方面发展迅速，被评为海口市属省重点中学、海南省一级甲等学校，1992 年被教育部评为"中国名校"。1996 年，海南华侨中学共有 43 个教学班，学生 2 237 人，教职工 204 人，校园占地面积 259.5 亩，建筑面积 4.72 万平方米。[①] 至 2018 年，学校共有高中部、初中部、美丽沙三大校区，占地 450 多亩，具有国内一流的硬件设施，配套完整，功能齐全。全校有 150 个教学班，7 000 余名学生，近 600 名专任教师。学校不仅注重文化课教学，近年中考、高考成绩名列全省前茅，而且在教育教学、科技创新、传统体育、文学艺术、社会活动等方面都有不俗的表现，多次获得国家各项大奖。先后获得"全国体育传统项目学校""全国学校艺术教育先进单位""全国教育系统先进集体""全国生态文明教育特色学校""全国青少年科普创新示范学校""普通高中课改实验学校""国家体育传统项目学校""全国科学教育基地""全国五四红旗团委""海南省一级甲等学校""海南省人才建设成果显著单位"等多项荣誉称号。[②]

海南华侨中学在抓好办学质量的基础上，发挥侨资源的特色，积极进行国际化办学探索。2011 年 1 月 7 日，学校与美国得克萨斯州托马斯·杰斐逊高中合作举办高中课程教育项目正式获批，成为海南省首个在教育部备案的基础教育中外合作办学项目。[③] 该项目引进美国得克萨斯州部分 AP 课程（英语语言艺术和科学），由美方派送教师到海南华侨中学任教，双方教师一起进行课程管理与学习评价。与此同时，中方也派教师到美方学校教授汉语。项目有两种模式供学生选

---

① 海南华侨中学校史馆资料。

② 海南华侨中学官网，http：//www.hnqz.net/about.php？pid=2。

③ 周元：《我省首个基础教育中外合作办学项目获批》，《海南日报》，2011 年 1 月 8 日第 1 版。

择：一是"3＋1"模式，二是"2＋2"模式。根据协议，学校每年将派出2名英语教师到美方培训进修，而美方教师到海南全程参与教学，这种教师间的相互流动带来的是教育理念的交流和更新，有助于提高学校的整体教育教学水平。同年5月10日，海南华侨中学国际部挂牌仪式暨中美合作实验班启动仪式在海口举行。当年海南华侨中学中美合作实验班学生列入中考第一批次，面向全省招收两个班，约60人。①

图3-31　海南华侨中学高中部教学楼

图3-32　海南华侨中学高中部体育馆

图3-33　海南华侨中学高中部操场

图3-34　海南华侨中学高中部电子阅览室

---

① 周元：《海南侨中中美合作实验班项目启动　面向全省招生　中美教师共同授课》，《海南日报》，2011年5月11日第2版。

第四章　文昌华侨捐助办学

文昌的教育事业是在民国时期出现转机的，之前表现平平，远不及琼山。文昌地处海南岛东北部沿海，农耕艰难，又人多地少①，经济薄弱，唯海港之便利，民众很早就出洋谋生。民国初期，文昌已是海南第一侨乡，商业发达，每年由南洋汇入款数百万元。② 侨批外汇成为文昌经济的重要支柱，也是文昌侨乡教育慈善事业的主要资金来源。至 20 世纪 20 年代，文昌的小学教育基本覆盖全县各乡③，学龄儿童入学率大大提高，由此改变了文昌的社会格局。

第一节　清末民国时期文昌华侨捐助办学

一、清末癸卯改制与文昌国民教育发展

清光绪三十年（1904）癸卯改制至 1939 年日本侵略军占领海南岛前，文昌县的教育事业出现快速发展的势头。1924 年，全县已有中小学校 763 所。④ 1938年，全县中小学 716 所，受华侨赞助的占 83%，共有 1 584 名乡侨捐助银圆244 557 元⑤，建校面积 13 615 平方米⑥。

1904 年，清政府颁布癸卯学制，次年废除科举，实行新式教育。文昌县署主管教育行政之外，又增设辅助教育机关——劝学所。1918 年劝学所改为县教育局，劝学所所长陆兴焕同时兼任教育局局长。民国十一年（1922）三月十五日，文昌县教育局公布《文昌县教育局组织章程》，其中有"筹办社会教育"和

---

① 民国十七年（1928），文昌人口总数 440 189 人，居海南岛之首。陈铭枢总纂，曾蹇主编：《海南岛志》，海口：海南出版社，2004 年，第 123 页。

② 陈铭枢总纂，曾蹇主编：《海南岛志》，海口：海南出版社，2004 年，第 95 页。

③ 1920 年文昌县有 3 乡、领 38 都图，见李钟岳等监修，林带英等纂修，吕书萍、王海云点校：《民国文昌县志》，海口：海南出版社，2004 年，第 133 - 135 页。

④ 陆兴焕主编：《文昌县教育局要览》，1924 年。

⑤ 清末民国时期的货币单位为银圆，1949 年后为人民币单位元，其他特殊情形文中另外注明。

⑥ 文昌市地方志编纂委员会编：《文昌县志》，北京：方志出版社，2000 年，第 510 - 542 页。

"改良私塾"事项①。县教育局鼓励本邑各种力量支持办学，条件不足的地方利用原有书院、私塾、祠堂、寺庙等改造为新式学校。民国十一年（1922）一月十五日至十三年（1924）七月三十一日，文昌教育局对全县学校进行调查，并由陆兴焕局长主持编写《文昌县教育局要览》。据《文昌县教育局要览》统计，截至1922年，文昌县八个区共有普通中小学校763间，其中县立中学1间，其余为高级小学和初级小学。这些学校绝大多数是民国时期创办的，仅有55间是晚清时期创办的。最早的一间学校是光绪三年（1877）创办的桃苑市（今头苑镇）蓝田乡玉成小学。全县学校学生人数从18 000名增至30 000名，学龄儿童就学达到二分之一。②

表4-1　清末民初文昌县学校名录③

校名	等级	成立时间	校址
县立中学	中学	清光绪三十年	县城内
县立一高	高小	民国元年二月	县城内
区立一高	高小	民国十一年一月	校场坡
拔萃	高小国民	清光绪三十三年六月	拔萃山村
觉群	高小国民	清宣统三年五月	棉花山村
明智	高小国民	清光绪三十四年九月	龙头乡
广文	高小国民	清宣统二年二月	高龙乡
育才	高小国民	清光绪三十六年八月	五里亭
培基	高小国民	清宣统元年四月	玉山乡
李氏第一	高小国民	清宣统元年二月	龙池乡
焕文	高小国民	民国二年三月	后港乡
玉阳	高小国民	民国二年五月	官龙乡
振育	高小国民	民国二年十一月	深田乡
长发	高小国民	民国二年一月	上僚乡
迈群	高小国民	民国六年八月	迈南乡
渝智	高小国民	清宣统元年三月	坡头村
强亚	高小国民	民国十一年一月	后湾乡

---

① 《文昌县教育局组织章程》（民国十一年三月十五日公布），陆兴焕主编：《文昌县教育局要览》，1924年，第6页。
② 陆兴焕主编：《文昌县教育局要览·绪言》，1924年。
③ 陆兴焕主编：《文昌县教育局要览·绪言》，1924年。

（续上表）

校名	等级	成立时间	校址
健汉	高小国民	民国二年七月	清澜镇
云氏	高小国民	清光绪三十二年	桃苑村
何氏	国民	民国七年五月	水霞乡
罗士	国民	清光绪三十三年六月	罗士乡
萃英	国民	民国二年二月	走马园乡
玉成	国民	清光绪三年六月	蓝田乡
回澜	国民	民国五年八月	海路乡
培元	国民	民国二年四月	陈村乡
启英	国民	清宣统元年二月	鳌头乡
育卿	国民	民国二年二月	阁卿乡
觉先	国民	民国二年二月	侯城乡
敦文	国民	民国八年二月	墩头乡
雄文	国民	民国二年三月	坑头乡
启蒙	国民	民国二年四月	松树乡
观光	国民	民国二年六月	大观乡
毓文	国民	民国二年一月	五松乡
景新	国民	民国二年七月	山景乡
立达	国民	民国二年二月	霞洞乡
振民	国民	民国二年二月	夏泉乡
文英	国民	民国二年八月	大园乡
启慧	国民	民国二年四月	青山乡
育夏	国民	民国二年二月	霞场乡
启文	国民	民国二年三月	横山村
蔚起	国民	清宣统元年五月	便民市
汉文	国民	民国二年八月	美里村
同汉	国民	民国二年八月	名门村
迈训	国民	民国二年四月	迈豆村
求益	国民	清宣统元年六月	磬勤村
养初	国民	民国二年八月	下崀村
文山	国民	民国二年三月	湖尾村
萃文	国民	民国二年九月	水霞村

（续上表）

校名	等级	成立时间	校址
造群	国民	民国二年七月	贤豪村
迈南	国民	民国二年七月	迈南村
贝峰	国民	民国三年八月	贝峰村
选文	国民	民国三年八月	迈号市
南湖	国民	民国二年八月	下水村
培民	国民	民国二年十月	陈村
育士	国民	民国二年八月	罗衣村
蒙正	国民	民国二年二月	柳山村
文溪	国民	民国二年二月	书田村
甲群	国民	民国二年二月	有禄城内
育文	国民	民国二年八月	文山村
集成	国民	民国三年六月	有禄城内
明诚	国民	民国三年三月	龙榜村
登文	国民	民国六年三月	登场村
崇雅	国民	民国六年十月	吾能村
上水	国民	民国六年十月	上水村
彰德	国民	民国六年八月	柳山村
日新	国民	民国七年五月	深田村
玉振	国民	民国七年三月	港头村
养育	国民	民国八年八月	东边田村
育明	国民	民国八年八月	文树村
陶城	国民	民国八年八月	迈豆村
德新	国民	民国六年二月	流昌村
蛟头	国民	民国九年二月	蛟头村
教养	国民	民国十一年三月	大坑尾村
务敏	国民	民国十一年一月	
王氏	国民	民国十一年三月	平湖村
名门	国民	民国十一年三月	名门村
高明	国民	民国十年二月	龙高村
余氏	国民	民国十一年三月	坑尾村
启智	国民	民国十一年三月	

（续上表）

校名	等级	成立时间	校址
发祥	国民	民国十一年三月	地发村
鹿崛	国民	民国十一年三月	鹿崛村
大群	国民	民国十一年三月	大群村
宪章	国民	民国九年九月	官僚村
文海	国民	民国十一年三月	上洋村
明德	国民	民国九年八月	河头村
夏园	国民	民国九年三月	夏园村
文郎	国民	民国八年二月	上崀村
宝泽	国民	民国十年七月	磨石村
文敦	国民	民国十年	文所敦村
培源	国民	民国十年七月	霞水园村
育英	国民	民国十年六月	高隆村
培美	国民	民国八年	美鳌村
桃源	国民	民国九年八月	头苑村
培群	国民	民国十年十一月	侯港村
育儒	国民	民国十年十一月	苏昌村
崇智	国民	民国十一年二月	龙榜村（又堆头村）
集雅	国民		
振夏	国民	民国二年四月	西山村
乐育	国民	民国二年四月	宝鸡村
振德	国民	民国二年四月	德清村
崇文	国民	民国元年九月	良马村
修文	国民	民国元年十二月	文修坡村
乐群	国民	民国六年六月	大潭村
益群	国民	民国二年二月	鳌头村
乐才	国民	民国二年三月	鳌头村
端蒙	国民	民国三年八月	茂山村
振华	国民	民国元年八月	高隆村
明新	国民	民国十一年续办	横山村
钟毓	国民		盘石村
玉峰	国民	民国十一年三月	宝圣村

（续上表）

校名	等级	成立时间	校址
振文	国民	民国十一年三月	里仁村
李氏第二	国民		后坑村
培德	国民	民国十三年一月	竹苑村
绍仁	国民	民国十一年四月	坑尾村
桐山	国民	民国十一年十一月	桐山村
协中	国民		白月园村
诚毅	国民	民国十年二月	李山村
瑶峰	国民	民国十一年十月	瑶峰村
明善	国民	民国十年十一月	北山村
官回	国民	民国十一年二月	官回村
发展	国民	民国十一年	
振新	国民	民国二年九月	仙岭村
养英	国民	民国十一年七月	石崀村
开德	国民	民国九年	鳌头村
育秀	国民	民国十年一月	榜魁村
溪西	国民	民国十年二月	溪西村
步瀛	国民	民国十一年十月	灵村
栽培	国民	民国十一年九月	南斗村
培本	国民	民国十一年二月	罗后村
永赖	国民	民国十一年二月	僚家村
赓良	国民	民国十一年四月	僚家村
冠英	国民	民国二年五月	坑尾村
社美	国民	民国三年二月	下水村
奇甸	国民	民国十年二月	南溪村
文正	国民	民国十一年三月	柳山村
笃诚	国民	民国十一年二月	来龙村
成就	国民	民国十一年四月	县城内
鳌峰	国民	民国十一年十一月	河头村
白芒	国民	民国十一年八月	白芒村
桃园	国民	民国二年八月	桃园村
启新	国民	民国十年八月	石崀村

（续上表）

校名	等级	成立时间	校址
选文	国民	民国三年十一月	东园村
种德	国民	民国二年二月	后坑村
普育	国民	民国三年一月	观觐村
尚志	国民	民国三年二月	汪洋村
揆文	国民	民国十年二月	会文村
官溪	国民	民国三年二月	南昌村
尚明	高小国民	民国十年九月	黄山村
昌明	高小国民	民国十年十月	昌福村
嘉德	高小国民	清宣统元年二月	嘉园村
云龙	高小国民	民国二年四月	鸟土村
宗儒	高小国民	清宣统二年六月	西溪村
宝典	高小国民	清光绪二十二年八月	宝典村
美南	高小国民	民国辛亥年（1911）二月	福绵村
毓秀	高小国民	民国十二年一月	水吼村
龙楼	高小国民	清光绪三十三年九月	龙楼市
中原	高小国民	民国五年二月	铜鼓村（即内村）
东阁	高小国民	民国三年	东阁市
成德	高小国民	民国纪元前一年（1911）一月	东排山村、堆玉山村
西园	高小国民	清宣统元年二月	西园村
经正	高小	清光绪三十二年四月	老山水山村（即美竹村）
成达	高小国民	清光绪三十三年	美柳村
宝贤	高小	清宣统三年六月	宝芳村
启鑰	高小	民国八年二月	文林村
正德	高小国民	民国二年三月	青头村
通德	高小国民	民国十一年九月	豹山村
鸿文	高小国民	清宣统元年一月	东郊市
耀文	高小国民	民国十二年一月	豹山村
务时	高小国民	民国十一年二月	崀尾村
清澜	高小	民国十三年	邦糖村
文英	国民	民国六年一月	文教市
绵山	国民		福绵村

（续上表）

校名	等级	成立时间	校址
培砚	国民	民国六年二月	砚坑村
南明	国民	民国三年八月	南明崀村
同源	国民	民国十一年一月	凤山村（即山森村）
良贤	国民		良苗村
启凤	国民	民国三年八月	福田村
贵德	国民	民国十年五月	三加村
凤头	国民	民国二年	凤头村
鳌头	国民	民国十年三月	鳌头村
保良	国民	民国六年一月	良苗仔村（即保良村）
良平	国民	民国十一年二月	良苗港村
培龙	国民		美竹村
文龙	国民	民国八年一月	石龙村
嘉美	国民	民国十一年三月	坑尾村
兴贤	国民		吉水村
保平	国民	民国二年七月	宝藏村
琼美	国民	清宣统二年二月	康美村
全美	国民	民国二年二月	全美村
三乐	国民	民国六年四月	国禄村（即宋乐村）
龙文	国民	民国九年二月	龙潭村
茂德	国民		茂山村
养正	国民	民国十年四月	昌政村
昌远	国民	民国十一年二月	昌远村
才坡	国民	民国十年六月	才坡村（即排坡村）
东明	国民	民国十一年四月	南台村（即后村）
启东	国民	民国元年三月	排港村
培英	国民	民国九年一月	东田村
德新	国民		红莲村
华兴	国民	民国二年八月	庙村
乐育	国民		地昂村
执寅	国民	民国十二年二月	玉坡村
培贤	国民		竹根村

（续上表）

校名	等级	成立时间	校址
铜鼓	国民	民国三年五月	铜鼓村
岳山	国民	民国二年八月	陈笠村
达成	国民	民国二年八月	东鲁山村
集雅	国民	民国二年十月	昌美村
云梯	国民		山海村
仁让	国民	民国九年	大阜村
明德	国民	民国十一年二月	官田村
经文	国民	民国十年一月	大经村（即大架村）
东壁	国民		壁田村
诚正	国民	民国七年十一月	李山西村
成美	国民		李山东村
集成	国民	民国三年八月	后坡村（即下水村）
作新	国民	清宣统元年	上出坡村
端养	国民	民国十年一月	茶村
鳌山	国民		鳌山村
敦本	国民		阜敦村
宝土	国民	民国十一年	宝土村
南山	国民	民国十一年	南明村
三达	国民	民国十一年	港尾村
建文	国民	民国十年	官建村
得英	国民	民国九年二月	良茂村
正修	国民	民国十年	地禄村
端蒙	国民	民国十一年二月	上僚村
三民	国民	民国十年	文田村
龙秋	国民	民国十年一月	龙须村
三育	国民	清光绪三十二年四月	西山村
培龙	国民	民国纪元前一年（1911）一月	老山水山村
竞新	国民	民国十年十月	边沟村
启文	国民	民国六年三月	乐内村
养基	国民	民国三年七月	槐山村（即下山村）
美达	国民	民国十年七月	甘团村

（续上表）

校名	等级	成立时间	校址
龙门	国民	民国六年十二月	流坑村
南溟	国民	民国元年	南溟村
文林	国民	清宣统三年五月	文林村
立本	国民		流萃村
培文	国民	民国二年一月	良臣村
达闻	国民	民国九年五月	老家村
宋来	国民	民国元年二月	宋来村
陶英	国民	清宣统三年六月	宝芳村
尚志	国民	民国二年二月	帝洋村
公益	国民	民国元年二月	良头村
东门	国民	民国十一年三月	青头村
田尾	国民	民国十一年二月	田尾村
文海	国民	民国十一年一月	后海村
地芳	国民		地芳村
良田	国民	民国二年二月	良田村
鼎文	国民	民国元年二月	良田村
忠惠	国民	民国二年二月	豹山村
地邦	国民		地邦村
蓝田	国民		蓝田村
以文	国民	民国十一年二月	莲山村
玉树	国民	民国二年二月	玉树村
养才	国民		上福园村
绍文	国民	民国十一年二月	文林村
宣文	国民	民国二年二月	西沟村
东观	国民	民国二年二月	邦塘村
东中	国民		鳌头村
崇文	国民		南港村
道南	国民	民国十一年二月	南坡村
懋德	国民		北港村
艺文	国民	民国十一年续办	福坡村
港南	国民	民国二年二月	鳌头村

（续上表）

校名	等级	成立时间	校址
锦文	国民	民国二年二月	锦崀村
达才	国民	民国十一年一月	调炳村
炳文	国民	民国十一年十月	文炳村
罗文	国民		福罗村
成章	国民		田头村
应文	国民		东星村
高隆	国民	民国二年十一月	福城村
明新	国民	民国十一年二月	鳌头村
东园	国民	民国五年一月	港尾村
蒙养	国民	民国十一年二月	文炳村
芳园	国民	民国二年二月	桃李村
育民	国民	民国十二年五月	沙尾村
明德	国民		排坡村
培彦	国民	民国十一年三月	沙尾村
昌探	国民	民国十年二月	沙头村
南宝	国民	民国十年三月	南宝村
登瀛	国民	民国十一年二月	玉石村
玉石	国民	民国十二年二月	白石村
拔群	国民	民国十一年一月	后海村
玉田	国民		玉田村
同乐	国民	民国十一年九月	东郊市
兴养	国民	民国十一年十月	西春村
振文	国民	民国六年二月	文龙村
公群	国民	民国二年二月	泰山村
简文	国民	民国六年三月	竹根村
文田	国民	清光绪三十二年四月	后田村
明强	国民	民国十一年二月	南港村
公德	国民	民国二年二月	帝芳村
宝敦	高小国民		
韩氏	高小国民	国民：清宣统二年十二月， 高小：民国四年八月	

（续上表）

校名	等级	成立时间	校址
宝德	高小国民	清光绪三十四年四月	昌述村（即宝德村）
汇东	国民	清光绪三十三年八月	东坡村
公善	国民	清光绪三十三年	公坡市
务生	高小国民	民国二年	宝藏村
环海	高小国民		下田村
齐民	高小国民		抱虎村
德新	高小国民		新福村
博文	高小国民		北坡村
育成	高小	民国二年	新村
瀛海	高小国民	民国十一年	上崀村
育文	国民	民国十一年	抱员村
金堆	国民	民国十二年	金千村
益群	国民		昌爱村
启明	国民		后坡村
英敏	国民	民国二年	连榜村
培文	国民	民国十一年	蛟东村
白茅	国民	民国十一年	白茅村
育德	国民	民国九年	龙跃村
英才	国民	民国四年	茅亭村
覃教	国民	民国六年一月	唐教村
昌志	国民	民国二年六月	昌志村
韩氏第二	国民		昌杨村
宝彩	国民	民国九年六月	宝彩村
观海	国民		凤鸣村
育贤	国民		长春村
昌明	国民	民国十一年	昌洪村
宝兴	国民	清光绪三十二年二月	宝兴村
福嘉	国民	民国七年	福架村
高群	国民	民国七年三月	临高村
官田	国民	民国八年六月	养文村（即田头村）
大文	国民		文楼村

（续上表）

校名	等级	成立时间	校址
昌平	国民	民国七年	昌洒市
淡成	国民	民国八年	淡水村
睦邻	国民	民国二年	新居村
振昌	国民	民国六年十二月	昌烈村
昌吉	国民	民国元年	昌吉西村
群英	国民	清宣统元年	栋山村
强华	国民	民国八年	兰家村
彰善	国民	清宣统元年	昌桐村
兹本	国民	民国纪元前三年（1909）	山梅村（即丹棱村）
昌发	国民	民国七年	昌发村
养才	国民	民国十一年	养才村
南昌	国民	民国二年	坡头村
炳蔚	国民	民国二年	大惠村
齐礼	国民		齐会村
兴贤	国民	民国十一年	坡口村（即福口村）
榜湖	国民	民国九年	排崀村
莱山	国民	民国十一年	内山村
魁文	国民	民国十一年	王塘村
竹府	国民	民国十一年	玉竹村
培英	国民		玉茂山村
众户	国民	民国二年	众户村
养贤	国民	民国十一年	众户仔村
江山	国民		德元村
育英	国民	民国二年	上苑村
培元	国民		里宅村
养正	国民		九良村
头雄	国民	民国十一年	有雄村
仁里	国民	民国十一年	东村
恭良	国民		公侯山村
宝邑	国民		宝邑村
唐氏	国民	民国三年	宝榜村

（续上表）

校名	等级	成立时间	校址
广育	国民	民国十年	新村（即珊岛村）
史官	国民	民国元年	史官村
抱才	国民	民国十年	龙田村
昌贤	国民		昌田村
蔚英	国民		昌堆村
德才	国民	民国十二年	名山村
明初	国民		上元村
明德	国民		旧村
蔚起	国民		上堆村
仁美	国民		
富文	国民	民国十二年	山首村
敦德	国民	民国十二年	会阳村（即敦烈村）
会文	国民	民国十二年	汪洋村
正文	国民		好心村
龙山	国民		龙眼村
邦国	国民	民国十一年	邦国村
县立四高	高小	民国十一年二月	迈号市
区立一高	高小国民	民国十二年	重兴市
象德	高小国民	民国十二年十一月	地平村
昌明	高小	民国二年六月	□笏村（即瀛桥村）
公养	高小国民	民国元年七月	冯公岭村
文林	高小国民	清宣统二年七月	迈瀛村
育和	高小国民	民国七年十月、民国三年六月	凤会村
虎峰	高小国民	民国十年八月、民国二年二月	虎榜崛村
育英	高小国民	清宣统元年三月	敦陶村
广育	高小国民	清宣统元年五月	高步村
培英	高小	民国二年六月	銮坡村
湖蜂	高小国民	清宣统元年二月	湖村
凤鸣	小学	民国十三年	多寻村
慕琦	国民	民国十二年十二月	水北村
育园	国民	民国十二年三月	下村

（续上表）

校名	等级	成立时间	校址
育贤	国民		上国村
振英	国民	民国十二年四月	江村
三乐	国民	民国十一年二月	湖镜村
湖山	国民	民国十一年二月	湖镜村
名山	国民		上田仔村
青园	国民	民国十一年二月	青桃园村
造才	国民	民国十一年三月	官仓村
养正	国民	民国二年七月	家礼坑村
养和	国民	民国二年四月	白玉村
振文	国民	民国十一年三月	白玉村
得英	国民	民国十一年一月	墨坑村
博群	国民	民国十一年八月	水北雅村
敷文	国民	民国二年八月	陶坡村
启元	国民	民国三年二月	同平坡村
赞华	国民		白石村
启文	国民		大家村
得三	国民	民国十一年五月	蔡村
益民	国民	民国十二年五月	田库村
先昌	国民	民国二年一月	迈号墟
养园	国民	民国十二年二月	白延墟
蔚启	国民		桃村
崇儒	国民	民国三年一月	芳流村
翰苑	国民	民国二年五月	上苑村
毓英	国民	民国二年五月	伟昌村
宝文	国民	民国二年三月	宝藏村
云氏	国民	清光绪三十三年六月	朝圭村
元峰	国民	民国九年一月	后元峰村
聚龙	国民	民国十一年四月	象山村
务本	国民	民国二年五月	边洲村（即马村）
乐英	国民	民国二年八月	福山村
卓群	国民	清光绪三十四年二月	笃山村

（续上表）

校名	等级	成立时间	校址
乐群	国民	民国十一年一月	白延市东门
养成	国民	民国二年三月	百福村
通德	国民	民国二年七月	水尾村
培德	国民	民国十一年四月	东福田村
群育	国民	民国十一年二月	老茂坡村
培育	国民	民国十年三月	昌仔园村
务敏	国民	民国十年二月	春花山村
雅造	国民	民国十年一月	雅造村
育才	国民	民国十年八月	山田尾村
育贤	国民	民国十一年三月	花开村
芳园	国民	民国十一年三月	昌美村
端育	国民	民国三年六月	东坡村
养群	国民	民国二年七月	文试村
育基	国民	民国十二年六月	夏笃村
尊育	国民	民国十一年一月	文集溪村
后觉	国民	民国二年	罗宝村
罗文	国民	民国元年七月	罗福村
卓儒	国民	民国二年五月	崇田村
萃文	国民	民国十一年七月	大幅岭村
通智	国民	民国十一年一月	藤昌村
敬群	国民	民国十年三月	墨地园村（即门什村）
敬乐	国民	民国九年三月	苦竹村
立德	国民		庭兰村
育艺	国民	民国十年六月	昌口坡村
琼昌	国民	民国四年五月	田美村
敦本	国民	民国十一年五月	陶村
凤鸣	国民	民国七年	多寻村
联育	国民	民国二年十一月	大东园村
广峰	国民	民国十年	庙岭村
拔英	国民	民国十二年五月	高墨村
志成	国民	民国十一年一月	茶园村

（续上表）

校名	等级	成立时间	校址
焕南	国民	民国元年三月	罗甲尾村
明德	国民	民国十一年九月	甘村（即鲤塘村）
兴昌	国民		兴昌村
文岭	国民		文岭村
蔚华	国民	民国二年一月	竹湖村
昌德	国民	民国二年四月	西昌村
同德	国民	民国七年一月	昌朗村
养德	国民		上那村
崇文	国民	民国十一年十二月	迈瀛头村
起文	国民	清宣统元年七月	茅花斜村
文龙	国民	清宣统元年二月	艮所园村
会英	国民	民国三年十二月	坡村从村
萃英	国民	民国十年二月	文岭村
毓群	国民	民国十二年	八角村
修文	国民		福水昌村
舞经	国民	民国十一年七月	颜村
兴雅	国民	民国十一年一月	赐第村
敦本	国民	民国十一年二月	大坑村
选善	国民	民国十一年二月	名山村
梅林	国民	民国十一年一月	岭上梅村
蔚起	国民	民国□年三月	陶春村
养德	国民	民国十一年	罗葵村
轶群	国民	民国十一年五月	铁烟村
昌敏	国民	民国十年一月	上昌村
育朋	国民	民国八年一月	下寨村
宝藏	国民	民国十三年	宝藏村
县立二高	高小		蓬莱墟
区立一高	高小国民	民国纪元前六年（1906）三月	闹马墟
区立二高	高小	民国八年八月	大昌号
区立三高	高小	民国十年四月	新桥墟
区立四高	高小	民国十三年	南阳墟

（续上表）

校名	等级	成立时间	校址
广智	高小国民		草崀村
普益	高小	民国六年十二月	竹崀村
进取	高小国民	清光绪三十二年	孔锋村
群新	高小国民	清光绪三十四年	三台村
育文	高小	清光绪三十二年五月	中心墟
铭新	高小	民国十一年	中心村
时中	高小国民	民国元年八月	大路墟
邢氏	高小	清光绪三十四年四月	石桥村
造德	高小	民国四年十一月	葫芦村
登云	高小国民		南墩宫村
广益	高小国民	民国元年六月	金花村
育贤	高小国民	民国五年元月	夏崀村
德贤	高小国民	民国十年元月	茂山村
迈种	高小国民	民国二年	美丹乡
开明	高小国民		福头村
区立六国	国民	民国十二年三月	土莱墟
郁文	国民	民国十年八月	淡典村
益群	国民	民国十年七月	水清村
同文	国民		赤德铺
造英	国民		迈伦村
新民	国民		地保村
宝珊	国民	民国元年二月	宝珊村
义方	国民	民国十年二月	潭牛市
石路	国民	民国十年	石路村
益华	国民		春山村
育婴	国民	民国十年八月	文福村
崇美	国民	民国六年	城头坡村
愈愚	国民	民国十一年二月	美孝村
美文	国民	民国十年	潭崀村
培养	国民	民国十一年三月	桃园村
启民	国民		潭牛村

（续上表）

校名	等级	成立时间	校址
益文	国民	民国二年	上园村
莲塘	国民		莲塘村
敦德	国民	民国九年六月	敦笃村
育美	国民	民国二年四月	考经村
同乐	国民		田尾湾村
高山	国民	民国八年	城坡村
珊瑚	国民	清宣统二年二月	南来村
群英	国民	民国十一年二月	石坑村
集益	国民	民国十年十二月	竹崀村
三才	国民	民国十二年一月	三才村
三育	国民	民国十二年五月	塘边园村
培根	国民	民国八年九月	后井村
会文	国民	民国七年二月	会内村
合德	国民	民国十一年七月	三合村
启蒙	国民	民国六年七月	敦州村
明新	国民	民国十年四月	新桥市
用中	国民	民国元年一月	古城村
缉熙	国民	民国二年二月	高隆村
潭雀	国民	民国七年二月	潭雀村
明伦	国民	民国九年一月	山塘村
尚实	国民	民国十年七月	牛岭村
龙门	国民	民国十一年二月	龙门村
集雅	国民	民国十年	嘉兰村
昆仑	国民	民国十年	墩头村
睿智	国民	民国十年八月	福田村
益民	国民	民国元年二月	昌头村
牗民	国民	民国二年二月	昌头村
文富	国民	民国十年八月	文富村
启新	国民	民国二年二月	石崀村
南强	国民	民国十三年一月	欧八村
养正	国民	民国十年三月	早春园村

（续上表）

校名	等级	成立时间	校址
维新	国民	民国十二年三月	田梅村
养才	国民	民国十二年二月	大材村
大同	国民	民国十二年七月	大坡村
水翁	国民	民国八年	水翁村
俊英	国民	民国九年二月	三加村
群美	国民	民国九年一月	群尾头村
益智	国民		湖塘村
迈种	国民	民国二年二月	美丹村
新民	国民		田尾村
端中	国民	民国七年六月	端阳山村
敦诗	国民		敦诗村
启德	国民		学堆村
贤孝	国民	民国六年	天朝村
培植	国民	民国六年一月	李举村
崇罗	国民	民国十一年	罗本村
立德	国民		庭兰村
锦文	国民		宝堂村
尚德	国民		昌平村
明德	国民	民国十一年四月	石马村
启文	国民	民国十一年五月	坑尾村
启智	国民	民国二年二月	砚池市
泌注	国民	民国十一年五月	东路村
开文	国民		南明村
松云	国民	民国二年四月	大荣村
文安	国民	民国十一年三月	槟榔仔村
育良	国民	民国十一年四月	石马村
绳正	国民	民国十一年三月	兰溪村
培初	国民	民国十年四月	槟榔丛村
汉英	国民	民国十年三月	大山村
培才	国民	民国十一年五月	大湖村
培基	国民	民国十一年五月	水荫村

（续上表）

校名	等级	成立时间	校址
华兴	国民		下寨村
育群	国民		雁塔村
春培	国民		
蔚才	国民		流家村
怀德	国民	民国七年	石龙村
觉新	国民	民国二年	厚福村
育本	国民		鸭花村
福基	国民	民国十一年二月	福基村
启明	国民	民国十一年八月	高塘村
觉民	国民	民国二年八月	福主湾村
希贤	国民	民国十年二月	陈家村
时敏	国民		东书村
蛟腾	国民		蛟塘村
书庭	国民	民国十二年三月	西亭村
士路	国民	民国十一年二月	覃豹村
树德	国民	民国十年八月	蛟龙村
友善	国民	民国十一年三月	有好岭村
育能	国民	民国十一年十二月	敦友村
县立三高	高小		锦山市
区立一高	高小		抱罗市
区立二高	高小		湖塘村
溪梅	高小国民		溪梅村
湖心	高小国民		湖心村
茶园	高小国民		茶园村
启新	高小国民		朱包村
建中	高小国民		南来村
启迪	高小		赤土村
逊敏	高小国民	民国二年二月	龙虎村
昌里	高小国民		昌里老村
凤尾	高小		老村
香山	高小国民	民国八年十一月	香山村

（续上表）

校名	等级	成立时间	校址
图存	高小	民国十一年三月	文山村
光中	高小		王兰村
育智	国民		竹山村
文渊	高小国民		
新德	国民		
良家	国民		良家庄村
梁安	国民		梁安村
山斗	国民		天赐村
养正	国民		龙山村
培贤	国民		赤土村
官园	国民		官园村
黎氏	国民		崀头村
培本	国民		南王兰仔村
傅书	国民		南榜村
东湖	国民		东湖市
明达	国民	民国十二年九月	东蔚山村
昌文	国民	民国九年八月	昌江村
爱群	国民	民国七年七月	林禄村
济文	国民	民国九年四月	昌造村
西山	国民	民国十一年四月	西山村
启文	国民	民国五年六月	銮坡村
茂才	国民	民国五年六月	大学村
文彬	国民	民国十一年三月	文彬村
毓文	国民	民国十二年八月	抱罗村
石盘	国民	民国十一年二月	石盘村
育文	国民	民国十一年五月	大土村
兴文	国民	民国十二年六月	兴宅村
花园	国民		花园村
山雅	国民		东山雅村
聚英	国民		东坡鸟村
培英	国民	民国十二年八月	厚禄村

（续上表）

校名	等级	成立时间	校址
处仁	国民	民国十一年一月	五高村
同仁	国民		西宅村
凤栖	国民	民国二年八月	凤尾村
同德	国民		水堆村
丹湖	国民		湖淡村
时新	国民	民国七年八月	湖淡村
谷诒	国民		山堀村
时习	国民		鸾坡村
聊明	国民		土宅村
纯益	国民		老田洋村
育文	国民		冯家坡村
新民	国民		玉坑村
养贤	国民		蛟龙田村
宝坡	国民		宝坡村
林园	国民		宝坡村
敦本	国民		官堆村
聊英	国民		青蓝村
养真	国民	民国十一年一月	白茅村
培元	国民		载山村
竞存	国民		文山村
连甲	国民	民国十二年二月	栋材坡村
崇本	国民		山梅村
美里	国民	民国十二年二月	石马村
崇文	国民	民国十二年二月	山梅村
育群	国民		贝坑村
土宝	国民		土宝村
燕山	国民		燕山村
图南	国民		山下村
里仁	国民		厚福村
端本	国民		后坡村
光华	国民		王兰村

（续上表）

校名	等级	成立时间	校址
东升	国民		东堆村
双溪	国民		瓦灶村
合群	国民		合坡村
崀头	国民		崀头村
宝善	国民	民国十一年二月	福宝村
茂德	国民		茂密村
育才	国民		美里村
崇德	国民		鸟石村
东坡	国民		东坡村
区立一高	高小		铺前市
三溪	高小国民		禄家村
韩氏	高小国民		庵铁村
恢中	高小国民	民国纪元前二年（1910）八月	厚禄村
熏德	高小国民	民国十一年五月	大史坡村
昭文	高小国民	民国十一年一月	塘尾村
罗豆	高小国民		罗豆市
罗英	高小国民		罗豆市
会英	高小国民	民国十一年	厚山村
多杰	高小国民	民国十二年	坡头庙
守中	国民		桥头村
南埠	国民		南埠村
南英	国民		南坑村
琼福	国民		福来坡村
溪寮	国民	民国十二年	南僚村
培元	国民		富宅村
卓中	国民		山陇村
同德	国民	民国十二年	青龙村
东兴	国民	民国十一年	士厚村
育才	国民		丰隆墟
育和	国民		蛟龙塘村
文光	国民	民国十一年	岭斗村

（续上表）

校名	等级	成立时间	校址
雨洋	国民	民国十年	下洋村
蔚英	国民		第田村
冠英	国民		碧泉村
田心	国民		田心宫村
东酉	国民		东园村
美典	国民	民国十一年	美典村
明新	国民	民国十一年	秀田村
育英	国民	民国十一年	上僚村
育群	国民		东化村
启明	国民		东溪村
放梅	国民		放梅村
明善	国民		碧树村
封山	国民		岐山坡村
振华	国民		潭龙村
禄安	国民	民国十一年三月	马禄村
南溪	国民		南溪村
育德	国民	民国十一年二月	后坡村
会启	国民	民国十一年二月	昌尾村
进修	国民	民国十一年	地泰村
培文	国民		具坡村
育新	国民		西排港村
叶氏	国民		东坡村
岭南	国民		后头岭村
励群	国民		林梧村
时习	国民	民国十二年四月	鸾坡市
养正	国民	民国十二年	山陇村
翰香	国民	民国十二年	东溪村
谢氏	国民	民国十一年	南山村
高头	国民	民国十三年	高头村
南山	国民	民国十二年	南山村
同升	国民		星斗村

（续上表）

校名	等级	成立时间	校址
崇德	国民		仁堆村
区立一高	高小国民	民国三年八月	冠南市
崇本	高小国民	民国九年四月	义门村
智新	高小国民	民国六年七月	西坡村
翁氏	高小国民		
同德	高小国民	民国二年三月	迈陈村
灵山	高小国民	民国十二年	梦楼村
书园	国民		榜书园村
器先	国民	民国十年	蓝田村
毓英	国民	民国十一年十二月	长岐村
振英	国民	民国十二年二月	新科村
养材	国民	民国十一年五月	宝山寺村
辟蒙	国民	民国十一年五月	旧村
养源	国民	清宣统元年六月	柳家村
育德	国民	民国二年十一月	欧村
萃益	国民	清宣统二年六月	上陇村
维新	国民		严村
新民	国民		迈陈村
绍新	国民	民国十二年	璧园村
陈氏	国民		南昌村
鼎新	国民	民国十年	新村
培兰	国民	民国十年	新井村
王氏	国民	民国二年十月	南溟园村
张氏	国民	清光绪三十四年一月	山宝村
正蒙	国民	民国十一年五月	泰家村
三育	国民	民国十二年三月	西园村
南屏	国民	民国七年四月	永嘉园村
潮新	国民	民国十一年六月	山辽村
三在	国民	民国十二年十一月	士谈村
英才	国民	民国十年四月	兴昌村
萃英	国民		

（续上表）

校名	等级	成立时间	校址
同文	国民	民国十一年	西村
德昌	国民	民国元年十月	南昌村
济群	国民	民国十三年	下崀村

可见，二十世纪二三十年代，文昌的国民小学发展速度惊人，"几乎每村都有一所小学，在人口比例上可为全国之冠"①。1934年，文昌的人口、小学、小学生和学龄儿童数量及入学率已经超过琼山，位居海南第一，失学儿童比例大大低于广东省的平均值。②

表4-2　1934年琼山、文昌小学教育统计表③

县市	人口	学龄儿童人数	小学数量	小学生数			教职员数			失学儿童人数	失学儿童百分比
				男	女	合计	男	女	合计		
琼山	376 294	37 629	498	16 231	476	16 707	998	16	1 014	20 922	56%
文昌	425 657	42 566	708	24 541	1 555	26 096	2 412	5	2 417	16 470	39%
合计	2 191 150	219 115	2 748	99 921	8 947	108 868	6 663	52	6 715	110 247	50%

这时期文昌基础教育迅速发展，与海外乡侨的鼎力支持分不开。如前所述，清末民初文昌的新式学校绝大多数是私立国民初级小学，少部分为公立学校（县立一所、各区立一所）。根据民国九年（1920）《文昌县教育事项表册》记载，文昌的学校经费来源，公立学校来自地方公款和牛皮捐款，私立学校来自地方捐款和学费收取。全县共有407所学校，教员939人，学生17 340人，年度教育经费共91 048元。其中文昌县中学教员11人，学生176人，经费7 200元。④全县学校师生人均教育经费约5元，县立中学38.5元。显然，经费的拮据制约着文昌教育的发展。虽然公办学校经费比较有保障，但毕竟凤毛麟角，绝大多数学校

---

① 何瑜：《近代海南岛开发》，《历史档案》1992年第2期。
② 广东省失学儿童1 989 179人，占学龄儿童总数59.4%，文昌失学儿童16 470人，占学龄儿童总数38%。见黄麟书：《广东省二十三年度教育概况》，1935年，第3-5页。
③ 根据黄麟书著《广东省二十三年度教育概况》第3-5页表一"廿三年度小学校数教职员数在学儿童及失学儿童数"整理编制。
④ 李钟岳（文昌县知事）主编：《文昌县教育事项表册》，1920年。

的经费仍需社会力量支持，其中华侨捐助成为重要的来源。

二、"以商养学"助力侨乡教育

由于年代变迁，早期学校创办史料几乎无存。但是后来重建或扩建的学校大多在原址，学校办学沿革历史中有所记录，民间亦流传许多有关侨乡民众与海外华侨想尽各种办法支持家乡办学的佳话。比较典型的如迈众地区乡侨为筹款支持家乡办学而合股成立象德实业公司的事迹，亦说明了当时文昌华侨是通过"以商养学"的方式筹措教育基金。

迈众象德学校位于文昌市迈号镇迈众乡，创办于民国十二年（1923）十一月，是该地区较早创办的国民高级小学。最初校址设在地平村，校名为"象德小学"①，1950 年改为"迈众小学"，1990 年恢复原名"象德小学"②，后因校址迁到迈众乡，故又改为"迈众象德小学"。1999 年，陈序传、陈颖美捐资重修校门，陈序传还亲自题写门匾"迈众象德学校"。③

百年树人，教育为本。为了家乡教育长久之计，迈众乡侨决定筹股创办实业公司，以部分利润作为象德小学的办学经费。1926 年，有 105 名乡侨共募集股本 2 490 叻币，在新加坡注册象德实业公司，主要做橡胶有关的贸易。象德小学实际上就是以公司名为校名。《象德实业公司章程》详细说明了创办目的、经营范围、股本筹措、利润分配等，宗旨皆围绕着办学，指出：因"愁（经费）仍不达稳健地位，同人等始为发起组织公司，以每年所得溢利，酌量津贴常常费不逮，而作该校后盾"④。公司专门设立教育基金会，明确规定："本公司之组织以作补助学款后盾，并联络我族同侨谋生活上发展为宗旨；本公司之助学，不分畛域，故关于内地外洋学务应堪津助者，均得会议助之；本公司每年所得利息，除议定津助学款及正当开销外，余存者为十成均分，三成分各股东利息，七成分为公司存积金，充实业之用。"⑤

象德实业公司"以商养学"之路一波三折。公司创办初期，正值南洋胶价行情较好之时，公司有一定盈利，按照章程将部分利润用于建设校园。1941 年 12 月日本占领马来亚后，象德实业公司的账户被冻结，直到 1945 年 8 月战争结束后才恢复正常运作。不久，受中国内战和抗美援朝战争影响，国际胶价又上

---

① 文昌市地方志编纂委员会编：《文昌县志》，北京：方志出版社，2000 年，第 603 页。
② 文昌市地方志编纂委员会编：《文昌县志》，北京：方志出版社，2000 年，第 603 页。
③ 迈众象德学校校园碑刻资料。
④ 《象德实业公司章程》。
⑤ 《象德实业公司章程》。

涨，公司盈利颇丰。1949 年中华人民共和国成立后，由于外交封锁，海外华侨与家乡的联系中断。转眼到了 20 世纪 70 年代，眼看回乡无望，对家乡办学爱莫能助，诸乡侨悲观之至，觉得办公司已经没有意义，加上橡胶行情不好、生意难做，有人提议干脆关掉公司，把钱分给股东，或者买铺面经营。于是大家聚会商议，最后通过一个比较稳妥的方法，即把钱分为两部分，一部分给股东，一部分存银行定期收息。

1978 年中国改革开放后，逐渐与东南亚各国恢复正常外交关系。海外乡亲奔走相告，经乡侨陈志芳等人的多方联络，于 1990 年组团回乡探亲之际，决定资助象德小学重建校园，并一致同意将象德小学改名为"迈众象德小学"。1993 年，旅居新加坡华侨陈序传带头捐款 20 万港元，众乡侨捐款合计 51 万元用于修建新教学楼，另外捐资 7 万元设立奖教奖学基金。[1] 1999 年，迈众的乡侨陈嘉耀、韩金元、赖国清、林尤麟、符之道、陈行善、林尤吉、赵春梅、陈序森、黄循荣、陈行德、陈川仲、陈行仪、陈嘉锦、陈序侨、尤学鑫、王莆万、陈日喜等捐助叻币合计 3 550 元，用于修建念梓亭和培英亭。陈颖美、陈序传捐资修建学校大门，陈序传还为校名题字。[2]

迈众象德学校的创办历程是近代海南侨乡办学的缩影，体现了海南侨乡民众厚乡情、重教育的传统美德以及勤学苦练本领、勇闯南洋打拼的精神。正如迈众象德学校的门联所题："象贤意锲技艺精湛报社稷，德高志远忠实挚业酬桑梓。"

图 4 - 1　迈众象德学校大门

---

① 文昌市归国华侨联合会、《造福桑梓》编委会：《造福桑梓》，海南省新闻出版局，1996 年，第454－455 页。

② 迈众象德学校校园碑刻资料。

图 4 - 2　迈众象德学校念梓亭

图 4 - 3　迈众象德学校培英亭

三、文昌中学的创办和发展

文昌中学是海南最早创建的中学之一，也是清末民国时期文昌唯一的县立完全中学。学校原址在县治文城孔圣殿旁（今文城镇文东路 79 号），其前身为创建于 1804 年的文昌蔚文书院，1904 年改为蔚文高等小学校，1908 年改为文昌县立中学，1932 年迁到校场坡（今文中坡）改为文昌中学。

由于"原校舍狭小腐旧且四面龌龊殊难发展"，民国十六年（1927），学校董事会集议募捐择地扩建校舍和办高中，拟定在县治附近校场坡新建校园，建设计划用款合计 208 400 大洋。[①] 依靠文昌有限的财政，远远不能满足学校建设的需要。为了筹集建校经费，文昌中学校董会成立了"文昌县立中学校迁校建筑委员会"，委员由校董会、本邑籍教育界人士和海外侨界代表组成，包括：邢森洲、林颂岁、冯官尧、刘麟光、赵爱春、郑秀炳、郭镜川、王兆松、钟衍林、陆兴焕、陈继美、符庆清、陈玉阶、王载宜、陈家成、詹行烆、黄卓如、韩勉齐、云用卿、龙其昌、翁学椿、林昭英、谭文瞟、陈升章、林景熙、陈序栢、陈运谦、陈家凤、林英明、朱儒林、詹开松、陈传统、龙咏琴、王孝通、林廷柱、潘先兴、符宏昌、陈大（通）、詹尊琦、王文卿、何汉洲、梁安钰、丁饶轩、韩华堂、罗载文、张（景）昂、梁珍吾共 47 人。[②]

1928—1934 年，文昌中学校董会先后四次派人赴南洋各埠和京沪省港等地发动乡侨筹款。第一次是 1928 年秋，詹行烆校长到新加坡、马来亚、沙捞越、

---

① 《文昌县立中学校迁校建筑委员会简章及职员一览表》，海口：海南书局，民国十六年（1927），第 21 - 24 页。

② 《文昌县立中学校迁校建筑委员会简章及职员一览表》，海口：海南书局，民国十六年（1927），第 3 - 4 页。

泰国等十几个地方募捐，得到众乡侨的热情接待，共募集资金 9 万余光洋。第二次是 1929 年春，陆兴焕校长到新马等地收款和募捐，共筹得资金五六万光洋。第三次是 1934 年夏，陈汝贤校董到南洋各埠收款，筹得共计 17 000 光洋。第四次是 1934 年 9 月，郑兰生校长到京沪省港发动募捐和收款。文昌中学校董会四次募捐活动，共有 957 名海外侨胞参与，[1] 筹集办校资金合计约 20 万光洋，其中海外华侨捐款约合 17 万光洋，国内捐款约 35 000 光洋。[2]

从 1934 年 11 月至 1939 年 2 月，文昌中学收到来自新加坡、马来亚、泰国、印度尼西亚、越南及中国香港等国家和地区华侨捐赠的建校善款合计 82 874.76 银圆，捐款人 1 000 多名，单笔捐资数额最少的 5 元，最多的 1.7 万元。另外，海内外乡亲为筹建迎宾馆捐款项共计 8 074 银圆。[3]

1935 年底，文昌中学新校园建成，建筑面积约 7 000 平方米。整座校园坐北朝南、东西两向，共有十五幢各类建筑群。个人捐赠较多而命名的独幢建筑有：郭巨川先生捐建的"飞机楼"（抗日战争期间被炸毁），郭巨川、郭镜川兄弟捐建的"郭云龙斋"，王兆松先生捐建的"王兆松图书馆"，文鸿恩先生捐建的"文焕章图书馆"，邢谷宝先生捐建的"谷宝堂"，陈晓山先生捐建的"晓山体育馆"，凌开忠先生捐建的"凌开忠堂"等。个人或集体合捐的斋舍共 78 间，其中东区建筑群东一幢、东二幢、东三幢和东四幢共有斋舍 36 间，以及东区膳堂（连厨房）、电灯室和水池；西区建筑群西一幢、西二幢、西三幢、西四幢、西五幢、西六幢和西南幢共有斋舍 42 间，以及西边膳堂（连厨房）。东西区每间斋舍都刻上捐赠者的芳名，除了捐赠者名字外，有些以捐赠者侨居地命名，如"登嘉楼斋"[4]"芬兰斋"等。此外还有"江门堂"自然科学教室、普通教室、劳作室、音乐室、教职工宿舍和文邑会馆等。校园里有路牌、旗坛、假山、花亭、水井、淋浴室、厕所等设施。[5] 扩建后的文昌中学"校园之宽阔、建筑物之堂皇与设备之完善，堪称一流"[6]。

1938 年，文昌中学首办高中班。1939 年春，日本侵占海南岛，文昌中学校舍被日军轰炸，严重毁损，学校被迫停学。1944 年，文昌中学在南阳下市村郭巨川小学内恢复上课。1946 年迁回文中坡校址。1948 年恢复高中招生。

① 文昌市归国华侨联合会、《造福桑梓》编委会：《造福桑梓》，海南省新闻出版局，1996 年，第 12 页。
② 潘正结主编：《文昌中学校史》，文昌中学校史编写组，1998 年。
③ 文昌中学校史资料，学校办公室提供。
④ 即马来西亚登嘉楼。
⑤ 黄必铨主编：《文昌中学　百年校史》，海南省文昌中学，2008 年，第 51－57 页。
⑥ 文昌市地方志编纂委员会编：《文昌县志》，北京：方志出版社，2000 年，第 511 页。

南洋各埠华侨捐建文昌中学款项

（据"文昌县立中学校迁址建筑委员会征信录"）①

第一期：

一、新加坡收款：九千一百一十一元二角。

二、柔佛山收款：九十元。

三、令金收款：四百五十元。

四、居銮收款：五十二元。

五、岭株巴辖收款：二千五百五十八元。

六、麻坡收款：二千五百五十八元。

七、吗六甲收款：一千八百九十四元三角二先。

八、芙蓉收款：二千七百九十元。

九、吉隆坡收款：二千六百五十三元。

十、怡保收款：一千八百九十元。

十一、槟城收款：一千四百三十元。

十二、吉打收款：四百五十元。

十三、吉兰丹收款：一千九百五十一元。

十四、丁加奴收款：二十五元。

十五、彭亨美丹收款：五百二十五元。

十六、金榜收款：五十元。

十七、斯文丹收款：三十元。

十八、文德甲收款：一百元。

十九、暹属陶公收款：五百二十元。

二十、彭亨立卑收款：二百四十元。

第二期：

南洋各埠直汇款：二千零五十五元。

第三期分二次：

南洋直汇款：二百二十元。

南洋各埠收款：二万一千三百元。（以下略）

---

① 文昌县政协文史资料研究委员会、文昌县文物普查办公室编印：《文昌县文物志》，1988 年，第 174－176 页。

1935 年 11 月至 1939 年 2 月海外乡侨捐助文昌中学芳名录①

新加坡埠：

符和茂	符弼臣	何敦富	林英佐	罗子栋	彭仕炳	詹敦庄	符致辉
何名桂	黄机书	符书德	陈兴任	唐敬轩	林鸿昌	符大炳	陈治炳
何敦德	林开明	林猷馨	符气秀	韩槐准	永吉昌	张从霖	吴日琨
符福星	纶章号	詹修义	符宏萱	何敦瑚	符世发	符建泰	符洪晴
叶青年	黄循枫	符载道	林英齐	符鸿吾	吴家满	卢焕羲	三盛信局
东发公司

马六甲及其附近各埠：

陈宝甫	岑会朝	林少史	林廷梓	潘先逢	林炯熙	郭始佳	朱子云
林廷芝	许炳昕	林树堂	陈成宣	张星垣	翁萃文	吴运科	林廷潮
陈升章	何经道

芙蓉及其附近各埠：

邢谷宝	罗大衍	唐瑞孚	林英明	符树汉	符树源	林熙栋	莫履钧
黄德宜	朱子云	陈协英	陈升恒	吴德显	符德源	陆兴信	共和号
冯尔富	林英藻	陈玉璋	符致荣

吉隆坡埠：

王兆松	陈建寅	龙历羲	凌运兴	陆克臣	杨维炳	凌开忠	庄运昌
林麟之	符鸿揆	王禄鹏	黄万民	林熙纪	林鸿安	陈明佑	龙历儒
林少怀	陈德洲	美兴号	姚奇钟	林圣谟	黎先统	林熙日	吴天玉
龙鹏存	陈序雄	林英发	林云熙	符致瑞	云茂珍	詹尊礽	林弼熙
严安礼	黎先位	林碧云	林鸿儒	符鸿儒	林猷尔	邢谷章	云寿椿
龙历孔	联华号	林琚英	林熙抡	龙其杏	歌梨城酒店	万昌公司

丹容马林埠：

| 林熙柏 | 郭贻舜 | 詹所昌 | 符树猷 | 林日焜 | 王毓辉 |

安顺及其附近各埠：

华开桂	范世云	覃是照	黄必光	陈如钦	黄邦森	余道任	梁定国
范世微	范会民	李永书	周克明	李祥华	云昌现	陈如佩	黄德生
梁定一	朱章联	陈昌仕	符用政	云逢耀	周成春	余道翼	王猷南

怡保及金宝埠：

| 朱儒林 | 陈元式 | 徐道佩 | 林日照 | 林曜英 | 符斯焕 | 联成公司 | 林天俊 |

① 黄必铨主编：《文昌中学 百年校史》，海南省文昌中学，2008 年，第 223－232 页。

153

符大鹄　陈传昌　周国泰　王先楫　林瀛波　何和瑞　林日胜　林熙锡
李珊兴　朱章廷　林廷石　詹行章　王莩桂　陈永发　洪世寿　李运大
林日辉　詹心传　钟绪谦　一品香　苏家理　陈学师　洪运合　侯元琠
何天年　林鸿兴　翁方忠　陈宝玱　翁绍鸾　王志纯　吴麟双　周德和
梁居荣　李运浩　陈奇机　侯元周　林熙佐　伍秀烈　符鸿发　王家照
有味利　莫克铨　胡择梅　黄秀东　符树萍　余道业　林泽如　林君谟
林熙步　符大钰　林照明　琼源丰　林　武　詹开湘　锦成公司　同丰公司
南方公司　怡新公司　同昌公司

太平及其附近各埠：

陈宝琳　王缵充　林廷俊　陈建佑　詹忠芹　群乐居　龙学礼　曾纪丰
何敦金　林熙森　范仁濂　陈学富　罗正锦　林鸾熙　何敦道　洪昌建
陈贵智　陈达循　何世治　锦成公司

槟城及其附近各埠：

何敦铺　何敦锦　王谟仁　王英谟　朱仁育　黄机达　邢天安　庄建夫
何和璧　龙道纯　林璧川　陈时椿　何瑞麟　李燕吾　符和球　琼合兴
李大萃　邓仁辉　林树兴　吴清益　王运锡　陈惟文　符国瑚　张运兴
陈德山　林荫声　何敦星　符家三　符大桐　朱学圣　邝世铭　林日斌
林鸿位　林廷波　陈诒绪　曾光献　邝世兴　詹修绪　何和道　廖盛福
王莩雯　郑仲权　庄春华　何德志　潘宜桂　王茂章　林篆丹　岑会卿
符福伟　林缉之　许声华　林树熙

吉礁埠：

李贯南　陈大连　张家琛　符和信　梁居照　符福锦　黄可观　吴运萱
王莩儒　陈有经　云惟阳　张蔚炳　云昌哲　李大炯　陈明著　琼南旅店

合艾埠：

吴可杰　林天美　符世誉　陈景灼　陈运碧　邢谷丰　潘先卓　陈时英
符家兴　邢贻珍　林明珉　林诗梧　华商号　龙历昌　林熙树　新利香
黄琼三　王思重　陈华通　符德材　美丽珍　合成兴　林树宝　南洋冰厂

合大年埠：

符兹斌　裴大兴　张学英　陈业通　张修镇　黄循仕　张修裕　黄循伯
翁绍传　符之栋　张学熙　张学侨　符鸿位　祝声宣　郑兰英　符致禄
南英号　和顺号　张修严　林鸿益　杨日南　钟庆麟

陶公埠：

符鸿通　华景秀　陈声炳　陈声煌　符文波　郑家漎　符泽之　陈国材
曾纪权　潘先宽　黄信发　国联号　云瑞清　祝高绵　范肇环　美洲号

谷打埠：

云昌禄	吕家礼	范肇现	林树发	林日三	王莆祥	林瑞麟	林天清
范肇基	符昌佩	符树仲	黄守德	刘统庆	范肇球	林英贤	范运琦
王禄策							

哥打八度及其附近各埠：

符宏昌	符大祥	符功宕	符功宽	符大遗	符建仕	符乾初	符气源
许振志	林桂英	王贤尹	符举轩	符大铭	符禄儒	林鸿棋	林翰芬
林克孔	李异昌	王宏才	王春魁	林万春	韩义成	周德凤	林晓东
宋平章	韩楫丰	符宏华	杨应晃				

丁属勿逑埠：

戴厚卿	符福林	欧育铃	周章信	黄友德	王朝进	刘昌连	蔡耀升
黄世丰	王士旭	张泰春	戴德均	林鸿玉	翁方昌	翁诗芬	梁其东
骆立泮	骆立洁	邢贻瑚	杨应会	许书登	严福谦	符用方	邓学明
符和荣	邓学俊	陈世楠	王祚銮	严壁山	翁方铭	冯琼桂	许书轩
许万谦	杨文伍	翁荣琳	严福仁	符福昌	林鸿喜	翁方兴	符福欣
翁绍绪	符福泰	严安达	符树进	邢贻春	梁其芹	许声琦	翁诗才
骆立浩	骆立澄	詹道风	邢福秀	符祥利	符树芬	翁诗权	陈德羲
许万典	林树宝	曾纪礼	陶明柳	王时禄	邢贻芬	林遒定	林鸿丰
严安源	林天椿	符祥富	王禄登				

吉赖及丹纳美那埠：

欧世强	侯俊元	符星桥	符昭镜	林仿周	符辉廷	符辉南	符昭堂
徐道玖	云逢星	张运珊	刘炎灼				

立啤埠：

詹尊荣	詹尊福	詹尊禄	陈川蕃	王禄星	秦大儒	詹尊保	詹行忠
翁荣椿	陈贻国	徐天福	詹所捧				

劳吻埠：

詹尊程	龙道荣	史可明	张运发	詹尊兴	詹道蛟	陈大克	齐有珊
冠南号	陈修益	符树吉	符廷封				

林明埠：

陈如盛	王成庄	陈明英	潘对轩	韩礼丰	潘于琦	冯尔卿	何国升

圆丹埠：

詹开伊	华明方	詹开禧	詹运会	邢定芳	詹运钟	李嘉鑫	史可俊
陶墨兰	符世发	吴乾义	郑锦心	史可铭	詹所爱	陈宗礼	
陈廷南	符祥椿	史立蕃					

柏嘉埠：

翁德盛	尤宴臣	符子庄	符功枚	陈传茂	黄必万	王莆明	陈声球
符日明	符载儒	何和平	尤辅琳	符国运	宋寿海	黄学潜	黄邦栋
冼世昌	黄选卿	符功和	黄宗星	符气云	陈继卿	黄必佑	沈志兴
翁绍禄	符洪济	云昌瓒	符和琪	巨南兴	蔡有俊	陈升琚	曾漪村
黄昭瑚	陈有桂	汤声宣	陈元时	陈声瑗	符和铭	符气生	陈业删
翁诗才	陈元茂	林树森	黄昭仁	黄昭秩	潘正森	符和珍	竟成园
符致禄	符和佳	符和婉	黄邦福				

吉里社埠：

陈金声	林树业	韩祖光	韩恒光	陈受琚	欧大发	韩步云

甘马仕埠：

吕先传	林廷谢	王昌道	林东明	林明衡	王会南	符国栋	符叶光
许振和	翁诗炳	杨庆槐	林鸿兴	陈运喜	陈汉文	符瑞登	甘家祯
林明锃	杨宏志	林鸿禄	韦天霖	林熙儒	符儒盛	符气华	符国英
黄守爵	王昌盟	陈继材	新泉兴	余　存	邢诒环	莫有荣	符世智
陈世禄							

甘马挽埠：

史福章	严良儒	钱有利	陈文蓉	王弗游	安良钦	吴泽芳	益丰号
王步蟾	冯尔轩	林树芹	周冠千				

文德甲及淡马鲁等埠：

陈继章	陈序熊	安贤福	韩宇准	符树碧	符国奇	王弗洲	陈序官
陈大荣	戴仁杰	李祥瑞	陈大棠	王家炳	严旭初	陈序松	安茂秋
韩伍准	卢修仙	林诗裕	士贤殿				

龙运埠：

尤愈能	云檀修

巴生及其附近各埠：

曾得众	郑兰馥	赖蕴山	何敦训	陈德熹	芳园号	郑廷佳	朱章喜
唐明烈	公园号	王弗德	陈治炽	王孝通	林会云	郑心明	符和民
符和英	严崇深	黄善仁	陈家悦	陈启东	王进琼	王永福	王永祉
陈在昌	郑心甲	符和羹	潘于泗	林廷礼	翁方和	严安助	陈元通

口急岭及古毛埠：

林明擢	林鸿泮	陈运禄	龙鹏桂	龙鹏植	陈明训	伍秀锦	陈学爱
陈继年	陈大猷	周怀恩	伍振礼	伍振文	陈声明	罗于鸾	罗于标
萧运琚	郑令和	叶时任	余道宝	黄玉章	郑慧南	陈玉声	伍秀禧

姚裕监　陈其登　罗于经　罗于英　陈之华　陈运锦　陈学俊　吴多云
邢益三　许书安　陈序仲　符气华　全启行　陈贵益　陈声明

居銮埠：

符廷祥　周铨俭　伍振忠　周永科　林汉波　陈高山　詹忠英　方惟义
李琼云　陈序礽　詹开昌　庆生号

柔佛埠：

符气安　符气芳　何海光　华美号　韩宝山　云大鸿　邢谷辉　陈嘉奎
刘宏瑛　游登玉　林熙轩　翁诗锦　邢育仁　翁绍光　梁士钦　陈明聪
刘克民　李长兰　李长芬　翁绍春　周成兴　符用福　郭熙远　叶必山
符开汉　李轩福　莫文光　翁诗藻　杨家馥　林荫庭　陆宇聪　林子明
陈五洲　郭泽兴　王明洲　符国云　王时光

谷株巴辖埠：

伍振思　陈元典　严监千　李极财　翁绍光　王禄纯　翁荣兰　陈诒蔚
邢渊平　林绮轩　陈诒阶　何君霖　王永官　龙家禧　刘宗汉　莫若时
陈诒中　郭大昌

麻及东甲埠：

范拨豪　陈时谔　陈昌河　南洋公司　符树榜　傅瑞云　符积开　林熙馆
韩裕丰　符连三　李之玖　莫昌炳

双溪大年埠：

吴泽祥　陈川熙　詹行梧　李之芳　王辉道　曾祥安　林树高　李根德
黄居杰　刘光裕　何敦保　周中琪　林宗俊　罗豫绮　李运存　王秀轩
何连和　林廷勋　李南兴　符福锦　李之炳　何瑞禧　何敦忠　李运启
高士显　冯文轩　何和裕　罗章荣　张百川　黄有瑞　云逢杰　林猷桂
谢维元　骆义丰　陈明凤　刘炎清　李永萃　李之章　符气猷　李泽岑

古赖埠：

郭始汉　郭诗潮　潘识琼　郭盛芳　黄其登　云昌吉　林英章　汤振玻
陈世焕　吴仁卿　林廷萱　何珍南　吴天成　陈德成　林炳英　苏定琼
龙逢耀　林连云　吴万志　方云卿　林明理　黄国茂　何世裕　陈家祥
何业瀛

其他各埠：

（巡冬、干）王昌蔚　（美黑）万裕源　（香港）郑心焕
（童颂）吴坤登　（西贡）陶封廷　（沙捞越）王运琚　贾瑞川
（荷属）张振清　（巡京）林泽　符鸿恒

昔加末埠：

郭开基捐十二匹马力电动机一副

上海：

罗连丰　郑受炳　黄绩熙

已筹建迎宾馆捐款：

谭文暕	符大炳	翁德盛	陈世坤	韩勉齐	何敦富	林廷芝	林诗试
翁萃文	符福泰	陈诒炳	陈大聪	罗大维	韩仪廷	许炳昕	林鸿兴
吕先传	林照英	陈经瑚	郭开荫	符振第	吴运科	林衍桥	林统承
黄义华	陈宝洲	林汉波	凌开忠	冼世昌	陈兴任	林然英	王莫仁
潘先济	彭克一	潘于镐	詹行华	邓焕介	符警齐	龙历儒	符致昌
郑廷钦	韩程准	林廷谢	陈宝甫	林鸿玉	林树进	曾拔颜	符开森
邢谷仕	陈升敏	符祥利	杨应机	翁绍绪	邢诒昆	杨应会	王祚鸾
李家瓒	翁方昌	王受天	翁诗儒	邢诒瑚	许书登	翁方锦	翁诗才
符气轩	翁方兴	翁诗芬	邢诒春	邢诒环	骆芹香	曾纪礼	詹道奉
符双英	骆立澄	翁诗权	邓学俊	许声奇	吉隆坡琼州会馆		
太平琼州会馆	双溪大年琼州会馆	叻太古合记船务公司					

图 4-4　文昌中学大门（符策龙拍摄）

图 4-5　文昌中学潘正洲教学楼（符策龙拍摄）

四、罗峰中学建校记

罗峰中学位于文昌市抱罗镇，其前身为创建于 1884 年的罗峰书院。冯官尧先生于民国二十六年（1937）七月二十日撰写的《重建罗峰学校记》曰：

本校旧为罗峰书院，云广文凤若乡先达创建于清光绪甲申年间。开

课试士、文风日启，迨废科举，改办学校，士子由此出身，名重社会者实繁有徒，我乡风气为之丕振。民国纪元以后，培植人才尤为称盛。至十六年丁卯……再造。但败易成难，加以乡间受扰，元气未复，遂而中寝。越二年余，从子……南归，痛母校废坠，文教就衰，与余谋规复者再惟此事体大，惟恐未易举。转念，环区乐表同情者多，议定捐例，遂同赴香港邀周君雨亭、云君瀛桥、冯君宣甫共捐二万元以为之倡事有基础。余返海口，适周君成梅义气壮往，亦顾鼎力从新建筑。未几，余从子殉国事，迫得赴沪照料丧事，逗留□年，转又中阻。幸在乡吴君镜明、云君森、符君仲□□□会吾，谢君□川、潘君荣波、周君庆云暨诸君子关心教育夕废，组织建校委员会。从余南旋，公推为募捐主任，周君成梅为建设主任兼财政。旋组校董会，以专责成，余又被举为校董主席，遂与诸董事刻苦经营，一面赁舍复学，一面筹捐建费。民二十一年二月，新制校图、扩张校址、奠基重建，六阅年而告成。其间好义诸君陆续捐题七万余元，依议案以芳名名其捐建楼舍，余则勒碑长留纪念。此校之成，实建筑于区人精神团结之上，至堪嘉尚特是。后之来学于斯者，当共相策励，蔚为长才，以期无负捐资兴学者之美意，尤望后之好义者继起加以经济补助。本校俾得前途、进展文化发扬。而嗣此维持者更须念前□缔造之艰难，鼓励奋兴谋成善教以巩为国储才之丕基。庶有豸乎爰于是校落成之日撮其□末记之。

图4-6　《重建罗峰学校记》勒碑（林琳拍摄）

1927 年，罗峰中学许多校舍因战乱被焚毁。1931 年，由冯官尧等牵头组织临时校董会，发动乡侨集资重建校园。次年，南洋各埠华侨和香港同胞 498 人捐助光洋76 843 元，建成六幢大楼，总建筑面积 3 600 平方米。主要建筑包括钟楼、南楼、西楼、北楼、东横楼，均为两层洋式建筑，宏伟壮观，在文昌县中学中首屈一指。[1]

各村华侨捐建罗峰中学款项和芳名[2]

昌锦村：周雨亭　建礼堂连办公楼一座　大洋一万元

石盘村：云瀛桥　捐建二层楼教室共一座　大洋六千元

昌锦村：周文冶　捐建头门连钟楼一座　大洋三千五百元

里隆村：冯齐平　合建二层楼教室共一座　大洋三千元

兴宅村：林树森　合建二层楼教室共一座　大洋三千元

昌锦村：周成兴　合建二层楼教室共一座　大洋三千元

大学村：符福林　合建二层楼教室共一座　大洋二千元

乐久村：符福开　由暹京符泰兴号捐建二层楼教室一座　大洋二千元

下洋村：符定成　同上

道美村：谢济州　合建二层楼图书馆仪器藏室　大洋千零元

东宛村：冯尔和　同上

锦龙村：许书凤　捐建斋舍一间　大洋五百元

锦龙村：许书凰　同上

平山村：林壁川　同上

桂林村：林尤道　同上

桂林村：林建三　同上

石盘村：韩坤翼　同上

石盘村：韩朝准　同上

文彬村：韩汉翼　同上

西村：冯宣甫　同上

昌锦村：捐建斋舍一间　大洋五百元

昌锦村：周轩　同上

昌锦村：周绪乾　同上

---

① 文昌县政协文史资料研究委员会、文昌县文物普查办公室编印：《文昌县文物志》，1988 年，第135 页。

② 文昌县政协文史资料研究委员会、文昌县文物普查办公室编印：《文昌县文物志》，1988 年，第176 – 180 页。

昌锦村：周成梅　同上

昌锦村：周绪坤　同上

平山村；符峻亭　同上

东排田村：符和须　同上

湖尾村：王昌录　同上

西村：冯镜蓉　同上

东宛村：冯裕秦　同上

龙塘村：吴紫云　同上

湖尾村：王秉钧　同上

麻园村：许声佳　同上

南薰村：韩鹤山　同上

老村：云大盛　同上

老村：云昌胶　同上

兴宅村：黄闻书　同上

山梅村：林鸿昌　同上

书家村：曾毓富　同上

东宛村：潘先兴　同上

杨家诸村：冯于春　捐建斋舍一间　大洋五百元

大土村：周臣祖　同上

山梅村：林集善　同上

五潮水村：潘祖　同上

老村：云逢化　同上

道美村：谢承恩　同上

道美村：谢渊瀛　同上

抱罗村：陈贵廷　同上

新宅村：杨钟俊　同上

抱罗村：陈贵乾　同上

昌锦村：周绪珍　同上

龙山村：陈成安　同上

茂密村：陈成琨　同上

昌迈村：韩勉齐　同上

排成村：韩准　同上

西村：冯裕茂　同上

可湖村：符和鸣　同上

抱罗村：陈如标　同上

湖塘村：符树兴　同上

吕锦村：周昆章　同上

大学村：符和　捐建斋舍一间　大洋五百元

东排田村：符显祖　同上

南薰村：韩汉英　同上

第二节　1950—1977 年文昌华侨捐助办学

20 世纪 50 年代，由于国内外形势的重大变化以及东南亚各国出台新移民政策，导致大批难侨回国，也有一些侨属陆续移民出国，华侨与国内的联络几乎中断。这时期有关华侨捐助办学仅有零星的资料和碑文记录，华侨捐助的学校主要有文昌华侨中学、昌洒益群小学和公坡三联小学。

一、文昌华侨中学

20 世纪 50 年代初期文昌县的中学不能满足学生的就读需求，为了解决广大归侨、侨眷及其子弟的读书问题，1956 年，在县政府和县侨联的支持下，海内外侨界人士捐资创办侨助公办中学——文昌华侨中学。1965 年改名为"文昌县人民中学"，1970 年停办，师生并入文昌中学，1978 年复办文昌华侨中学。

1956 年，文昌县副县长兼侨中首任校长黄国材积极联络海内外侨界和教育界人士，组建"文昌华侨中学建校筹备委员会"（校董会），由当时文昌县侨联主席詹力之担任校董会理事长，理事会成员有多名侨联人士、归侨和海外侨领。校董会一方面组建教师队伍，一方面联络和动员乡侨捐资建校。为了鼓励捐资办学，校董会制定了《文昌华侨中学关于资助建校章程》，内容共有九项，其中第二项规定：凡捐款（物）者，无论金额多寡均载入芳名册；第三项规定：凡捐款（物）达人民币一万元以上者，在学校的荣誉室，将其芳名载入光荣榜，并照顾其亲属的一名子女就读；第四项规定：凡捐款在三万元以上者，除执行一至三项外，还将在相应价值的建筑物上镌刻芳名。[①] 先后得到澳大利亚侨领王大师、泰国华侨陈运宦、归侨张从积等人的大力支持。从 1957 年至 1959 年，华侨捐资合计 9 万多元，修建了 7 座校舍，其中教室 4 座，第四第五

---

① 潘财军主编：《文昌华侨中学　侨贤泽桑梓》，2012 年，第 7－9 页。

座之间用作教师宿舍，还有 1 座食堂、1 间电机房，建筑面积共 2 433 平方米。第一座校舍由王大师先生等旅澳乡亲捐资，建筑面积 329.8 平方米，有 3 个教室、1 个宿舍。第二座校舍由陈明熙、谢宗骥、王玉英、阮玉兰、符致逢、林达三、赵禹馨、符麟书等华侨捐资，建筑面积 346 平方米，有 2 间教室、2 间宿舍。第三座校舍由王金英、严福春、张从积、黄河清等捐资，建筑面积 345.8 平方米，有 3 间教室、2 间宿舍。第四座校舍由旅泰侨贤陈运宦先生捐资（陈运宦先生斋），建筑面积 247.4 平方米，有 2 间教室、2 间宿舍。

1962 年，侨中开设高中部，师生人数增加，教室、宿舍不足，教学设备缺乏。祖籍文昌的印度尼西亚归侨张从积先生不顾年老体弱，重返新加坡筹办。时值国内发生"三年自然灾害"和帝国主义封锁中国，他与潘正庄等侨胞将海外购置的一部中型发电机拆散零件分期分批运回，解决了师生的生活和学习照明问题。1977年，张先生在海外病逝，弥留之际，还再三嘱咐家人必须继续资助侨中。

在众乡侨的大力支持下，至 1965 年，文昌华侨中学从初期 4 个班 220 多人，发展到 15 个班 800 多人。

图 4-7　建校初期建造的校舍（《文昌华侨中学　侨贤泽桑梓》第 14 页）

图 4-8　建校初期建造的教室之一（《文昌华侨中学　侨贤泽桑梓》第 12 页）

图 4-9　陈运宦先生斋（《文昌华侨中学　侨贤泽桑梓》第 13 页）

二、益群小学

益群小学创办于民国初期，学校位于昌洒镇昌爱村，又称昌爱小学。1964年，该镇乡侨邢福英、郑心春等 110 人捐资合计 909 元人民币，王安标捐三千块砖修建校舍。1984 年，众乡侨捐资人民币 2 140 元、港币 120 000、叻币 300，修建校舍 3 座，共有 4 间教室、4 间教师宿舍、2 间大厅、1 座大门以及学生桌椅 62 套。其中韩爱花女士捐人民币 1 000 元，旅泰华侨郑心春先生捐资人民币 1 000 元、港币 70 000，吴钟春先生捐港币 50 000，符国仕、符洪炳、蔡笃宽各捐叻币 100，黄友才捐人民币 100 元，符树桂、符树栢各捐人民币 20 元。

现学校已停办，校舍荒废。

图 4 - 10　益群小学校门及捐款芳名榜（王澍拍摄）

图 4 - 11　益群小学郑庭臻纪念堂（王澍拍摄）

三、三联小学

三联小学位于文昌市公坡镇，1951 年创办，1972 年定为公坡镇中心小学，1993 年华侨倡议恢复原名。1997 年三联小学与公坡中学合并，改为文昌市公坡中心学校，原址改设公坡中心幼儿园。三联小学创办以来多次得到当地群众和海外侨胞支持，1950—1957、1963、1981、1987、1992、1993、1998—2004、2007、2009 年分别有捐资记录。[①] 校园建筑不断演变，从土木结构平房到钢筋水泥结构平房，又到钢筋水泥结构教学大楼和图书馆，凝聚着乡亲们的桑梓之情。

---

① 根据文昌市归国华侨联合会、《造福桑梓》编委会编写的《造福桑梓》第 371 - 372 页"捐建学校芳名榜"整理，三联小学平房教室已拆除。

图 4 – 12　三联小学捐款芳名榜（王澍拍摄）

图 4 – 13　公坡镇中心小学旧教学楼（王澍拍摄）

图 4 – 14　公坡中心幼儿园（王澍拍摄）

图 4 – 15　文昌市公坡中心学校大门（王澍拍摄）

图 4 – 16　文昌市公坡中心学校校园（王澍拍摄）

图 4 – 17　文昌市公坡中心学校陈文民科学馆（王澍拍摄）

第三节 1978—2008 年文昌华侨捐助办学

1978 年改革开放以来，文昌侨乡重新焕发活力。海外乡侨十分关心家乡的教育问题，想方设法为家乡的学校排忧解难，捐资献物，修建校舍，添置图书设备，促进海内外教育交流等，使文昌侨乡迎来了新的办学高潮。

一、文昌华侨捐助办学新高潮

1978—1995 年，文昌县海外华侨、港澳台同胞捐资兴办各类公益事业折合人民币总计 14 482.58 万元，包括办学 8 244.78 万元（不含教育基金）、办医 1 562.71 万元、打井 433.96 万元、办电 1 046.02 万元、修路 534.99 万元、建桥 323.36 万元、其他福利事业 2 336.76 万元。其中用于办学最多，惠及幼儿园 2 所、小学 245 所、中学 28 所、图书馆 7 间、文化室 3 间，设立教育基金会 75 个。捐助办学折合人民币总计 8 244.78 万元、教育基金 686.94 万元，修建校舍 579 栋，建筑面积 209 525 平方米。捐资办学 1 万元以上者 1 662 人，1 万至 5 万元者 1 238 人，5 万至 10 万元者 154 人，10 万元以上者 260 人，100 万元以上者 10 人。[①]

表 4 - 3 文昌县各乡镇海外华侨、港澳台同胞捐助办学统计表（1978—1995）[②]

接受单位名称	捐款金额/万元	面积/平方米	楼房/幢	教育基金/万元
铺前	410.73	12 637	22	37
罗豆	263.05	7 102	15	5
锦山	676	18 610	63	23.5
湖山	632.7	8 526	22	125.9
抱罗	496.2	10 850	21	68
冯坡	185.97	9 731	7	

---

① 文昌市归国华侨联合会、《造福桑梓》编委会：《造福桑梓》，海南省新闻出版局，1996 年，第 1 - 2 页。

② 根据文昌市归国华侨联合会、《造福桑梓》编委会编写的《造福桑梓》第 1 - 2 页 "文昌县乡（镇）海外乡亲、港澳台胞捐资兴办公益事业统计表" 整理。统计时间：1995 年 10 月 31 日。

（续上表）

接受单位名称	捐款金额/万元	面积/平方米	楼房/幢	教育基金/万元
翁田	193.92	5 272	14	10
龙马	81.94	3 306	19	11.6
公坡	425.7	9 409	37	40
昌洒	244.72	5 838	42	19.25
龙楼	166.99	7 728	17	25.3
东郊	619.61	7 456	36	29.93
文教	199.87	4 947	12	10
东阁	122.62	5 436	13	18.58
宝芳	308	8 062	30	50
头苑	240.4	7 053	26	14.3
重兴	182.96	5 587	17	2.75
会文	390.55	16 232	52	37.07
迈号	245.4	4 972	19	35.7
清澜	222.56	5 945	24	27.6
蓬莱	35	600	3	12
文城	51.1	2 972	9	
南阳	140	4 837	9	8.66
新桥	195	4 040	8	
潭牛	133.1	3 983	10	
东路	61.24	2 226	9	4.8
县直属单位	24.2			
文昌中学	750.25	12 399	8	70
文昌侨中	425	10 507	15	
树芳小学	120	2 100		
合计	8 244.78	208 363	579	686.94

　　至2007年，文昌市海外华侨华人、港澳台同胞捐资捐物折合人民币38 103.41万元。其中捐赠教育事业款项合计22 642.8万元，惠及学校283所。大部分学校已经消灭了危房，改善了教学条件，美化了校容校貌。华侨捐资办学金额较多的乡镇有锦山（676万元）、湖山（632.7万元）、东郊（619.61万元）、抱罗（496.2万元）、公坡（425.7万元）、铺前（410.73万元）、会文

（390.55 万元）。华侨捐资办学建筑面积超过 1 万平方米的乡镇有锦山（18 610 平方米）、会文（16 232 平方米）、铺前（12 637 平方米）、抱罗（10 850 平方米）。①

表 4-4 文昌市华侨华人、港澳台同胞捐赠款额统计表（1978—2007）②

单位：万元（人民币）

受赠单位	捐资总额	教育事业	卫生事业	其他公益事业	捐赠人次
全市受赠合计	38 103.41	22 642.8	2 046.02	13 414.59	15 703
铺前镇	2 294	1 351	180	763	434
锦山镇	4 936.07	2 076.24	208	2 651.83	1 419
湖山办事处	1 264.71	863.6	106	295.11	411
抱罗镇	1 007.97	719.92	38.5	249.55	943
冯坡镇	996.7	616.5	51	329.2	466
翁田镇	1 403.87	1 142.5	194.5	66.87	232
龙马办事处	461.46	232.18	114.64	114.64	261
头苑办事处	575.18	434.88		140.3	492
东阁镇	339.46	147.7	45.5	146.26	108
宝芳办事处	3 290.94	370.61	144.2	2 776.13	1 340
文教镇	4 965.27	4 609.6	146.6	209.07	343
东郊镇	1 358.27	1 204.55	133.72	20	273
龙楼镇	422.5	338.25	48.8	35.45	222
昌洒镇	996.68	854.62	140.66	1.4	716
公坡镇	2 363.06	955.43	88.05	1 319.58	73
重兴镇	320.01	283.22	19.08	17.71	297
会文镇	1 809.06	979.23	126.66	703.17	1 379
迈号办事处	425.67	271.69	24.21	129.77	1 062
清澜办事处	549.09	205.6		343.49	408
文城镇	1 319	231		1 088	2 140
潭牛镇	317.96	269.79	19	29.17	319

---

① 文昌市外事侨务办公室编：《文昌市海外乡亲捐赠芳名录（1978—2007）》，2008 年，第 17-18 页。
② 文昌市外事侨务办公室编：《文昌市海外乡亲捐赠芳名录（1978—2007）》，2008 年，第 17-18 页。统计金额保留小数点后两位数，统计时间：2008 年 3 月 26 日。

（续上表）

受赠单位	捐资总额	教育事业	卫生事业	其他公益事业	捐赠人次
南阳镇	478.53	292.12	38.66	147.75	436
蓬莱镇	50.89	50.59		0.3	53
新桥办事处	274.2	205.7	2	66.5	322
东路镇	627.6	300.2		327.4	135
文昌侨中	1 148.98	1 148.98			302
文昌中学	2 224.63	2 224.63			535
文昌市公安局	126.87			126.87	52
文昌市庆龄妇幼保健院	41.72		41.72		53
文昌市人民医院	115.63		115.63		47
文昌市青少年活动中心	101	101			16
文昌市归侨敬老院	63.36			63.36	25
文昌市民政局	1 062.09			1 062.09	35
文昌市海外交流协会	8.5			8.5	18
文昌市幼儿园	12.5			12.5	3
文昌市侨联	82.1			82.1	313
文昌市中医院	18.88			18.88	17
田家炳中学	250	250			1

1978 年，广东省委颁布《关于受理华侨、外籍人、港澳同胞捐赠物资和捐资兴办公益事业的试行规定》，其中第八条规定："捐赠人对捐赠兴办的项目，有要求留名的，可用适当方式留名纪念。"1981 年，文昌县政府和教育局出台《关于华侨、港澳同胞捐资办学若干问题的通知》，其中第三条规定："华侨和港澳同胞捐资兴建的校舍，产权属学校所有，任何单位和个人不得侵占。如捐资人要求命名、立碑，以志纪念，应予同意，但要写上'旅某国华侨×××先生捐建'字样。"① 因此，这时期出现一大批以捐赠者命名的学校、教学楼、教室和图书馆。

以捐赠者命名的建筑主要有：铺前文北中学齐必光教学楼，河西小学邓文珑教学楼，锦山中学黄宏萱教学楼、许镜泉图书馆、韩洪畴科学馆，龙马中学云逢

---

① 《关于华侨、港澳同胞捐资办学若干问题的通知》，文昌市档案馆，139 - 11 - 44 - 129、37 - 2 - 10 - 67。

凉教学楼，文西中学邱敦永图书馆、陈应龙纪念馆，龙楼吉水小学符树华教学楼，东阁中心小学许书合纪念堂、邢诒海图书馆，头苑中学詹尊霖图书馆，文教中心小学欧宗清教学楼等。

以捐赠者命名的学校主要有：黄守正家族独资创办的文城树芳小学，赵玉山独资改建扩建的南阳玉山小学，陈文民出资为主的公坡英敏小学，陈修炳独资创办的东郊美南小学，陈金莲捐资为主的锦坡华侨学校，潘正洲出资创办的翁田文苑小学，冯所瑛独资重建的湖山罗吴小学，陈川海、吕雪梅出资迁建的良家庄小学，冯邓琼梅出资为主的罗豆田心小学，吴凤和出资为主的会文联侨小学，詹尊桐出资为主的宝芳钥智小学，陈川木独资修建的宝芳东壁小学。2006 年，田家炳捐资 250 万港元扩建了文城中学，更名为文昌市田家炳中学。

1991 年 7 月 26 日海南省人民政府常务会议通过的《海南省华侨、港澳台同胞投资、捐赠奖励办法》第三、四条规定：投资总金额 200 万美元以上（含本数，下同）或捐赠总金额 30 万美元以上者，授予"赤子楷模"称号，并颁发荣誉证书及纪念品；投资总金额 100 万美元以上、200 万美元以下或捐赠总金额 15 万美元以上、30 万美元以下者，授予"赤子模范"称号，并颁发荣誉证书及纪念品；投资总金额 50 万美元以上、100 万美元以下或捐赠总金额 3 万美元以上、15 万美元以下者，授予"爱琼赤子"称号，并颁发荣誉证书及纪念品；在该办法发布之日起三年内投资二次或捐赠二次以上者，以及从 1978 年以来至该办法发布之前投资或捐赠者，可合并计算其投资或捐赠总金额，达到奖励标准的予以奖励。①

1992—2004 年，文昌县委、县政府根据《海南省华侨、港澳台同胞投资、捐赠奖励办法》《文昌县人民政府关于华侨、港澳台同胞捐赠奖励办法》②《关于鼓励投资献智开发建设文昌县的若干规定》和《文昌市关于华侨华人、港澳台同胞捐赠投资的表彰方案》等文件规定，对自 1978 年以来在捐赠公益和投资建设中有突出贡献的文昌籍海外华侨华人、港澳台同胞授予各项荣誉称号。1993 年，共有 173 名文昌籍海外华侨华人、港澳台同胞受到表彰鼓励，其中获得"造福桑梓典范"称号 16 人，获得"造福桑梓楷模"称号 21 人，获得"造福桑梓模范"称号 136 人。2004 年，文昌市人民政府决定对 1996 年以来对本市捐赠投资有突出贡献的华侨华人、港澳台同胞予以表彰，共有 251 名获得"椰乡赤子"称号，其中 226 名获得捐赠公益突出贡献奖，25 名获得投资建设突出贡献奖。

---

① 参见书后附录《海南省华侨、港澳台同胞投资、捐赠奖励办法》。

② 1992 年文昌县委、县政府颁布的《文昌县人民政府关于华侨、港澳台同胞捐赠奖励办法》规定，捐赠金额 10 万美元以上的授予"造福桑梓典范"称号，捐赠 10 万美元以下、5 万美元以上的授予"造福桑梓楷模"称号，捐赠 5 万美元以下、1 万美元以上的授予"造福桑梓模范"称号。

1992—2006 年，在捐赠海南公益事业中表现突出、获得海南省政府表彰的文昌籍华侨华人、港澳同胞共 246 人次，名列全省之冠。[①]

中共文昌县委、文昌县人民政府关于表彰海外乡亲"造福桑梓典范""造福桑梓楷模""造福桑梓模范"的决定（1978—1992）

1993 年授予文昌县"造福桑梓典范"称号者 16 人

陈修炳、吴多泰、周成泰、张光利、陈文民、郭开定、邢诒溪、欧宗清、齐必光、郑有英、吕先芙、潘正洲、黄守正、范南平、邓文珑、赵玉山。

1993 年授予文昌县"造福桑梓楷模"称号者 21 人

叶世忠、许书标、石毓锦、符开源、王禄益、黄宏萱、邢诒前、韩柏光、邱敦永、史立谐、云逢凉、符致炳、陈金莲、陈泽荣、陈彪、陈应垣、黄守英、陈玉馥、吴和风、李兴存、符德胜。

1993 年授予文昌县"造福桑梓模范"称号者 136 人

符气民、林猷权、方是忠、陈序传、邢谷鸿、郑有华、潘先钾、符树玮、文国杰、韩勉元、詹尊霖、何敦活、张秀英、韩经元、邢福鑫、陈成鑫、林明桐、邓章教、邓章政、周德良、韩读元、韩琚光、叶能鹤、郭泽明、黄闻彬、吴乾南、钟炎洲、王振高、郑庭藩、韩载丰、林文蔚、云昌任、蒋侯万、詹行銮、詹尊桐、李有仁、韩俊元、韩洪畴、杨庆荫、符大安、黄兹全、黄振荣、许环全、陈升海、潘于琪、陈川信、符气学、陈在成、潘先芍、符致瑶、王大师、祝朝咏、符大应、许声照、陈嘉深、韩连元、周德进、周德濂、叶保容、林猷昌、陈闻珊、汤邦饮、潘爱莲、林猷甲、云昌运、龙学品、林明保、云大城、叶保山、陈书宝、林国雄、詹所楷、许镜泉、云大钦、云大谦、吴乾仁、吴乾英、吴多福、潘先浚、云逢钵、黄循营、邢策、陈川木、林鸿景、韩进光、罗豫林、潘正华、符气崑、陈玉欣、吴乘侠、林廷灏、韩泰畴、云惟青、王安福、韩春畴、华开瀛、韩坤光、陈德裕、符儒梁、林克龙、符儒仙、钟开奉、张新樑、叶辉、林天凤、林鸿嵩、韩桐光、吴坤海、吴坤能、韩杞元、符建轼、陈颖鸿、吴坤杏、叶世椿、谢蔚生、詹梗光、陈维孟、林文江、潘正庄、符详介、陈群川、詹尊运、许书新、吴世良、陈文秋、詹忠正、黄循春、彭开益、吴乘福、符之权、吴世浓、林日义、符策良、云逢敬、连魁宏、邓仁武。

---

① 文昌市外事侨务办公室编：《文昌市海外乡亲捐赠芳名录（1978—2007）》，2008 年，第 8 - 16 页。

文昌市人民政府关于对在我市捐赠投资有突出贡献的
华侨华人港澳台胞予以表彰的决定（1996—2004）

授予热爱文昌造福桑梓"椰乡赤子"金奖30人

陈文民（中国香港）、冯所瑛（泰国）、张学修（中国香港）、吴和风（新加坡）、张光嵸（泰国）、潘正洲（中国香港）、邢诒前（中国香港）、林瑶廷（新加坡）、欧国樑（中国澳门）、韩友兰（新加坡）、史立谐（新加坡）、林明义（新加坡）、王莆诚（马来西亚）、何和燕（马来西亚）、云昌芳（新加坡）、陈世英（中国香港）、符气崑（马来西亚）、吕先芙（泰国）、黄宏萱（泰国）、张符颂芬（泰国）、齐必光（泰国）、邢福成（中国香港）、赵锡强（新加坡）、符气仑（马来西亚）、韩泰畴（泰国）、王兆松（马来西亚）、陈修炳（泰国）、赵玉山（新加坡）、符传军（中国香港）、符传发（中国香港）。

授予热爱文昌造福桑梓"椰乡赤子"银奖23人

潘家东（新加坡）、吕雪梅（泰国）、陈在成（美国）、林明廷（马来西亚）、欧宗清（泰国）、邢诒喜（泰国）、韩阳光（中国香港）、陈群川（马来西亚）、韩曙光（中国香港）、符策瑜（马来西亚）、韩炬准（泰国）、邱敦永（泰国）、方是忠（泰国）、郑有英（泰国）、林鸿鹏（泰国）、林秋雅（马来西亚）、王莆潜（马来西亚）、董月娇（新加坡）、林方英（新加坡）、陈爱玉（泰国）、符史圣（中国香港）、云逢豪（马来西亚）、云天礼（中国香港）。

授予热爱文昌造福桑梓"椰乡赤子"铜奖173人

郑有华（美国）、曾传赏（泰国）、符国成（中国香港）、韩艺光（新加坡）、王振东（新加坡）、姚奇义（泰国）、詹吴爱梅（泰国）、庄迪孔（泰国）、陈川海（泰国）、叶保山（新加坡）、詹忠正（新加坡）、叶保庸（美国）、周成泰（中国香港）、郑庭藩（新加坡）、韩读元（新加坡）、张新樑（印度尼西亚）、符儒仙（泰国）、蒋侯万（秦国）、詹尊铜（泰国）、韩柏光（美国）、邓文珑（新加坡）、邢福璋（马来西亚）、郭书达（泰国）、韩叶秀凤（美国）、詹行銮（新加坡）、王安福（泰国）、许环全（泰国）、韩程丰（泰国）、陈文岳（美国）、韩经元（泰国）、蔡成义（新加坡）、韩进光（泰国）、叶能鹤（美国）、符绩熙（新加坡）、陈秀莲（泰国）、邢福鑫（马来西亚）、陈惟军（澳大利亚）、叶世椿（中国香港）、韩吴淑英（泰国）、华开瀛（新加坡）、王安存（新加坡）、符建轼（新加坡）、欧美琴（中国香港）、符策有（新加坡）、林光廷（马来西亚）、卢勇文（中国香港）、林日周（新加

坡）、吴运强（美国）、黄守锐（新加坡）、黄守英（泰国）、许书标（泰国）、韩洪畴（泰国）、潘仔琪（泰国）、许镜泉（泰国）、梁其镇（新加坡）、林方武（马来西亚）、郑心德（新加坡）、刘必贵（新加坡）、曾传赀（中国香港）、陈憨岱（泰国）、陈序传（新加坡）、陈颖杜（泰国）、符荣开（泰国）、吴乾煌（泰国）、韩杞元（澳大利亚）、韩国平（美国）、卢琦业（泰国）、云昌本（新加坡）、吴坤凤（泰国）、林尤俊（泰国）、杨庆荫（文莱）、曾兴柏（泰国）、黄炳有（泰国）、符鸿金（新加坡）、叶陈月英（泰国）、吴多泰（中国香港）、陈文柏（新加坡）、邓章政（新加坡）、李兴福（印度尼西亚）、云大棉（中国香港）、郭诗裕（泰国）、林尤仁（泰国）、周德灏（中国香港）、叶保容（美国）、廖淑香（马来西亚）、潘家林（泰国）、陈文秋（泰国）、吴世浓（泰国）、吴乾亿（泰国）、云惟盛（新加坡）、张文强（马来西亚）、符来珍（中国香港）、叶保亚（美国）、云昌运（泰国）、叶辉（美国）、吴乾英（泰国）、吴乾涛（泰国）、吴乾衽（泰国）、张裕民（马来西亚）、周家华（新加坡）、潘正琼（泰国）、郭远奇（中国香港）、陈升国（新加坡）、林猷模（新加坡）、曾传缙（中国香港）、周怀腾（新加坡）、符德胜（丹麦）、陈明谦（中国香港）、韩奕光（中国香港）、黄兹全（泰国）、黄守瑗（马来西亚）、陈玉贺（马来西亚）、邢益清（泰国）、林尤美（美国）、陈明禺（泰国）、叶能杰（泰国）、林尤顺（马来西亚）、韩桐光（美国）、詹道联（文莱）、詹尊汉（马来西亚）、林明京（新加坡）、陈昭良（美国）、邢福光（中国香港）、李兴存（印度尼西亚）、符致森（泰国）、卢琦焕（泰国）、李长兰（泰国）、韩佳丰（泰国）、陈明昱（泰国）、吴乾阶（泰国）、潘正心（泰国）、郑心春（泰国）、韩建光（泰国）、韩辅光（泰国）、韩扶畴（泰国）、林光廷（马来西亚）、龙兴任（马来西亚）、龙兴仕（马来西亚）、郭丽娟（泰国）、云逢济（泰国）、李光中（美国）、王振糅（新加坡）、汤振波（新加坡）、汤邦赢（马来西亚）、祝朝颖（新加坡）、潘正言（新加坡）、曾建冰（中国香港）、林书干（新加坡）、何瑞光（中国香港）、符绍登（泰国）、符绍吾（泰国）、符国雄（新加坡）、符大瑜（泰国）、陈碧蓉（新加坡）、黄金兰（泰国）、林明桐（新加坡）、符致炳（泰国）、陈颖炜（泰国）、林少廷（新加坡）、黄文（澳大利亚）、郑有美（美国）、韩逵元（泰国）、韩戴丰（泰国）、陈明瑚（泰国）、黄有镜（泰国）、罗豫林（新加坡）、云平（中国台湾）、符琴（中国台湾）、符慧玲（中国台湾）、陈应垣（中国台湾）、许书新（中国香港）、张国明（中国香港）、潘先财（泰国）。

授予建设文昌造福桑梓"椰乡赤子"金奖5人

张学修（中国香港）、邢诒喜（泰国）、邢福成（中国香港）、潘正洲（中国香港)、陈文民(中国香港)。

授予建设文昌造福桑梓"椰乡赤子"银奖8人

邢诒前(中国香港)、林日旭(中国香港)、史立谐(新加坡)、符福强(中国澳门)、欧宗清(泰国)、潘家东(新加坡)、范高志(中国香港)、林尤群(中国香港)。

授予建设文昌造福桑梓"椰乡赤子"铜奖12人

吴和风(新加坡)、李世镛(新加坡)、韩友兰(新加坡)、林瑶廷(新加坡)、林日义(新加坡)、吴多干(美国)、韩阳光(中国香港)、林春霞(中国香港)、河和坚(中国香港)、韩俊元(泰国)、符传军(中国香港)、符传发(中国香港)。

海南省历年表彰捐赠海南有突出贡献的文昌籍华侨港澳同胞(1992—2006)

1992年海南省第一次表彰44人

赤子楷模:吴多泰、周成泰、潘先钾、黄坚。

赤子模范:吴多福、欧宗清、张光利、陈文民、郭开定。

爱琼赤子:林鸿宝、陈彪、史立谐、龙学佩、陈序传、陈成鑫、陈修炳、赵玉山、李兴存、詹尊霖、潘正洲、韩勉元、云逢凉、邱敦永、陈应垣、邢诒溪、韩读元、邓文珑、郑有英、黄宏萱、齐必光、周德良、陈玉馥、叶世忠、符开源、叶能鹤、方是忠、韩柏光、韩琚光、吴和风、吕先芙、郑有华、林汉生、石毓锦、郭诗裕。

1993年海南省第二次表彰28人

赤子楷模:陈修炳。

爱琼赤子:陈金莲、黄守英、许书标、邢福鑫、邢谷鸿、邢诒溪、陈泽荣、邢诒前、黄守正、张秀英、符气民、邓章教、范南平、叶世忠、陈文民、符德胜、韩柏光、韩经元、邓章政、文国杰、王禄益、何敦活、周成泰、符致炳、邓文珑、符树玮、林明桐。

1994年海南省第三次表彰16人

赤子模范:张光巍。

爱琼赤子:王振高、邢诒前、陈修炳、陈文民、陈应垣、符儒仙、陈献春、吴坤汉、吴坤治、吴乾南、郑庭藩、黄闻彬、韩连元、詹行銮、冯邓琼梅。

1998年海南省第四次表彰80人

赤子楷模:冯所瑛、许书标、吴多泰、张光巍。

赤子模范:陈修炳、陈群川、郑有英、欧宗清。

爱琼赤子：邓文珑、王莆诚、王安福、王禄益、王统宇、王树芳、王振高、云逢豪、冯所兰、叶世忠、叶世椿、曾传林、叶保山、叶保蓉、齐必光、刘必贵、邢诒喜、邢益栋、邢福鑫、李兴存、庄迪孔、吕雪梅、陈彪、陈川信、陈川海、陈升海、陈文民、陈世英、陈嘉深、陈世就、郭丽娟、陈亚洲、陈泽玉、陈泽荣、陈维孟、陈颖平、吴多福、吴乾煌、杨庆荫、林猷甲、林文蔚、林廷标、林瑶廷、郑有美、张光利、张学秀、张新樑、周成泰、赵玉山、姚奇义、欧国樑、符大安、符大桐、符气崙、符气民、符气崑、符开源、符鸿金、符鸿拔、黄守正、黄宏萱、黄循营、谢晋豪、梁定华、韩杞元、韩经元、韩深元、韩琼元、韩泰畴、潘正洲、潘爱莲、冯邓琼梅。

2006 年海南省第五次表彰 78 人

赤子楷模：陈文民、吴和风、邢诒前、潘正洲、张学修、欧国樑、林瑶廷、韩友兰、王莆诚、张裕民、赵玉山、史立谐、严世全。

赤子模范：符气崑、符气崙、云昌芳、何和燕、林秋雅、陈世英、符策瑜、陈文秋。

爱琼赤子：李兴福、王润华、云逢豪、王莆晋、符策有、董月娇、陈在成、吴多福、符传军、方是忠、潘家东、赵锡强、王兆松、黄华康、韩阳光、韩炬准、韩曙光、邢诒喜、张光嶷、林日周、符国成、邢福成、韩勉元、林鸿鹏、王伟光、叶保山、黄文、符绍登、符绍吾、黄宏萱、符传发、詹行銮、韩琼元、郑有英、庄迪孔、陈修炳、邱敦永、陈爱玉、陈川信、陈颖杜、王莲仙、王莲梅、陈爱玲、韩泰畴、符荣开、韩俊元、吴世浓、云大珍、齐必光、林秀花、黄循营、蔡笃义、陈玉贺、韩艺光、符致炳、林尤美、潘先财。

图 4-18　文昌铺前镇文北中学大门（龙香谍拍摄）

图 4-19　文昌铺前镇文北中学齐必光教学楼（龙香谍拍摄）

图4-20 文昌会文镇白延小学（龙香
谍拍摄）

图4-21 文昌文城镇树芳小学黄坚教
学楼（符策龙拍摄）

图4-22 文昌文城镇树芳小学守正教
学楼（符策龙拍摄）

图4-23 文昌文城镇清澜南岛小学
（符策龙拍摄）

图4-24 文昌会文镇沙港小学大门
（龙香谍拍摄）

图4-25 文昌会文中心小学大门

图 4 - 26　文昌会文中心小学林秋雅
教学楼

图 4 - 27　文昌文教镇联东中学小学
部（林琳拍摄）

图 4 - 28　文昌文教镇联东中学校园
（林琳拍摄）

图 4 - 29　文昌潭牛镇文西中学大门
（王澍拍摄）

图 4 - 30　文昌翁田镇文苑小学教学楼
（王澍拍摄）

图 4 - 31　文昌翁田镇文苑小学学生宿
舍（王澍拍摄）

图 4 – 32　文昌重兴镇培英小学大门

图 4 – 33　文昌公坡镇英敏小学大门
（王澍拍摄）

图 4 – 34　文昌公坡镇英敏小学昭炳楼
（王澍拍摄）

图 4 – 35　文昌东郊中学大门（符策龙
拍摄）

图 4 – 36　文昌东郊镇锦坡华侨学校大
门（符策龙拍摄）

图 4 – 37　文昌蓬莱镇石壁小学旧教室
（林琳拍摄）

图4-38　文昌铺前镇地泰小学主教学楼（符策龙拍摄）

图4-39　文昌锦山镇育民小学大门（符策龙拍摄）

图4-40　文昌锦山镇湖山乡罗吴小学大门（龙香谋拍摄）

图4-41　文昌锦山镇湖山乡湖山中学大门（符策龙拍摄）

二、走向辉煌的文昌中学

改革开放以来，文昌中学得到海外华侨华人、港澳同胞捐资款合计2 224.63万元。[①]　其中捐资较多的项目有：由120位海外华侨、港澳台同胞捐资100万元人民币兴建起来的图书馆；由香港海南商会顾问陈世英捐资80万元人民币兴建的办公大楼；由泰国海南会馆顾问张光嶷捐资330万元人民币兴建的科学馆；由香港海南商会会长潘正洲捐资320万元人民币兴建的教学楼。1980—2013年，文昌中学接受来自泰国、新加坡、马来西亚、澳大利亚、丹麦、美国等数十个国家与地区的华侨华人和香港同胞捐助达5 000多万元人民币。[②]　校内许多以捐赠者

[①]　见文昌市华侨华人、港澳同胞捐赠款额统计表（1978—2007）。

[②]　文昌中学校史资料。

命名的建筑物，成了文昌中学的一道靓丽风景，主要有：

潘正洲教学楼：由香港海南商会会长、海南省政协常委、文昌中学名誉校长潘正洲先生捐资 320 万元兴建，楼高 7 层，建筑面积 5 200 平方米，设有 339 间教室和 13 间教师休息室，于 2000 年 8 月建成剪彩交付使用。

图书馆：由海外乡亲与港澳同胞 120 人捐资 100 万元兴建。中间主楼高 4 层，东西楼高 3 层，设有大小厅室 24 间，建筑面积 3 860 平方米，于 1990 年 10 月落成。捐款万元以上的有香港爱华基金会（周成泰先生）捐港币 26 万元，旅居印尼的李兴存先生捐人民币 13 万元，香港同胞陈文民先生捐人民币 6.5 万元、陈世英先生捐港币 5 万、吴多泰先生捐港币 5 万、黄守正先生捐港币 3.1 万、潘正洲先生捐港币 3 万，旅新乡亲符致瑶先生捐人民币 2.5 万元、赵玉山先生捐港币 1 万、王振高先生捐人民币 6.4 万元，旅泰乡亲黄宏萱先生捐港币 5 万、潘正芍先生捐港币 5 万。

张光嶷科学馆：由旅泰著名侨领张光嶷先生独自捐资 330 万元兴建。前楼高 2 层，后楼高 5 层，建筑面积 6 150 平方米，内设电脑室，物理、化学、生物实验室，储藏室及歌舞厅、会议厅等，该楼于 1994 年 5 月动工，1996 年交付使用。

王兆松楼：由马来西亚侨领王兆松先生亲属捐款 75 万元重建。

校友楼：2008 年百年校庆期间建成使用，700 多位校友共捐赠了 220 万元。其中个人捐赠最多的是海南现代科技集团董事长邢诒川先生，共捐赠 100 万元。来自澳大利亚的 28 名校友和 10 多位海外乡亲捐款 20 万元。

思源教学楼：2009 年 11 月建成使用，建筑面积 3 536 平方米。该项目为文昌市高中集中办学布局调整一期工程项目之一，此项目兴建了一批教学楼、教师宿舍及学生公寓等设施，香港企业家邢李㷆先生共捐资约 1 201.5 万元。此外，邢李㷆先生还捐资 300 万元建造学校新校区综合楼。

陈文民教学楼：由香港企业家陈文民先生捐资 300 万元，于 2010 年 4 月建成，建筑面积 5 712 平方米。另外，陈文民先生还捐资建造学生宿舍楼。

陈川庆音乐厅：由泰国中南集团陈川庆先生捐资 20 万元兴建，建筑面积 288 平方米，2013 年 3 月建成。

求真亭、聚贤亭：2010 年建成。位于思源教学楼前，为八角重檐亭，由三联矿业有限公司云天礼夫妇捐资 70 万元兴建。

陈世英办公楼：由香港商人陈世英先生捐资 80 万元兴建。

黄守江楼：由文昌市春光食品有限公司原董事长、文昌椰苗助学基金会名誉会长黄守江先生全额捐资 158 万元兴建，建筑面积 434 平方米，2013 年 3 月建成并投入使用。

陈列馆：由香港文昌同乡会会长陈闪先生捐资 100 万元兴建，建筑面积 388

平方米，2013 年 3 月建成。

　　文昌中学不负众乡侨的厚望，办学质量、教学水平不断提高，在全省、全国各项评比中取得优异成绩。1959—2008 年，有 38 人考取清华大学、42 人考取北京大学；1958—2008 年，该校获得国家级奖励 69 项；1983—2008 年，该校教师荣获省级、国家级奖励 147 项。[①] 1992 年，文昌中学被评为全国重点名校。2013年，文昌中学被国家体育总局授予"2009—2012 年度全国群众体育先进单位"称号，被清华大学评为"新百年领军计划"优质生源基地，成为北京大学"中学校长实名推荐制"推荐资质学校。2013—2018 年，文昌中学被省教育厅授予"实验教学优秀示范学校""现代教育技术优秀示范学校"称号，被省考试局评为国家教育考试标准化考点等。近年来，师生参加各级各类比赛共获得表彰奖励412 项，其中集体荣誉类 10 项、教学技能类 3 项、教师个人荣誉类 10 项、教师辅导类 100 项、教育教学论文类 58 项、多媒体课件类 34 项、科技创新辅导类 25项，学生获奖有 172 项。[②]

1984 年至 2008 年海外华侨华人、港澳台同胞捐资文昌中学芳名录[③]

中国香港：

邢李㷧	潘正洲	陈世英	陈文民	邢福成	韩子敬	邢诒川	黎辉炳
黎志桐	黎传书	潘　材	蔡天富	韩阳光	谢晋铭	曾传赀	黄有雄
黄守正	郭远世	郭书强	林鸿镇	林金花	符致兴	符爱容	符气良
陈嘉琛	陈献忠	陈国清	陈玉川	陈其生	陈华京	陈长材	周成震
周成泰	李异友	吴淑仁	吴多泰	吴多旺	何兆东	何万章	邢诒跃
许声照	吕诗桐	刘庆盈	叶保容	叶世椿	卢勇文	冯建中	陈升国
吴春蓉	云天礼	符钟洁贞	陈符爱蓉	符致兴夫人		黄何婉玲	

香港海南商会　香港爱华基金会　三联矿业有限公司

泰国：

张光嶷	黄宏萱	陈修炳	吕先芙	齐必光	郑有英	林鸿鹏	韩泰畴
邱敦永	潘　财	潘先芴	潘于琪	潘正壮	蔡春福	蔡亚三	韩蓉元
韩程丰	韩晶元	韩海元	韩珍光	韩珊元	韩春元	韩俊元	韩经元
韩炬准	韩进光	韩载丰	韩文丰	韩秀英	韩大丰	曾纪蕃	黄善才
黄守英	符儒梁	符儒仙	符福书	符楣双	符策友	符敦雄	符鸿旭

---

① 黄必铨主编：《文昌中学　百年校史》，海南省文昌中学，2008 年，第 237 - 264 页。
② 文昌中学校史资料，学校办公室提供。
③ 黄必铨主编：《文昌中学　百年校史》，海南省文昌中学，2008 年，第 232 - 236 页。

符致森	符致炳	符致存	符积和	符祥全	符树逸	符树栅	符绍登
符国榜	符国煖	符国源	符国标	符和瑛	符和爱	符和茂	符和达
符应枢	符气铨	符气壮	符气华	符气石	符开源	符大应	符大光
符绍叁	翁文泉	祥泰隆	黄阿婉	李兴友	李振球	李忠善	云大钦
徐度亮	胡细丙	洪以连	郑有君	郑兰鸿	范南平	林道武	林道民
林鸿群	林鸿景	林鸿恩	林鸿顺	林鸿贵	林鸿门	林雪霞	林树松
林明禄	林明惠	林明桥	黄玉香	林明保	林明文	林文蔚	林尤澄
林尤模	林尤湖	林尤森	林尤崙	林尤仁	林曙光	周德涛	韩 华
周德芬	陈衔园	陈淑芬	陈加宁	陈秋鸿	陈明昆	陈其信	陈时琼
陈纪良	陈成楠	陈成桐	陈成宪	陈庆椿	陈华丰	陈玉谦	陈玉钧
陈文忠	陈升海	陈川熙	陈川木	陈正煌	陈 其	张光利	方是忠
吴振丰	吴乘福	吴钟纬	吴坤凤	吴多福	吴多禄	吴多鸿	吴多淅
吴多祯	吴连岳	余孙贤	邢群华	邢福菊	邢福致	邢福钦	邢福昆
邢福东	邢福干	邢益清	邢益财	邢益丰	邢定榜	邢定策	邢谷鸿
邢谷盛	邢谷顺	邢谷波	邢诒福	邢诒喜	邢诒鸾	邢诒驹	邢诒秉
邢诒连	邢诒扬	邢诒正	邢诒蝶	邢华玉	邢玉英	许竟泉	许诗标
许伟伟	许守福	吗哈猜	刘湘荣	刘卓荣	伍颖权	冯所兰	丘顺玖
韦儒德	王振昌	王录益	王大震	卫庆拾	冯所瑛	韩强元	

陈加宁志阳校董　吴氏宗亲会泰国基金会　泰国海南会馆

泰国北部同乡会　泰国海南商会　旅泰符氏观光团

泰国大城水尾圣娘庙　泰国符氏祖祠考察团

新加坡：

王振高	符致瑶	符国雄	陈泽平	潘先濬	潘先佩	潘正善	潘正连
潘正庄	谭显栋	谭显杨	谭运佩	谭文暸	谭运玘	詹道光	詹彩风
詹所楷	詹行銮	韩爎丰	符儒桐	符福君	符国波	符永英	符敦琴
符敦垣	符鸿濂	符鸿金	符鸿拔	符载柏	符祥春	符树李	符树民
符树天	符树丰	符昌新	符建轼	符国萃	符国校	符和通	符和泰
符和桂	符和伦	符伯华	符如山	符名濂	符名谦	符名洞	符名材
符名民	符史俊	符史青	符气腾	符气辉	符气紫	符之英	符大连
符大佈	罗秋蓉	钟祥光	周美芳	梁定华	顾维国	郭远栋	莫 河
翁世华	钟炎洲	赵玉山	郑庭藩	郑廷存	范基让	林家娥	林曙光
林博如	林鸿连	林婉鸾	林明南	林玉金	林尤琨	林尤利	陈维孟
陈春香	陈行南	陈有策	陈玉煌	陈玉驹	陈时泰	陈学汉	黄守锐
杨庆耀	李展球	李有仁	张新亲	张业权	何名通	许声标	朱运喜
华开瀛	龙程达	龙学端	叶保福	史立谐	卢 涛	邓章教	邓仁武

王禄清　王禄万　王康本　王振威　王其彬　王其仁　王志钢　王大蔚
王大聘　王大发　丁善汉　丁善文　吴多朝　宾臣心翰　五峰旅游公司

印度尼西亚：

李兴福　李兴存　邝再保

澳大利亚：

林尤昌　王玉芷　王大师　云逢鹄　王崖生　王金芳　王　健　陈升义
陈德清　陈剑芳　黎　红　黎　珍　吴　恒　陈江腾　符国鉴　符兴彦
符史鹏　符　栋　符之雄　符　金　张其驯　郭婴媛　林树揖　时莉珠
邢　壮　云永丰　吴英胜　唐汉蓉　王人庆　云明光　吴清煌　许环宁
云大绵　符傅生　韩训元　黄　文　翁秀蓉　符云月莲
澳大利亚新州海南同乡会

马来西亚：

黄循营　黄昭仁　范拔豪　黎玉环　林猷昌　陈秋花　邢福鑫　邢诒南
龙学品　王禄堂　王进琼　云逢豪　王兆松亲属　王弗诚

中国澳门：

欧国樑　王润华　澳门海南同乡会

巴西：

陈泽荣　邢益栋

丹麦：

韩辅丰　符德胜

法国：

符国平　符　丰　林　友　陈　和

美国：

符金梅　符　才　王伟光　符志锦　符　林　陈贻海　云适铠　云昌铭
吴安鹤　陈　丰　杨　明　冯克隆　林猷霞　林　中　黄河川　韩英定
韩佩影　詹开民　陈继平　高芳琼　林道谦　韩汪元　何国兴　林师雄
王赞利　陈嘉泉　潘先雄　吴多平　叶世漠　何风翔　韩碧娇　林清华
叶世棒　叶潘莉萌　符麟书夫妇　美国南加州同乡会

文莱：

韩琼元

英国：

李经国

日本：

黄东明

中国台湾：

萧伯松

图 4 - 42　文昌中学王兆松楼（符策龙拍摄）

图 4 - 43　文昌中学文焕章图书馆（符策龙拍摄）

图 4 - 44　文昌中学张光嶷科学馆（符策龙拍摄）

三、文昌华侨中学的发展

　　文昌华侨中学 1978 年复办后，受到侨界人士的大力支持，学校又迎来新的发展。1983—2006 年，文昌华侨中学获得华侨捐款共 1 148.98 万元，累计有 15 个国家和地区的 390 人次参加捐赠。[①] 先后建成十几栋钢筋水泥结构的教学楼、科学馆、图书馆、纪念馆、凉亭、行政楼、教工宿舍和厨房，并获赠一批图书资

————————

① 见文昌市华侨华人、港澳同胞捐赠款额统计表（1978—2007）。

料和教学设备。主要建筑有：香江堂、赵玉山图书馆、赵玉山行政楼、陈文民科学馆、郭开定科学馆、张从积纪念馆、朝锦亭、符传军教学楼、张学修教学楼、和谐教学楼、陈明谦教学楼、云海清教学楼、中心教学楼。

华侨华人、港澳台同胞捐赠主要事迹①：

1982年，由陈运宛、符绍吾、吴坤凤、符诗凤、何和冠、邢谷鸿、邢治正、邓仁武夫妇、李有仁、邱敦永、李兴存和澳大利亚海南同乡会、培群校友等捐资修建北区第一幢教工宿舍楼，高2层，建筑面积460平方米，有16个房间，并带庭院与厨房。

1983年，在香港海南商会会长黄坚发动下，由该会文昌籍乡亲捐建一座钢筋水泥平顶房，建筑面积282平方米，内设6套两房一厅式套间教师宿舍，命名为"香江堂"。同时，黄坚之子黄守正和吴淑仁等20多名乡侨合捐修建另一座教工宿舍，建筑面积314.4平方米，有11间教工宿舍，每间后面都配有厨房。②

图4-45　80年代初华侨捐建的教师宿舍之一（《文昌华侨中学　侨贤泽桑梓》第32页）

1984年，张新梧、詹道桓、张新梁、王安盛、潘正庄、詹达均等13名旅居印尼的乡亲和泰国吴氏宗亲会捐建一座两层教学楼，建筑面积600平方米，有6间教室。

1985年，华侨捐资修建西边教工宿舍西区两幢教师套间住宅楼，每幢高2层，建筑面积520平方米，有6套住宅。前一栋捐建者是陈泽平、黎国延、郭开华、许声标、罗雪英、罗豫环、黄循积、陈文就、高方富、郭远泉、黄有胜、史立谐、邓文珑、韩玉光、林师访、林道群、林日义、符永隆等，后一栋捐建者是符大应、符大光、符敦雄、黄闻

图4-46　文昌华侨中学校门（《文昌华侨中学　侨贤泽桑梓》第43页）

---

① 潘财军主编：《文昌华侨中学　侨贤泽桑梓》，2012年，第18-83页。

② 文昌市归国华侨联合会、《造福桑梓》编委会：《造福桑梓》，海南省新闻出版局，1996年，第26-27页。

彬、黄循澳、黄绍仁、黄宏萱、林猷模、林书权、范基让、詹行銮、符德胜、吴多福、吴坤成、符绍登、朱儒华、黄守瑗等。同年，香港侨胞陈文民捐资5万元、新加坡华侨郭开定（以郭新之名）捐资5万元，重修两层西教学楼，建筑面积639平方米，有6间教室。[1]

1986年，钟炎洲先生偕太太还乡，捐助5万元为学校修建仿古牌楼西校门。

1986年，张从积胞弟张从鹏及儿子张新梁、张新梧、张新栋、张新桓、张新椿，遵照先辈的嘱托，合捐6万元兴建张从积纪念馆。1993年，他们又捐资19万元修建第二层并为会议厅购置桌椅和茶几。

1986年，文昌籍新加坡侨领赵玉山先生独资捐建了一座造型独特的赵玉山图书馆，并赠送一套珍贵的《二十五史》和大批精美的图书。2006年，由于年久陈旧，赵玉山先生的子女赵锡强、赵锡胜、赵锡燊、赵宝华、赵宝玲捐款将图书馆全面改建成高5层的赵玉山行政楼。

图4-47　赵玉山图书馆（符策龙拍摄）

1987年，丹麦华侨吴多彬先生回文昌探亲时到侨中参观，体恤家乡学子读书辛苦，捐资4.1万元建造一方形凉亭。凉亭正对校门大道，建筑面积39.6平方米，屏风墙写着"团结爱校，尊师守纪，严教勤学，奋发进取"的校训，背面贴着6幅瓷砖制作的国画。周边有椰林、花卉、水池和假山，荫翳凉爽，不仅供莘莘学子课余歇息，亦为校园添一景观。凉亭匾额以其父吴朝锦题名，故又称为"朝锦亭"[2]。

1988—1989年，华侨捐资合计46.1万元，在北边修建了4栋教工宿舍楼，总建筑面积1 940平方米，

图4-48　朝锦亭（《文昌华侨中学　侨贤泽桑梓》第46页）

---

① 文昌市归国华侨联合会、《造福桑梓》编委会：《造福桑梓》，海南省新闻出版局，1996年，第28页。
② 檐下方写着"纪念先亲吴朝锦而建"。

极大地解决了教工的住宿问题。①

　　1991 年，郭开定先生把家族房产——位于海口市得胜沙路的大众旅店移交给文昌华侨中学，以其收入用于办学。

　　其他侨胞也捐建房舍多间，计有新加坡侨胞罗豫环、王雪英、许声标合捐教师套房两套，林道群、林日义、符永隆合捐教师套房一套，林师访、韩玉光、邓文珑合捐教师套房一套，黄有胜、郭远泉、史立谐合捐教师套房一套，高方富、陈文就、黄循积合捐教师套房一套，陈泽平、郭开丰、黎国廷合捐教师套房一套，范基让、黄守瑗、林书权合捐教师套房一套；泰国侨胞符大光、黄闻彬、符敦雄合捐教师套房一套，吴多福、吴坤成、吴乘福合捐教师套房一套，志阳兄弟旅行团和侨领吴多风各捐宿舍一间；新加坡侨胞林尤模、朱儒华和泰国乡贤符绍登合捐教师套房一套；新加坡侨胞黄循澳和泰国侨胞符大应、黄绍仁合捐教师套房一套；新加坡侨领詹行銮、丹麦侨贤符德胜、泰国侨领黄宏萱合捐教师套房一套；泰国侨胞张光利、陈成鑫、云逢凉、云大钦、邢谷鸿、齐必光、彭开益等七人各自捐建平顶教师宿舍一间；泰国侨胞刘衍佩、新加坡华侨苏庆位、菲律宾侨胞朱兴任各自捐建平顶教师宿舍一间；美国乡亲文华谦、泰国侨胞许诗城各自捐建平顶教师宿舍一间；美国华侨罗章英捐建宿舍一间；泰国华侨邢谷鸿、邢诒喜合捐宿舍一间；马来西亚侨胞何和琛、黄昌禄、林尤鹊、杨成裕、云昌泌、云昌潼、何美仪、周詹美琴、符致民、何和镖、王禄任、符和熙、丁善宛、周昌明和泰国侨胞云大钦、符致霜共同捐建教师住房两套。

　　1990 年开始筹建的中心教学楼倾注了许多乡侨的心血，特别是在李兴存、邢诒喜、陈文民、邓仁武等人热心发动下，文昌市副市长韩东川和文昌华侨中学校长罗家璧到新加坡、泰国等地拜访当地华侨，收获颇丰。计有中国香港及新加坡、马来西亚、泰国、印度尼西亚、丹麦、美国、巴西等十五个国家和地区的128 位侨贤总共捐资人民币 189 万元。② 1994 年建成的中心教学楼高五层，建筑总面积 3 081 平方米，有教室 24 间、教师办公室 8 间、辅导室 4 间，一楼至四楼均配备洗手间。主要赞助者包括：新加坡的李有仁、王振高、詹行銮、梁定华、吴和风、陈亚洲、郑庭藩、李之川、华开瀛、史立谐、邓文珑、陈泽平、潘正连、朱儒华、陈文海、云昌本、刘炎南、吴乾烈、陈行南太太、王其彬及其父亲、林明哲、林明浓、詹尊岛、林鸿任、詹道光、林明京、詹忠正、詹孝光、云德盛、黎日暹、符永英，泰国的邢谷鸿、韩吴淑英、吴乘福、云大钦、符大安、

　　①　文昌市归国华侨联合会、《造福桑梓》编委会：《造福桑梓》，海南省新闻出版局，1996 年，第 27 - 28 页。

　　②　潘财军主编：《文昌华侨中学　侨贤泽桑梓》，2012 年，第 17 - 53 页。

图 4-49 文昌华侨中学拱形校门（符策龙拍摄）

图 4-50 侨领太太们捐建的校道（《文昌华侨中学 侨贤泽桑梓》第 71 页）

图 4-51 文昌华侨中学陈文民科学馆（符策龙拍摄）

符永平、符绍吾，丹麦的符德胜，印度尼西亚的张新梁夫妇、张蔚传、张蔚强、李兴福，中国香港的林廷澈。

美化校园、硬化校道的项目几乎被那些热心参加捐献活动的侨领太太们包揽：1992 年，新加坡的钟炎洲先生偕太太黄梅花女士捐资 6 万元，修建一条长 130 米、宽 6 米的西校门大道；1992 年，印尼的李兴存太太庄绮美女士捐资 2 万元，修建长 124 米、宽 3.8 米的东纵道；1993 年，侨领赵玉山偕太太黄建新女士捐资 4.5 万元，建成长 185 米、宽 5 米的中校道；新加坡的詹行銮太太林慧玲女士赠建长 192 米、宽 3.8 米的中纵道；1993 年，巴西华侨邢益栋、陈泽华夫妇捐资 6 万元，修建一座彩虹型的西式大拱门——南校门。

此外，海外乡亲还给学校赠送了大批物资，包括电脑、电视、录音机、录像机、扩音器、打字机、电视摄像机、钢琴、图书等。其中，罗中栋先生赠扩音器一套，价值 5 000 元；李兴存先生赠苹果牌电脑 5 部，价值 2.5 万元；李有仁先生赠钢琴 2 部，价值 1.1 万元；张新梁先生赠电视摄像机 1 部，价值 1 万元；新加坡华人王振威先生、赵玉山先生等赠大批图书。

2000—2011 年，先后建成的有香港同胞陈文民先生捐建的陈文民科学馆、符传军先生捐建的符传军教学楼、张学修先生捐建的张学修教学楼、郭远奇、陈赞荣、吴荣堃、曾纪明、张业勇、符杰等人捐建的和谐教学楼，新加坡侨领赵玉

山先生之公子赵锡强、赵锡盛和赵锡燊捐资修葺的赵玉山图书馆和赵玉山行政楼，香港同胞陈明谦先生捐建的陈明谦教学楼，云海清先生捐建的云海清教学楼。

文昌华侨中学的捐赠者中，因表现突出（捐款数额 5 万元以上）而获得省、市政府奖励的有 7 位乡侨。其中获得文昌县人民政府授予"造福桑梓典范"称号的有郭开定、赵玉山、钟炎洲和陈文民。陈文民被海南省和文昌市授予"爱琼赤子""造福桑梓楷模"等光荣称号；香港同胞云海清先生被海南省人民政府授予"赤子楷模"称号；香港同胞张学修先生被海南省人民政府授予"赤子楷模"、文昌市人民政府授予"椰乡赤子"荣誉称号。[①]

学校办学条件和教师生活条件的改善，促进了教学质量的提高。文昌华侨中学连续多年荣获市高、中考成绩优秀奖。2006—2010 年连续 5 年高考录取率90% 以上，中考成绩也名列全市前茅。学校秉承"全面发展、彰显侨牌、体艺见长"的办学特色，注重培养学生的综合素质，先后成立了舞蹈团、管乐团、民乐团、合唱团、美术班和体育特长生培训班，每年都向全国各大艺术院校、体育院校输送五六十名优秀毕业生，在省、市级各类大型文艺汇演中频频夺奖。2007—2013 年，学校先后荣获"全国校园文化建设先进单位""全国学校艺术教育先进单位""全民健身与奥运同行活动先进单位""全国红十字模范校""中国未成年人网脉工程实践基地""全国教育科研先进学校"等国家级荣誉 20 多项；荣获"海南省校容校貌一等奖""海南省卫生先进单位""海南省健康教育教学示范学校""海南省校本培训示范学校""海南省师资培训工作先进单位""海南省信息教育技术优秀单位""海南省学校预防艾滋病健康教育教学示范学校""海南省基础教育课程改革实验工作先进集体"等省级以上荣誉称号 40 多项。[②] 2012 年11 月 24 日，文昌华侨中学通过省完全中学一级（甲等）学校办学水平督导评估。[③]

文昌华侨中学是文昌县第二所县级高级中学，其意义非凡。正如 1994 年 4月 1 日学校教学大楼落成典礼上，89 岁高龄的新加坡侨领赵玉山在致辞中所言："我祖籍文昌，因时代环境之恶劣，人民要受到高等教育是很少有机会的，因为彼时文昌县的高等学府只有蔚文书院一间……后改为文昌县立中学，文昌的中学教育，不增不减只有一家而已。常年招考新生，录取规定綦严，向隅失学者，不

---

①　潘财军主编：《文昌华侨中学　侨贤泽桑梓》，2012 年。

②　文昌华侨中学校史资料，学校办公室提供。

③　韩鑫畴、林诗锐：《文昌华侨中学通过省完全中学一级学校办学水平督导评估》，文昌市广播电视台，2012 年 11 月 26 日。

胜枚举，好学者没有进修之地，不得已负笈寻师不知凡几……"① 正是一言道出文昌的教育窘境和游子的苦楚。

图4-52　文昌华侨中学艺术馆（符策龙拍摄）

文昌华侨中学华侨、港澳台同胞捐款捐物芳名录②

新加坡：

赵玉山　赵锡强　赵锡胜　赵锡燊　赵宝华　赵宝玲　赵黄妃　邓文珑

邓仁武　邓文礼　邓仁喜　云昌本　云德盛　王振高　王其彬　王禄谦

王玉花　王雪英　王漠仁　王爱生　王其琳　王振威　王莆祥　王大就

王禄植　王振敬　王其彬父亲　尤学佩　史立勉　史君国　史立谐　史立博

卢　涛　龙爱华　龙程逵　刘炎南　刘秋艳　朱儒荣　朱学锦　朱运江

朱儒华　朱德宪　华开瀛　华开梁　郑庭藩　邢舍花　何和冠　范基让

周怀腾　许声标　苏庆位　吴定嘉　吴和风　吴乾烈　吴可训　吴丁炎

吴氏公会　陈有策　陈行仟　陈亚洲　陈文海　陈琼英　陈文就　陈序传

陈泽平　陈明浩　陈行南太太　罗豫林　罗豫环　林道镈　林尤模　林明京

林道椿　林鸿任　林明哲　林明浓　林鸿图　林鸿海　林日义　林尤彰

林师访　林鸿河　林道群　林书权　李有仁　李之川　李南芳　梁定华

高方富　符绩庆　符永良　符建轼　符廷元　符伯华　符致趋　符儒第

符国雄　符永英　符致珊　符永隆　郭开定　郭远泉　郭开封

① 潘财军主编：《文昌华侨中学　侨贤泽桑梓》，2012年，第58-59页。
② 潘财军主编：《文昌华侨中学　侨贤泽桑梓》，2012年，第133-139页。

郭新父子有限公司　钟炎洲　黎国廷　黎日逻　蔡兴荣　潘正连　潘正巨

潘正洲　潘于剑　黄循顺　黄循积　黄守瑗　黄循澳　黄有胜　黄建新

韩玉光　韩炳光　詹行銮　詹所楷　詹忠正　詹孝光　詹道光　詹尊岛

詹尊海　詹尊洲　詹美英　詹尊泮　詹氏公会　新加坡培群校友

泰国：

云大钦　云大珍　云昌锦　云逢凉　云茂炳　王大和　齐必光　刘衍佩

邢谷鸿　邢诒喜　邢福昆　邢诒正　邢诒博　邢福致　范南平　许诗诚

冯所英　吴乘福　吴坤凤　吴淑英　吴多福　吴钟纬　吴伴云　吴多凤

吴坤成　吴万椿　吴世诗　吴家富　吴多兴　陈修炳　陈运宦　陈幼岱

陈川木　陈运宛　陈成鑫　陈华本　陈超江　陈百川　陈成发　陈家宁

陈贻汉　邱敦永　张光利　张秀英　祥来裕　林鸿鹏　林天凤　林鸿景

符大安　符气学　符绍吾　符大应　符永平　符绍登　符敦雄　符德盖

符绍导　符诗凤　符大光　符楣双　符致霜　符致万　符儒仙　彭潮辉

彭秉生　彭惠成　彭开益　彭文兴　彭大立　彭雨金　彭敬源　彭琼标

郭诗兴　黄宏萱　黄闻彬　黄守财　黄绍仁　黄兹全　傅佑盈　曾任芬

曾传益　潘正吉　韩岗畴　韩经丰　韩柏元　韩秋梅　韩尉元　韩载丰

韩道准　韩雷生　韩炬准　韩吴淑英　詹尊霖　詹尊槐　詹吴爱梅

海南陈家社　海南吴氏宗亲　泰国海南会馆　挽赐正顺圣娘庙

洛坤海南同乡会观光团　旅泰华侨志阳兄弟旅行团

中国香港：

黄　坚　黄守正　黄百雄　陈文民　陈明谦　陈赞荣　陈家琛　陈世英

陈献忠　陈献春　周成泰　云海青　云天礼　叶世椿　叶保容　卢勇文

朱儒祥　冯建中　吴多泰　吴淑仁　吴钟垣　吴堃荣　张学修　张业勇

林延澈　郭远奇　符传军　符　杰　符国波　符气光　符气良　符　丽

符气劲　符树梧　曾纪明　曾传贲　潘正洲　潘莉萌　云海清

爱华基金有限公司

印度尼西亚：

张从积　张从鹏　张新梁　张新梧　张新栋　张新桓　张新椿　张蔚强

张蔚传　张丽莉　张丽花　张新财　王安盛　李兴存　李兴福　庄绮美

陈大琼　林鸿校　符玉兰　詹道钧　詹尊镒　詹道川　詹道枢　詹道专

潘正庄　潘正清　潘家海　潘家钰

马来西亚：

丁善宛　王禄任　云昌泌　云昌潼　朱儒桥　邢诒盛　何和琛　何和璧

何和镖　何美仪　周昌明　冯所英　许振榜　林尤鹊　陈家积　杨成裕

符之庆　符致民　符和熙　黄昌禄　黄绍仁　詹美琴　朱章锭太太

美国：

符麟书　符季淑　符致逢　文华谦　王兰英　阮玉兰　严福来　林达三
罗章英　林舜英

澳大利亚：

王大师　王大聘　陈礼奉　陈闻清　陈维孟　冯所炎　林尤昌　张月娥
澳大利亚琼侨同乡会

巴西：

邢益栋　陈泽华　陈泽荣

丹麦：

符德胜　吴多彬

加拿大：

吴文琦　许声照　陈行有

德国：

骆　英

文莱：

韩勉元

法国：

陈　和

菲律宾：

朱兴任

巴拉圭：

张其昌

四、侨乡学校撤并和教育振兴计划

2001 年，海南省实现基本普及九年义务教育以及农村税费改革后，教育进入巩固和提高的新阶段。海南省人民政府提出进一步调整中小学布局精简优化教职工队伍的改革意见，按照"统筹规划、分步实施、合理布局、提高效益"的原则，拟用三年左右时间，通过调减中小学数量、扩大学校规模，实现合理配置教育资源、提高教育投资效益和教育质量的目标。根据规划，从 2001 年至 2005 年，小学在校生规模稳中有降，初中在校生有较大增长，普通高中在校生有大幅度增长，由此开始了全省各市县乡镇"撤点并校"的调整。具体调整目标：农村小学重点是调整村办小学和教学点（含初小），完全小学服务半

径为 2.5~3 公里，打破村村办小学的格局，推进村与村联办小学，尽可能扩大完全小学的规模，调整后平原地区农村完全小学达到每个年级两个平行班、每班 45 人，山区农村完全小学达到在校生 200 人以上；初中原则上每个乡镇办一所初中，规模小的举办九年一贯制学校或联乡办初中，有计划分步骤撤并一些规模小、质量差、效益低的初中，调整后农村初中一般要达到 12 个教学班、班额 40~50 人，4 万人以上的乡镇可设两所学校，边远山区的初中至少每年级两个班，每班 50 人以内；在城市和市县城区扩大普通高中和完全高中的办学规模，重点学校逐步实行初高中分离办学，对一些规模小、质量差、效益低的完全中学高中部，视其布局，或撤并或暂停高中招生或增加投入，改善办学条件，充实师资力量提高规模与效益，调整后普通高中办学规模至少达到 18 个班，每班 50 人左右，完全学校的高中须具有 4 个以上平行班，在校生不得少于 500 人。对个别偏远地区的学校规模问题、低龄学生上学问题和调整后校产处置问题等，调整规划也提出了特别处理的意见。①

文昌许多乡村学校在调整政策下面临"撤点并校"，为了保留学校继续招生办学，经过学校、村委会和政府主管部门协商，提出由学校和村委会共同推出振兴计划，动员乡侨合力解决困难，不仅保住了侨办学校，而且使之成为新农村示范学校。笔者就此走访了几所被列入撤并，整改后继续办学的示范学校——文昌市昌洒镇的彰善小学和昌洒华侨学校，以及位于偏僻乡村的联成小学。

（一）彰善小学

彰善小学位于海南省文昌市昌洒镇昌桐村，是宣统元年（1909）创办的国民小学。最初学校是在昌桐村符氏祠堂上课，仅有学生七八十人、教师 3 位。1939 年日本侵略海南岛后，在学校附近的昌桐坡修建炮楼建立据点，学校被迫停办，1945 年抗战结束后复办。20 世纪 50 年代初期，彰善小学和慈本小学合并，学生 400 多人，教师十几名，是当时昌洒镇上规模第二的小学，因此更名为昌洒第二小学。60 年代学校增设初中班，更名为昌桐学校，并在东泰山村三角路附近增设了小学部的分校。后来撤去初中部，更名为昌桐小学，1976 年恢复原名彰善小学。

1978 年改革开放以来，该校多次得到众乡侨的捐助。1983 年，旅居新加坡的昌桐村侨贤符家蒋、符家议、符明文和兰家村侨贤符致瑶、符开展诸先生带头并发动众乡亲捐资，共有 94 名乡侨捐款 119 305 元叻币和 5 000 元人民币，折合

① 海南省人民政府办公厅：《海南省人民政府办公厅关于进一步调整中小学布局精简优化教职工队伍的意见》，2001 年 3 月 30 日印发。

人民币约 30 万元。① 据韩帅校长介绍，这是 1950 年以来该校最大一次重修工作，新建校舍 5 座，校园占地 565 亩，建筑总面积 3 319 平方米，成为该镇率先消灭危房的学校。②

2003 年，该校逐渐陷入困难，教学质量严重下滑，学生严重流失，只剩下五六十人，且教师人心不齐，队伍不稳，百年老校面临撤并、学生无学可上的困境。2006 年，学校与村委会提出振兴计划和总体规划，并得到教育厅扶持成为"三小工程"示范点。在多方努力下，旅居海外众乡侨以及社会热心教育人士捐资共 550 万元。其中旅居新加坡华侨、电气工程师符懋宝乡贤贡献最大，从 90 年代开始多次返乡探亲和捐助学校。他听说学校将被撤并，便召集校董会（2013 年改为文昌市昌洒镇彰善小学教育基金会）商议振兴计划，并陆续捐款共 330 多万元，建造教学综合楼一栋、教师公寓两栋、学生公寓一栋，并配置电脑、安装空调、完善音乐和体育等教学设施。2010 年，符懋宝先生以双亲的名义为该校捐建了一栋多媒体教学楼。除了本人捐助，他还积极联络海外乡亲参加捐助。2011 年 8 月，他说服美国乡侨符标雄先生为该校捐赠 30 部电脑，价值 10 万元人民币。③

华侨捐资助学为该校的发展注入新的活力，学校一年一台阶，稳步发展。该校得到海南省教育厅和文昌市教育局的支持，被定为"三小工程"示范点，不仅避免了被撤并的命运，而且遏制了下滑的趋势，逐渐恢复了原先的活力。从 2007 年秋季开始扩招，增设了农村小学寄宿，学生人数增加到 267 人，其中有 98 人全托寄宿。在振兴计划的实施过程中，该校配备了电脑室、实验室，学校图书馆面积 130 平方米，藏书量 3 862 册，同时又获得了国家的 5 万元的图书扶持。在振兴计划的扶持下，学校的教学环境、师资力量、办学条件得到了极大的改善。新建了三层综合教学楼共 426 平方米、三层教师宿舍楼 2 栋共 783 平方米、两层学生公寓楼共 530 平方米、一个小食堂共 146 平方米、舞蹈室和两层综合楼一栋共 315 平方米，增加多媒体教室电脑 10 部，重新修建围墙和大门，修建沼气池和厕所 60 平方米，硬化校道 585 米，架设校园路灯 18 盏，以及种植各种花卉和铺设草坪，通过美化、净化、绿化、优化校园，使该校成为一座美丽的花园式学校。2008 年 9 月被海南省教育厅评为省级文明安全、文明生态示范学校，2009 年 12 月被评为文昌市普通小学规范学校，2012 年被评为海南省普通规范化学校。④

---

① 彰善小学华侨捐助芳名录资料。
② 彰善小学校史资料，学校办公室提供。
③ 彰善小学校史资料，学校办公室提供。
④ 彰善小学校史资料，学校办公室提供。

图 4 – 53　彰善小学大门

图 4 – 54　彰善小学综合教学楼

图 4 – 55　彰善小学捐资办学芳名录

（二）昌洒华侨学校

昌洒华侨学校位于昌洒镇东泰山村，是 1982 年创办的公办完全小学，初时有100 多名学生，最多时有 210 名学生。2004 年学生仅剩下 30 名左右，教师流失严重，学校难以为继，被列入撤并对象之一。该校决定加入振兴计划，重新扩建。

2005 年，旅日华侨符明潮、香港同胞符明清和黎垣清等人发起捐资活动，并在香港注册慈善公益机构"（香港）海南文昌市昌洒华侨学校教育基金"（www. hainanefund. org）。符明潮先生还多次自费到澳大利亚、美国、新加坡、马来西亚、印度尼西亚等 10 多个国家，发动海外侨胞捐助学校，先后募集资金合计 350 万元，其中符先生个人捐款 15 万元，他因此被选为永久名誉理事长。在捐款芳名榜中还有日本、英国等国的国际友人，其中日本徐康先生捐资 58 万元兴建"徐氏兄弟体育馆"。学校增设了实验室、体育室、多媒体教室、仪器室、电脑教室、图书室等功能设施，在国家政策引导下推行寄宿、日托、走读"三位一体"的办学模式,把学校办成新农村示范学校。2007 年全校教学班 6 个,教职员工 15 名,在校学生 293 人,其中有寄宿生 160 人、半托生 66 人。2008 年被文昌市评为规范化学校,同年又被省评为安全生态文明示范学校,2009 年被省评为规范学校,2011 年被省评为文明礼仪教育示范学校,2012 年被省评为先进集体,2013 年被评为学校体育工作先进单位。[1]

符明潮先生出生在昌洒镇东泰山村,6 岁随父亲到香港,后赴美国攻读国际注册会计专业研究生并顺利毕业,在香港东方海外货运集团日本分公司担任财务总监,兼任日本海南商会会长。因母亲思念家乡回来居住,他每年都回乡几次以探望母亲,每次都在老厝小住几天。在老家期间,他一定到学校看看,听取理事会汇报情况,了解学校存在的困难,再想办法解决。符明潮先生为该校题词:"华族智谋兴教育,侨民解囊育英才,学子求知报祖国,校园添秀换新颜。"他说,这也表达了所有海外乡亲心系桑梓、捐资助教的心愿。

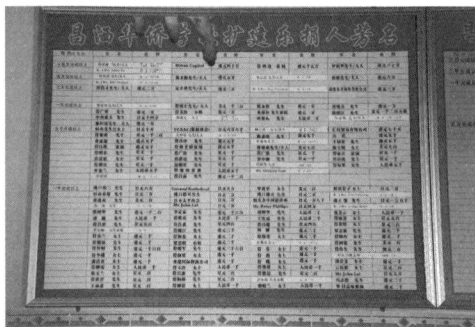

图 4-56　昌洒华侨学校扩建部分芳名榜

图 4-57　昌洒华侨学校大门

图 4-58　昌洒华侨学校教学大楼

图 4-59　符明潮先生的题词

---

① 昌洒华侨小学校史资料,学校办公室提供。

图 4 - 60   2019 年夏季昌洒华侨小学优秀毕业生奖学表彰会

（三）联成小学

联成小学位于文昌市昌洒镇龙田村，其前身是清光绪二十三年（1897）拔元陈业骏创办的私塾抱才小学。1951 年，先后改为文昌六区第五完全小学、第三小学，1958 年改为联成小学至今。"联成"名称取义"联恩无涯情结桑梓捐资行善道，成史有鉴义系故乡建校永流芳"。由于历史原因，1996 年，学校校舍破损，教学设施陈旧，人员流失严重，仅剩下 18 名学生，几近关闭。同年夏天，本籍香港同胞陈业进回乡目睹此景，心急如焚，便与退休干部陈业睽、陈忠行、陈忠福、陈忠秦、陈业宴、陈业浓等商量，决定成立学校董事会（后改为联成小学基金会），并带头捐款 19 900 元。经校董会的努力，学校得到政府的"扶教兴学"支持，于 1996 年 9 月复办完全小学，教师学生 143 名。在校董会发动下，从 1996 年 8 月至 2000 年 5 月，共有 400 多名海内外乡侨捐资 90 多万元，其中旅居新加坡华侨叶保山捐资 48.6 万元，捐建一座三层教学楼、一间教师宿舍和学校大门。①

联成小学位置较偏僻，主要为周边 20 多个自然村的孩子提供义务教育。为

———

① 联成小学校史资料。叶保山，1940 年出生于新加坡，祖籍昌洒镇抱才村，新加坡工艺学院毕业后在荷兰、英国公司当销售员，1969 年创办亚洲机器有限公司，70 年代又创办亚洲冷气机有限公司，专营各国水泵、发动机、冷气机供应和维修业务，成为新加坡工商界名人。80 年代几次陪母亲回乡，热心家乡公益，先后捐款赞助联成小学、华侨小学、昌洒华侨医院、文昌县人民医院、打井、修路、筑堤防洪、拉电照明等。1993 年被文昌县人民政府授予"造福桑梓模范"荣誉称号，1998、2006 年被海南省人民政府授予"爱琼赤子"荣誉称号。

了适应教育发展的需要，叶保山等众乡侨陆续捐资修建学校食堂、学生宿舍，购买电脑、图书和美化校园，不断改善办学条件。2012 年，在校生 183 人，其中寄宿生 140 名。①

图 4 - 61　联成小学大门

图 4 - 62　联成小学叶保山教学楼
（王澍拍摄）

图 4 - 63　联成小学捐款建校芳名录
（王澍拍摄）

图 4 - 64　联成小学食堂（王澍拍摄）

① 《昌洒联成小学：满溢华侨情　浸透群众爱》，《今日文昌》，2012 年 4 月 1 日。

第五章　琼海华侨捐助办学

琼海是海南重要的传统侨乡，民国时期至今不断有华侨积极捐助家乡办学，侨助学校遍布各乡镇，并出现有一定影响力的华侨学校。特别是 1973 年海南遭受特大台风影响，琼海大量房屋倒塌，县城嘉积镇几乎夷为平地。许多学校面临重建的困难，幸亏华侨伸出援手，解决了侨乡学子就读问题。

第一节　琼海华侨捐助办学概况

一、民国时期琼海华侨捐助办学

据《琼海市华侨志》记载①，琼海市华侨捐助办学的历史可追溯到晚清时期，最早是在清光绪年间，由旅居南洋各埠的华侨筹款兴办会同县创办迈往学堂。

民国时期，琼东县、乐会县有一定规模的学校是广东省立琼崖中学、琼东初级中学、乐会县立初级中学。1921 年，南洋各埠华侨捐献大洋 10 万余元，筹建琼东初级中学。1922 年 2 月，民选县长王大鹏派孔复初、黎海初、林学初等到新加坡、马来亚发动华侨捐助银圆 10 万余元，建起校舍 40 余间。1925 年，琼东初级中学、乐会县立初级中学扩建校舍，各界人士共赞助经费 4 595.35 银圆。琼东县创办嘉积农工学校之初经费困难，校长罗汉、教务主任王文明到新加坡、马来亚等地向华侨募捐，共筹集建校款 9 000 元叻币。1930 年，星州（新加坡）华侨王绍经捐资给乐会县立初级中学（后改为乐会县简易师范学校、琼东县立简易师范学校、琼海师范学校），修建了一座钢筋水泥结构的图书馆，称"绍经图书馆"。1934 年，广东省立第十三中学（今嘉积中学）准备开设高中班，由于校舍不敷，校长黎宗铄派员到南洋向华侨募款 10 万元，在大春坡修建一栋钢筋水泥结构的教学大楼（1939 年夏该教学大楼被日本侵略者夷为平地）。

---

① 王桢华主编：《琼海市华侨志》，北京：中国文联出版社，2007 年，第 139 – 147 页。

1938—1942 年，新加坡华侨王先明牵头捐款给家乡朝阳乡文岭小学，并发动乡侨募捐。他们克服种种困难，将款项按月分批汇回，先后扩建 4 间教室、添购桌椅等，解决了村里子弟上学难问题。王先明去世后，其儿子王裕盛秉承父亲义举，继续捐助家乡文岭小学。王先明父子不惧战争困难为家乡捐资兴学的事迹广为传颂。同时期，新加坡华侨王绍经派儿子王先树回乡兴办实业，捐资在乐会县简易师范学校兴建王绍经图书馆。至 1949 年，乐会县、琼东县共有中小学 353 所，其中华侨集资兴办的中小学 183 所，约占学校总数的 52%。

二、1950—1978 年琼海华侨捐助办学

1950 年 4 月，琼东县人民政府接管学校后，对全县中小学校进行调查摸底，次年开始调整。1950 年 4 月至 1951 年 4 月，琼东县有中学教职员共 49 人，学生 832 人；高小学校 30 间，学生 3 268 人；初小学校 207 间，教职员 245 人，学生 7 081 人；社教小学 244 间，学生 6 676 人。[①] 问题比较突出的是社教小学，主要存在问题是：分布很不平衡，有些乡内学校分布密集，3 里路内就有 3 间学校，但教师和学生少，经费不足，教学质量难以保证。例如千秋乡就有合水、厚丰、古楼 3 间学校，每间学校仅有不到 20 名学生，校舍设在祠堂内，没有图书室、办公室、厕所和厨房。报告认为，之所以出现这么多学校，是因为"闹宗派，闹地方主义，互争门面，摆架子"[②]。经费方面，调整前，除了琼东附城、长坡、烟塘、大路、嘉积 5 间小学的经费由政府拨款外，其余 239 间小学的经费主要依靠学费，其次是校董会募捐，乡村学校大多依靠稻租、鸭租、船渡租和侨汇维持，有些依靠搬运工人维持（嘉积镇溪头小学、西江小学）；有些学校校董会募捐不到费用，只好提高学费和降低教师工资。至 1952 年春，琼东县社教小学从原来的 244 间、904 个班级，调整为 160 间、411 个班级。[③]

20 世纪五六十年代，东南亚地区发生"排华"事件，大批华侨被迫回国。为解决归侨、侨眷子女上学问题，琼海县革命委员会决定兴办华侨学校，以国家拨款和华侨、归侨、侨眷、港澳同胞捐助的方式筹集资金，先后创办了 5 间华侨学校，分别是：1952 年在福田公社培文大队创办的培文小学、1953 年在朝阳公社莫村大队创办的莫村附中、1954 年在乐会公社中原墟创办的琼海华侨中学、1957 年在龙江公社创办的龙江中学、1962 年在九曲江公社乐群大队创办的乐群

---

① 《琼东县人民政府文教科一年来的工作总结》，琼海市档案馆，1951 – 2。
② 《琼东县小学调查总结报告》，琼海市档案馆，1951 – 2。
③ 《琼东县小学调查总结报告》，琼海市档案馆，1951 – 2。

华侨小学。

从 1951 年至 1977 年，琼东县、乐会县华侨和港澳同胞捐助办学款项合计 99 万元。[1]

1966—1976 年"文化大革命"期间，海外关系被当作"资本主义"，侨资侨校被斥为"崇洋媚外"，华侨与故乡的联系基本中断，华侨捐助办学陷入停顿。

1973 年，琼海县遭遇 14 号强台风袭击，许多房屋倒倾，县城嘉积一夜之间几乎被夷为平地。琼海面临全面重建的巨大压力。当时全县有小学 326 所，中学 22 所，师范学校 1 所。台风后抢建了一批平房教室，几年后校舍大多成为危房，经抢修仍有 34 204 平方米危房，其中一级危房 21 050 平方米，并且有桌椅 5 050 多套需要更换。琼海经济发展较慢，教育经费投入严重不足，1953 年全县教育拨款 150 万元，1982 年是 406 万元，30 年间仅增加 1.7 倍。[2]

三、1979—2012 年琼海华侨捐助办学

1978 年改革开放后，琼海县政府提出"五个一点"的办法，即国家拨一点、区乡支持一点、群众自筹一点、华侨港澳同胞捐助一点、勤工俭学解决一点。改革开放头几年，琼海华侨捐助办学由小学而中学，捐款主要用于维修危房、修建教室。1979 年琼海县接受华侨、港澳同胞捐赠总值人民币合计 156 500 元，全部用于修建学校和扩充教学设备；1980 年捐赠总值为 396 900 元，其中 345 600 元用于修建学校和扩充教学设备；1981 年第一季度捐赠总值为 24 087 元。1979 年至 1981 年上半年，琼海县利用华侨、港澳同胞捐赠资金修建学校共 19 间。[3] 1981 年，琼海华侨、港澳同胞以集体或个人名义捐助办学的款项合计人民币 588 726.3 元，捐赠桌椅、汽灯、球架、手风琴和架设电灯等实物折合人民币 7 140 元，琼海华侨中学和 33 所小学获得捐赠（见 1979—1981 年琼海县华侨、港澳同胞捐助办学情况汇总表）。[4]

1980 年，中共中央、国务院发布《关于普及小学教育若干问题的决定》，提出要用两三年或稍长时间，实现"校校无危房，班班有教室，学生人人有课桌

---

① 王桢华主编：《琼海市华侨志》，北京：中国文联出版社，2007 年，第 141 页。

② 琼海县人口普查办：《关于我县人口文化程度状况的分析》（第三次人口普查），琼海市档案馆，1983 - 56 - 5 - 50。

③ 琼海县侨务办公室：《一九七八至一九八一第一季度接受捐赠情况统计表》，琼海市档案馆，1981 - 14 - 6 - 150。

④ 琼海县侨务办公室：《华侨、港澳同胞捐赠建校办学情况汇总表》，琼海市档案馆，1981 - 56 - 41。

凳"的目标，即"一无两有"。海南行政区要求琼海县1983年实现"一无两有"的目标。1983年6月23日，琼海县人民政府提出"发动群众捐资办学"的设想①，采取多种形式筹集资金，解决办学经费困难问题。同年，琼海县教育局发出《积极鼓励华侨港澳同胞捐资办学》的倡议，通过多种渠道鼓励华侨港澳同胞踊跃捐资办学，全县21个区中有14个区得到华侨港澳同胞捐助办学，其中九曲江区表现突出。1979年，祖籍琼海九曲江乐群乡的香港同胞何万章和黎传书率先捐助建校经费3万元。② 至1984年，九曲江区有72位海外华侨和港澳同胞共捐款12.22万元，修建了乐群小学大楼，面积720平方米，还有师生宿舍、厨房各一座。③ 1983年，琼海县共获得办学经费439.6万元，其中国家"一无两有"补助款60万元，救灾、"老少边穷"、民族教育补助款24.3万元，地方财政拨款57.3万元，地方厂矿支持48.4万元，学校自筹41.2万元，群众筹款107万元，华侨华人、港澳同胞捐款75.2万元。全县154所中小学新建、拆建校舍39 640平方米，维修校舍12 468平方米，1983—1984学年度全县入学率99.1%，在校生巩固率96%，较好地实现了"一无两有"的目标。④ 可见，通过多种渠道筹集经费，尤其是发动海内外乡亲踊跃捐资办学，是琼海侨乡能够克服重重困难兴办教育的主要原因。

1979年至1984年12月，琼海共有89所中小学接受侨胞捐助，华侨、港澳同胞捐助办学款项合计263.631 7万元，维修危房604间、面积23 299.05平方米；建设校舍合计83 267.21平方米，其中钢筋水泥结构的教室830间；捐赠潭门中学等14所中学款项合计29.838 7万元（见1979—1984年琼海县华侨、港澳同胞捐助办学情况表）⑤。

社会力量捐助办学，缓解了经费压力。1980年，琼海基本实现普及小学教育，成为广东省第一批普及小学教育先进县。琼海先后荣获"全国教育先进县（市）""全国普及九年制义务教育先进市""全国扫盲先进县"等荣誉称号。

---

① 琼海县人民政府：《进一步发动群众捐资办学，力争今年基本实现"一无两有"的设想》，琼海市档案馆，1983 – 56 – 5 – 50。

② 广东省革命委员会办公厅：《关于接受何万章、黎传书捐赠办学经费的复函》，琼海市档案馆，1979 – 14 – 6 – 093。

③ 琼海县教育局：《积极鼓励华侨港澳同胞捐资办学》，琼海市档案馆，1984 – 56 – 2 – 54。

④ 琼海县教育局：《发动群众办学，改善办学条件》，琼海市档案馆，1984 – 56 – 2 – 54。

⑤ 《琼海县 1979—1984 年校舍建设（修缮）情况表》，琼海市档案馆，1984 – 56 – 2 – 54。

表 5－1　1979—1981 年琼海县华侨、港澳同胞捐助办学情况汇总表

捐赠学校	项目	金额/元	实物名称	价值/元	捐赠人
琼海华侨中学	教学大楼	53 645.00			新加坡等地 27 位华侨
迈汤华侨小学	教室	49 760.00			新加坡 127 位华侨
仙寨小学	教室、图书馆	12 200.00			马来西亚、新加坡华侨
勇敢小学	教室	10 300.00			马来西亚华侨王书俊等
白土小学	教室	10 000.00	汽灯、桌椅	540.00	新加坡华侨杨金清等
福田小学	教室	6 000.00			新加坡华侨
善集小学	教室、办公室	12 000.00			新加坡华侨
培文小学	修理宿舍	11 000.00			新加坡华侨
孟里小学	教学大楼	23 000.00			
南寨中心小学	教室、宿舍	10 900.00	球架及球	1 300.00	新加坡华侨何君礼、何君函、何书训、何子栋等
新田小学	教室	6 500.00			新加坡、马来西亚华侨
万石小学	教室	12 000.00			新加坡华侨
新潮小学	教室	11 000.00			新加坡华侨、香港同胞
坡兴小学			架设电灯	5 000.00	新加坡华侨
多亩小学	修理教室	7 000.00			新加坡华侨
电光小学	教室	4 000.00			新加坡华侨
草塘小学	教室	23 000.00			新加坡、马来西亚华侨
乌石小学	教室	320.00			新加坡华侨梁维姿、马来西亚华侨何惠溁
椰寨小学	教室	15 000.00			新加坡、马来西亚华侨
温泉小学	教室、图书馆	15 000.00			新加坡、马来西亚 70 多位华侨
益群小学	教室	5 950.00			新加坡、马来西亚、泰国华侨和香港同胞
溶沐小学	教室	6 415.00			新加坡、马来西亚华侨
朝阳小学	校舍	53 000.00			新加坡华侨莫泰桢等 33 人

（续上表）

捐赠学校	项目	金额/元	实物名称	价值/元	捐赠人
江水小学	校舍	9 200.00			新加坡华侨、香港同胞陈加猷等33人
朝阳中心小学	校舍	6 900.00			新加坡华侨卢修德等5人
莫村小学	校舍	25 000.00			新加坡华侨、香港同胞
龙虎小学	办公室	8 214.00			新加坡、美国华侨和香港同胞李瑞春等5人
沙美小学	教学大楼	45 000.00			旅居新加坡沙美大队众侨
培兰小学	平顶教室	10 789.74			新加坡华侨黄培梓等20人
青塘小学	校舍、桥	8 500.00			新加坡华侨、香港同胞黎才桐等30人
北岸小学	教室	18 000.00			新加坡华侨、港澳同胞
北山小学	教室、宿舍	35 000.00			旅外华侨
翠英小学	教室	14 132.56			美国、新加坡华侨和香港同胞5人
长仙小学	教学大楼	50 000.00	手风琴1件	300.00	新加坡华侨陈学琼等100余人
合计		588 726.30		7 140.00	

表5-2　1979—1984年琼海县华侨、港澳同胞捐助办学情况表

序号	学校名称	捐赠金额/万元
1	潭门中学	4.10
2	长坡中学	1.16
3	朝阳中学	0.02
4	博鳌中学	0.40
5	善集中学	3.00
6	华侨中学	12.52

（续上表）

序号	学校名称	捐赠金额/万元
7	九曲江中学	0.09
8	龙江中学	0.40
9	阳江中学	2.10
10	文市中学	4.00
11	万泉中学	0.10
12	泮水中学	0.10
13	温泉中学	0.25
14	嘉积中学	1.60
合计		29.84

　　1978—2012 年，琼海市华侨捐助办学累计 1.5 亿元①。1978—2006 年，琼海华侨、港澳同胞为家乡 230 所小学捐资修建教学大楼和师生宿舍，面积 18.6 万平方米。② 华侨捐助办学的高峰在 20 世纪 80 至 90 年代，其中 1979—1991 年，琼海籍乡亲捐助办学 1 万元以上的共有 357 个人和 8 家企业，他们主要来自新加坡、马来西亚、泰国、文莱、美国、加拿大、挪威及中国香港、中国台湾等地，其中捐助 10 万元以上的有：香港同胞李强 229.2 万元，新加坡华侨林鸿谟 75.2 万元，新加坡华侨何书训 31.31 万元，新加坡华侨何子栋 29.62 万元，香港同胞何万章 20.32 万元，马来西亚华侨冯振陶 19.5 万元，新加坡华侨何子钦 19.42 万元，新加坡华侨周南炳 19.24 万元，香港同胞卢业坤 18.99 万元，新加坡华侨杨庆勤 18.69 万元，新加坡华侨王书俊 17.62 万元，新加坡华侨朱国儒 17.62 万元，新加坡华侨陈会丰 17.57 万元，新加坡华侨王先德 13.9 万元，新加坡华侨陈家和 13.16 万元，马来西亚华侨黄子发 10.3 万元。③

　　1988 年海南建省，海南华侨欢欣鼓舞。当年琼海华侨捐助办学 10 万元以上有 10 人，5 万元以上 11 人，1 万元以上 126 人，5 000 元以上 195 人，2 000 元以上 536 人，1 000 元以上 994 人，合计 1 872 人。④ 1980—1990 年，琼海华侨、港澳同胞捐资办学合计 2 800 万元，为家乡 215 所中小学修建校舍 7.6 万平方米，

---

①　琼海县侨务办公室统计资料显示，华侨捐赠统计为公益事业，其中大部分是捐助办学款项。
②　王桢华主编：《琼海市华侨志》，北京：中国文联出版社，2007 年，第 147 页。
③　琼海县人民政府：《1979—1991 年琼海乡侨捐赠公益芳名录》，琼海市档案馆，1992－14－6－2－57。
④　政协琼海县委员会文史资料研究委员会编：《琼海文史》（第二辑　华侨专辑），1988 年，第 90－105 页。

兴建县华侨图书馆一座，建筑面积3 000平方米。①

琼海籍华侨捐资办学的范围不只限于本地。香港企业家李强捐助200万元给海南国兴中学兴建李强教育大楼，捐资30万元兴建海南大学图馆，捐资10万元兴建海南大学农学院，还捐资400万元在广东省东莞市兴建理工学院、幼儿园等。香港神舟集团主席、海南省政协委员、海南省儿童福利会名誉会长卢业樑先生，2002年向海南省儿童福利会捐资38.3万元，用于在白沙、乐东、昌江、澄迈、琼海以及海口琼山区开设8个"春蕾班"，资助243名孤儿，残疾儿童和因家庭经济困难而失学、辍学的女童就读小学1～6年级，完成小学学业，为海南省儿童福利会的"春蕾助困行动"拉开了序幕。2005年，台风"达维"重创海南，灾区许多儿童面临失学，他决定捐出15万元资助100名灾区学龄儿童完成学业。

据不完全统计，自1979年至1988年上半年止，琼海县华侨、华人和港澳同胞捐赠办学款项合计人民币1 080万元，资助修路架桥、修建水井水塔、办医院、办敬老院和其他社会公益事业合计人民币250万元。根据各乡（镇）政府提供的材料，将其芳名排列于下，以志永久的纪念。②

1979—1988年琼海华侨、港澳同胞捐赠家乡公益芳名榜

资助人民币拾万元以上者

文市乡：林鸿谟

博鳌镇：李强

福田镇：周南炳

温泉镇：卢业坤

嘉积镇：何书训、何子栋、陈会丰

万泉镇：符必煌

上埇乡：陈家和、杨庆勤

资助人民币伍万元以上者

上埇乡：王经师、王经燊

中原镇：王家栋、黄开道、陈成福、李昌炯、韦邦英

朝阳乡：李学雅、李学昭

塔洋镇：王永昭

---

① 《琼海县志·卷二十三　侨务外事·第二章　爱国爱乡·第三节　热心公益事业》，海南史志网，http：//www.hnszw.org.cn/xiangqing.php？ID=48178。

② 梁必强整理：《芳名录》，政协琼海县委员会文史资料研究委员会编：《琼海文史》（第二辑　华侨专辑），1988年，第90－105页。

嘉积镇：何子钦

资助人民币壹万元以上者

上埇乡：王兆松、王国钰、王兆玑、王兆旋、王国熙、杨善泰、梁定雄、黎德南、黎全洲、黎德周、王守华、冯坛贵、覃国权、覃国英、张业新、李有篑、杨庆智、符文辉、梁定炳、杨庆耀、黄益民、王经位、黎文耀、王兆茂、李南芳、卢业仁、黄海波、庞世新、庞道琳、郭儒龙、王兆荣

万泉镇：陈琼标、黎光海、陈明禄

潭门镇：马六甲太平洋公司、冯运琪

福田镇：李异友、杨善初、杨庆虎、蔡昌焕、郑愈江、卢鸿英、杨善沂、杨善壁、杨善道、杨全河、杨维桐、李遴琪、杨庆奎、蔡兴荣、琼乐同乡会、洪鸿英、吴茂标、何家仁

中原镇：朱国儒、梁启燕、严家源、严家肆、陈继禄、王运才、黄文涛、黎国昌、梁文坤、黄文奎、黄士川、梁启明、真打娜、李克才

龙江镇：李家林、符永和、吴以香、周德钧、李家淦

长坡镇：孔宪岛、黄昌瑶、黄兆瑚

朝阳乡：卢修英、李学献、何子润、臭泰祯、钟枳烟、余庆明、王裕梁、陈贵钊、陈家才

九曲乡：王序英、何基业、黎汝全、黄庆元、王宏惠、符振师、陈国清

嘉积镇：何龙书、何君演、何子民、王运政、陈辉传、陈会盛

塔洋镇：王世汉、周忠煌、康锦维、卢碧霞、王诗灿

阳江镇：郑有干

博鳌镇：冯桂美、何家轩、陈猷、肖树辉、冯辉义、符明墀、冯坛金、冯增浩

泮水乡：黎良桃、林猷芳、黎仕才

温泉镇：王朝轩、符大焕、陈朝运、全启标、卢鸿谟、符宏标

文市乡：卢鸿标、朱家炳、何世勋

资助人民币伍仟元以上者

嘉积镇：黎基胤、黎基濒、覃国德、覃学经、覃学光、陈继栋、王开茹、李学森、李学探、李学丰、李启安、陈建安、黎基秀、陈会兴、何子权、何书浩、黎基光、黎业文、王开銮、龙秀琼、黎开卿、陈永金、何君佐、何书谟

福田镇：林家芹、冯世忠、邱观文、唐辉兰、潘国华、郑愈波、苏伟璋、李遴光、杨浓安、杨庆运、杨善銮、杨善泽、黄全光、谭家琼、蔡昌蕃、蔡兴川、杨悟佳、杨庆邦、李浩香、杨祚明、杨渠安、杨善春、李茂海、杨善颖、李仕钊、杨庆虎、郑愈东

上埇乡：庞道焕、庞世华、黎德程、王国荣、李正华、覃国超、梁崇智、王裕炎、庞世燊、郑经明、王国策、王国銮、杨庆蛟、李国芳、李名芳、冯锦钊、王兆英、黄文输、王兆祥、王经铖、邓新妹、李名琢、王经缄、王兆炳、黎德锜、王振雅、黎德洲、何良儒、陈恩勋、王经武、王国况、卢业文

博鳌镇：王及章、王可蕃、冯增洋、冯辉金、符忠鉴、莫太金、冯增怀、冯辉芳、卢业兰、苏启茂、卢修茂、卢修杰、陈开权、莫泽权、莫泰金、莫汉泽、冯桂美、蔡昌义、卢宏茂、苏启茂

九曲乡：立君公司楼、静波楼、黎家仁、上车立君楼、王春松、周廷君、周朝荣、陈家辉、司家浩、蔡业夫、蔡德钧、张明圣、何连友、黎文锦、司永炎、司永祥、陈达鳌、周廷燕、陈达华、黎家礼、黄培茂、黎树熊、黎辉炳

中原镇：黎家熊、黎修连、曹家篆、王业裕、何世灰、何世霆、方焕文、何连吉、王世标、黎修林、李居桐、严家勇、严家树、王兴洲、年宗照、梁崇贵

龙江镇：王上勇、吴以甫、王冠勇

塔洋镇：王维雄、黄家良、陈运臣、曾德光、赖亚娟、王诗炫、王书田、王家珉、符少华、陈传金、陈开煌、李修毫、陈学秀、王书辉、王祚禄、黄学松、蒋邦吉、苏启宏

朝阳乡：钟积冠、王春寿、李金英、钟积煌、符裕甫、何明良、何君英、冯克定、卢修源、陈德龙、何君跃、陈德馨、王务本

泮水乡：黎良德、李选葵

长坡镇：黄心存、李必香

潭门镇：冯振陶、符大□、许道壤、黄敦麟、黄儒发

温泉镇：王先岛、王绍统、卢修煌、王绍祥

万泉镇：陈绍福、符忠熙、陈会贤

文市乡：李家钰、李居伍

资助人民币贰仟元以上者

上埇乡：王经梓、王经文、何良豹、卢业宗、罗树熏、黎德梅、黎德沾、王兆柏、黎德楷、杨善集、杨德来、黄文申、王经浓、许大钰、黎德民、黎竞光、梁崇华、卢业兴、黎德经、王兆南、卢业满、卢家沣、李金芳、李屹芳、王经悦、王经石、王兆荣、王裕富、覃学民、王国器、李名芳、李崇英、黄启清、庞运钊、黎先森、王兆庭、王国石、黄文跃、王国赞、李自训、黎德逢、何惠均、庞学璋、覃学贵、庞启传、杨庆坤、李名安、何惠梓、汪义妹、汪义英、王祝平、王经业、庞业懋、王国楹、王国松、王邦林、王兆亚、杨善义

潭门镇：伍书文、丁积谦、莫同鉴、杨庆江、黄培生、丁积宝、冯世经、丁积江、李异兰、麦兴柏、李遴鄀、吴淑才、郁有栋、许学传、卢业东、冯仲香、

黄亚兰、陈献琼、符名贵、黄循添、陈昌焕

福田镇：杨庆春、莫华琼、杨庆帮、何光清、周南蛟、邢福钊、符名荣、符大辉、杨全芳、何家民、卢业精、蔡昌运、黄昭美、杨全榜、杨庆全、陈凤钦、杨维文、蔡召娥、杨全河、周汝安、彭业香、杨庆旭、唐甸炎、唐甸禹、李学鸿、李林昌、陈凤杰、李赞香、李多光、周世经、李多蛟、吴爱玲、杨善德、杨维桐、何子锦、李遴俊、李昭煌、杨浓安、谭亚美、符庆生、杨庆鑫、郑振川、吴茂浩、蔡昌炳、杨庆东、杨善燮、杨萃平、郑加位、杨维晃、杨善广、杨可林、福泉兴、周琼南、王南华、杨全钰、泮孝栋、符世光、符忠汉、杨全锋、黄心训、杨庆昂、黄心德、杨秀娟、杨庆英、杨善谦、杨善懋、杨庆美、陈鸣炳、杨维良、杨善秋、杨庆钵、黄昭业、何华浓、何惠香、李异波、李遴丰、黄昌桂、李异松、李煌香、陈昌民、李光香、杨善壁

嘉积镇：黎大墦、黎开聪、王万棠、王世雅、王香永、何君智、王惟河、陈永鉴、何君昌、陈赞良、陈继煌、陈建国、陈继新、王海城、李启轩、王运时、陈永满、陈继焕、陈元豹、王书俊、陈永旺、李启锦、何子灯、林开茂、朱振彬、何子任、何秀雄、陈永德、李植园、覃国典、何君裕、陈绍位、何书松、陈绍琪、陈辉天、土世泰、陈继凤、土世洍、王克法、李启光、周文开、全运熙

龙江镇：王克勋、王超福、吴以松、王锡谦、王地荣、李居干、黎修诚、陈业崇、陈业秀、吴以超、王芳荣

博鳌镇：林书卿、庄耿顺、王辉明、张业秀、冯辉乙、肖家安、陈兴仍、何家鸿、陈兴炎、王及义、莫太燕、庄耿南、王裕新、冯增才、张业炳、张业鹏、陈开权、庄耿銎、黄本清、莫壮明、莫泽焕、杨明昌、冯辉英、冯增浩、□秀华、肖家新、林觉仍、丁积义、黄本荣、郭经桐、冯辉英、郭仁伯、李文标、王裕斋、莫壮召、冯辉蓉、冯桂英、杨庆发、莫泽贵、冯增干、冯增甫、王永斋、黄敦煌、黄敦基、覃国光、庄耿龙、庄耿坤、卢修姬、莫泽楷、林树业、卢家荣

九曲乡：陈有兰、周朝鸾、张明才、张昌熙、张明于、何贤焜、何贤茂、黎才桐、赖明深、冯锦兴、陈高伍、何书浩、张昌书、莫霖泽、赖明海、吴修禄、莫泰琼、黎连广、黎连南、陈达吴、欧育熊、陈开广、符德冠、陈家辉、陈达鳌、陈达友、陈达华、陈家训、陈良浩、陈高武、莫礼新、陈学琼、蔡有鹤、陈开爵、谬方杨、何世经、陈俊良、黎汝海、许上轩、冯锦观、莫泰友、莫泰儒、冯增海、冯增源、冯增壮、冯增启、符昌炼、何召南、何贤廉、何辅耿、何业连、何治安、何世奎、何业祥、黎辉锦、莫泰豹、莫泰熊、蔡昌贵、黎才万、黎汝朝、黎才强、张家炎、张昌勋、张昌教、陈家铭、黎汝泰、莫礼泽、许家照、何世拔、黎才华、陈达保、符惠兰、黎家坤、符书绅、周廷饮、黎锡业、黎汝介、黎汝泰、黎海尧、周廷藻、周朝佑、莫礼贵、冯增廷、莫礼雄、张明深

中原镇：黎光三、王德布、王业川、王业发、王兴仲、李蕃龙、韦经锦、黄明海、王业辉、韦茂熊、何书轼、严德燊、林育光、黄开俊、韦邦杰、龙德海、龙田汉、龙昌浦、张傅钦、李启荣、陈泽炎、毛开连、陈经炎、庞道明、黄明三、王日寅、黎修全、周朝宗、何声权、陈道儒、何声洲、王业裕、庞道雄、陈继开、王崇安、王兴朝、王兴桐、黎修锦、黎修郁、黎修惠、李昌顺、何声雄、韦邦积、李蕃南、庞世安、黄文汤、黄业炎、王普秀、陈波、陈继业、陈继暖、王万权、王万吉、陈占光、陈赞积、陈赞杏、何业畅、司有吉、李蕃植、黄开福、黄明钰、黄明祖、黄明魁、黄明霓

朝阳乡：陈富国、陈家麟、张学辉、符世贤、黄桂凤、陈传访、陈家兴、张光琏、余成锦、陈传璋、冯明炎、郑桂蓉、王春卿、陈仕华、符裕殿、冯昌增、符裕标、陈传舜、林书德、冯家光、卢鸿干、陈德贵、何子英、何子球、何君凤、陈传森、黎家新、何子炎、余学登、李士林、李士轩、蔡开炽、蔡开泮、陈连恒、王春首、王春钦、陈经泰、莫泽彬、王春熬、何君梁、余照文、冯克鉴、冯龙连、何君锦、梁开祯、陈继鉴、王国芳、王启甲、钟厚才、李学卿、陈华贵、王运宇

泮水乡：王绍辉、黎良布、黎衡光、全启富、黎良友、黎国松、黎国师、黎光海

温泉镇：王祚奉、彭修煌、王会德、吴多玲、符业珍、叶明昌、王会琪、马业东、严玉萍、王绍辉、颜振东、马大良、颜振波、陈达蕃、王绍炳、陈学范、叶庆蕃、林绍荫、翁祚清、卢鸿礼、苏秀炳、翁祚养、符大耀、刘家祯、李昭新、卢玲珠、李兆新、卢鸿骏、王集昌、王启梁、史启和、王兆亚

塔洋镇：石毓全、李华锋、李奇培、陈学治、王书钊、陈其湖、符仕轩、王振召、郑成章、陈学治、覃学仕

长坡镇：黄家浩、李文安、周经天

万泉镇：岑家玉、黎泰高、陈元玺、梁安汉、黎泰达、黎永高、陈大怀

阳江镇：王大洲

文市乡：朱家泮、李家政、吴淑槐、朱家耿、何君校

新市乡：王光桂

资助人民币壹仟元以上者

朝阳乡：李士秀、李学书、李士芹、李士洲、李士荣、钟厚才、余成桂、余成俊、覃学和、王裕丰、陈家炳、冯明翰、高金莲、冯德才、冯明和、陈德川、王连伍、王辉将、黎汝亮、黄敦侨、杨善义、黄敦厚、王辉成、王春和、冯锦章、何子东、黄业超、何达迅、莫壮思、王裕宜、何子海、何君安、陈德恁、何君贵、冯克阴、冯明枢、冯昌发、卢鸿清、莫壮能、冯明栋、冯明干、冯明芹、

冯克佳、冯应权、冯克树、林书香、何子仪、何子明、王升及、王高及、何君琦、黎桂栋、何子浩、王先辅、符永贤、符裕焕、符裕创、符裕潘、莫泽珊、冯应广、冯应鹏、冯明启、冯明云、黄业超、李士炳、李学焕、吴清炎、冯家兰、莫泰国、林忠义、陈家献、王辉凤、陈明汉、莫泽飞、陈德流、王启种、王朝蒋、冯明琼、冯明炯、冯锦春、冯世阁、冯克裕、冯克创、冯家吉、冯运铨、冯运金、冯家发、陈发梅、卢修鸾、王绍兰、陈家碧、王裕鉴、周学强、王春芹、莫壮林、冯经梓、莫泰钰、莫壮灿、陈道清、黄胜白、冯德盛、陈书政、冯应春、谭学新、陈世发、王启春、王裕兰、李学良、李仕佳、陈传桀、陈德昌、陈家畅、陈章语、陈里陶

泮水乡：黎国松、黎良雨、黎成才、黎国略、黎良畔、黎光博、金运浩、黎才华、黎光淑、周南树、黎文才、黎光寅、黎良暄、梁克光、黎英洲、肖绪凑、王业波、黎国而、黎光校、黎国启、黎国雅、黎国煌、黎良铗、李兴立、李成栋、李茂安、黎国策、黎国球、黎国梁

上埇乡：罗朝省、王国勋、李际卿、王经炳、黎德春、黄成三、梁定炎、梁定茂、杨庆康、黄文汉、庞学泮、庞世栋、庞世葵、杨善留、王兆祯、郭泽春、杨德明、郑愈江、黄成泳、黎德训、黎先镁、覃学超、汪玉妹、汪玉英、罗树安、郑经训、孙家训、黎德雅、黎德馨、林书淦、杨庆蛟、何良标、覃国甫、王玉莲、李际芳、黎德源、卢业霖、卢家源、马业文、黄居英、黄成登、王国明、黎才华、黎文钊、黎先校、黎文崇、黎德吉、黎德满、黎文纯、黎德篆、黎先能、黎文光、黎先寅、黎先兰、黎宗雅、黎先炳、王绍铭、覃学涌、覃学仕、杨善沂、覃国新、庞学俊、庞业育、郭泽丰、王德万、王国蕃、王兆臣、王兆富、王其雄、王清泉、黄邦森、林道炳、卢业贤、李昌东、李名义、李名仁、李名桐

福田镇：郑振煌、杨维树、李赞香、杨善炳、何家双、黄文惠、李前进、郑愈钦、李林昌、李多章、李连俊、杨维荣、蔡昌侨、陈凤皇、杨维法、杨春锦、杨善梓、黄行雄、杨昌清、周汝业、周琼南、杨维光、李多其、李遴珊、周汝川、符大亚、黄儒焕、杨振贵、何昌跃、邱观爵、邱观梅、冯辉明、符功友、洪家福、周仕昌、何光明、何光清、陈鸣平、郑加伍、杨全炳、杨昌文、郑昌颜、郑昌发、黄昌钰、黄家钰、黄昌校、黄昌宝、黄田钊、黄昌甲、杨全清、黄家銮、黄心镜、李琪香、郑愈波、蔡昌育、杨庆南、李其盛、李学雄、李学光、李仕明、符大国、卢全标、杨文乙、吴桂珍、吴永汪、杨善春、洪贤均、杨善钵、李昭炎、李异江、周堂宛、吴永霖、郑振川、黄业轩、陈善明、杨维灼、杨善种、陈鸣训、杨庆蛟、杨庆君、李茂惠、杨可林、李松香、黄心炯、黄昌培、黄昌业、黄心清、杨善蓉、杨全炎、杨善策、杨善禄、杨善心、杨善畅、杨庆来、杨善丰、杨全熙、杨全华、蔡永福、陈宜蓉、周学振、周式典、杨黄民、杨祚

芳、谢春兰、杨维发、朱世文、高仁才、杨文明、杨昌光、黄昭文、孙献昌、周世炎、吴永俊、郑加伯、黄家贤、李昭明、李镇香、杨维虎、冯世新、陈凤锦、陈鸣成、李兰香、黄昭轩、周南钰、杨善禄、杨善缘、符业忠、李多芳、杨昭吉、李际香、杨善泽、李遴春、杨善銮、杨庆旭、杨全鑫、杨庆秀、符玉蓉、杨庆业、杨维德

万泉镇：莫月娥、符忠昌、王绍绪、黎永安、王绍经、陈钟泮、陈钟秀、陈钟礼、陈钟侠、吴隆芳、吴琼雅、杨居臣、姚振臣、陈毓仕、陈钟贤、吴隆新、王清业、莫振业、黎国球、黎国梁、黎国策、符必裕、姚振顺

博鳌镇：庄光昌、朱振南、王业权、陈兴国、卢业权、卢鸿臣、黄敦英、庄耿超、庄光初、钟运和、冯桂东、王章义、何家齐、钟家壹、张业祥、李同辉、王裕钦、莫壮昭、卢修殿、庄光学、黄敦禄、何君南、莫泽熙、莫彭泽、丁积煌、林树业、庄耿英、郭经地、林书卿、王可蕃、冯增琚、陈霖松、何君汉、李同冠、卢业时、卢宏顺、卢修谟、郭汉梅、王及章、杨志诚、王裕新、卢宏鹄、卢家武、卢业辉、莫壮欣、莫壮海、莫泰连、莫礼朝、黄本云、冯辉海、肖树深、肖树霖、王裕武、郭汉海、卢业盈、王家锦、杨善金、黄敦诚、黄郭平、莫本赞、莫敦炎、黄敦庆、王若钦、王若文、庄光杰、莫泰蔚、何达灿、何达和、何书光、何达天、何达春、全会炳、冯增南、何君权、李祥英、潘德均、黄宜湖、卢业深、卢业荣、卢业南、王章成、王怡甲、王芳进、王怡卿、冯增标、陈德三、陈赞统、王祚深、杨善兰、谢汉标、莫壮明、莫培则、黄培瑞、卢宏福、卢宏瑞、冯增元、莫泽龙、黄培贞、何连灿、卢宏炳、黄敦贞、尹少雄、吴宏卿、曾祥昌、郭经义、吴宏钦、冯辉金

中原镇：陈达香、陈达运、严承礼、司大雄、何君益、何声朝、翁文达、何声广、陈华强、黎国铭、王德沂、黄文学、何声槐、黎国炎、何远明、何书轩、胡开香、黎国炎、陈国川、林昌经、王绍植、庞道明、黄忠金、黄昌琼、何光祯、陈赞桂、陈开祥、黄开权、黎修淦、朱国儒、陈昭国、符亚杰、何君甫、王日裕、王昌洪、陈继福、毛开琳、王茂昌、黄明益、王昌杞、王兴煌、蔡南润、王业活、黄文卿、莫泰隆、莫泰楷、司有深、黄明岩、黎国权、朱昌锦、朱修光、朱修广、朱昌龄、朱昌秀、朱修銮、朱修朝、王逢吉、王兴信、李君香、符国清、李昌梧、黄明已、黄明凯、黄景山、张齐天、黄文贤、龚维熊、李昌霖、陈泽英、黎修才、严承英、潘儒钦、严承胜、黎家琪、严承育、黎上琪、陈继开、陈祥福、李裕熙、林克钊、周爱连、黎仕森、王业年、王业兴、王昌楠、王德檀、王业鸿、黎国真、何世进、王天兰、黄开禄、黎光槐、司有政、司大章、黎上新、黎上珍、黎上秀、陈开炎、陈开番、陈开焕、陈继连、陈继焕、陈赞江、陈赞河、陈赞生、文新霞、陈茂年、陈赞深、陈开建、陈赞隆、陈继杨、何

远光、何声裕、黄文美、黄明训、黄明兴、黄开国、黄开祥、吴吉铨、王昌熊、王兴春、王昌壁、王家吉、王家松、王家湖、韦策熊、符用秋、李克林、李番锦、王万英、陈鸿福、陈家鸣、王善贤、黄业轩、梁月花

潭门镇：冯世甲、冯世金、冯振轩、冯振东、陈再甫、符国权、符功虎、符功豹、符功松、符大曹、符功柏、黄昭茂、黄良堂、黄良安、黄昭才、黄昭泉、饶立淦、谢盛俊、麦运南、麦兴松、吴永乐、符世国、黄本焕、谢利花、冯世惠、庄自强、许之炎、许之镇、冯世炎、李桂馨、莫泰芳、莫泰汀、莫名开

塔洋镇：董业华、王国光、王玉梅、叶维栋、王诗槐、郑振光、郑世柏、张光、杨善运、周绪辉、杨维珍、白亚足、黄多春、李新源、苏英泮、王书琪、吴衍芳、王兆英、杨善柏、杨善壮、王书俊、林尤焕、王书炳、林尤吉、卢业礼、林明汉、符儒先、赵光贵、董传钊、卢家英、黄仕光、黄家良

九曲乡：覃学霖、周廷赞、黄木进、莫泰民、周朝仁、莫礼南、莫礼华、莫泰良、周朝翔、黎才堂、欧育柳、陈邦杰、黎才蓉、何君美、陈有伦、陈世忠、周建培、陈连煌、欧育才、曹家篆、冯辉柏、邢益臣、冯锦廷、莫泰钦、莫泰雄、何连廷、余庆明、莫泰富、莫礼琪、周廷坤、王永锦、覃国恩、卢家婉、陈俊良、黎河才、邢福荣、周朝炎、何君桂、蔡有松、周朝煊、周建明、黎才民、司衍锦、司衍祥、司家林、何世梅、何业琼、陈崇清、何仁拔、林家龙、梁明蓉、陈学文、张昌礼、张明岳、张昌焜、张明清、陈明河、蔡业珍、陈高花、陈高文、陈明经、黎汝运、王琼蓉、黎汝椟、黎才彬、周朝松、黎运珍、黎汝瑞、黎汝端、黎汝极、许永和、黎才民、黎华浓、黎辉锦、邢益源、周廷灿、周廷超、周朝昌、王序柏、黎文雅、周选章、黎才保、符业广、符业锦、莫天泽、陈良浩、覃国材、曾献源、莫同安、覃国花、何君宏、卢鸿熊、黎才达、黎汝栋、何万书、何辅良、李家刚、陈德和、陈少春、黎才日、陈国基、陈学铨、蔡有芳、莫遴梁、黄世兴、王芳成、黄明娇、陈邦傅、周朝海、王开泰、王运鸿、黎国坤、黄士贵、黎文义、符书瑞、王振富、王振明、符圣任、陈少春、司衍民、蔡有春

温泉镇：王裕杰、苏启燊、李家云、王集民、吴松、郑振清、许振良、卢修杰、王焕章、卢修萃、卢鸿臣、何子升、彭业潘、王明昌、李居新、李昭炳、史业安、陈家琳、卢宁、王集轩、王会熙、刘学初、何君善、王业淦、王基雄、王万忠、王兆亚、李昭浩、史业宏、彭正良、陈雄、陈启懋、王启钧、王乐民、苏启胜、庞道娥、苏才三、李家枢、李家校、彭业宝、吴多蓉、林克献、林绍柏、林克熙、陈家琳、吴清源、吴以光、何君泽、何子浩、林宗柏、王日经、马大钦、马琼湖、李家保、李家政、李家琼、李家宣、李昭柏、王国熏、王裕兰、黄国恩、史业树、郑振安、王先雄、王裕兰、王会才

嘉积镇：何君裕、何君湖、覃国强、儒学纯、陈赞源、陈继全、陈继钦、覃

学陶、王桂英、何麟书、陈河清、王建良、何子昌、何雪珠、陈元兰、何君礼、黎德菊、王万取、陈振森、叶守成、王会礼、王玉兰、黎启树、王会兰、王连大、许万华、全会菊、周光中、全会华、全会忠、全会绪、全会鸣、张有萍、全会昌、全德志、全会经、陈永研、陈永烈、陈绍藻、陈绍刚、邓金乙、陈辉丰、林玉兰、陈永傅、陈永发、黎基春、曾亚女、陈辉仲、陈光平、陈会山、王振冲、王诗经、王诗燊、何书美、玉令凤

长坡镇：梁其卫、林明照、吴文国、郭斯万、黄心源

龙江镇：王宁荣、钟慰君、许丁能、张齐国、王天民、李家忠、钟业东、黎明镜、黎修雄、王川荣、李居銮、全连贯、王祖畅、王仲荣、王命霜、王礼荣、姚王英、王业隆、蒙美兰、林维昭、周大钊、周修剑、陈业魁、林志明、张家证、张家傅、张家欣、王祖兴、王祖福、王华山、王月鸾、吴仕文、吴仕铭、程为梓、许仁辉、王松荣、王步荣、张时希、周尊剑、张家兴、

阳江镇：王时雄、王业兰、卢业桐、卢鸿标、马大珍、马政浩、马业珍、何子汉、黄寿松、庞道隆、陈道英、莫明魁、郭书光

文市乡：朱家琼、何达琼、王启波、欧宗桐、李昭才、李昌琼、卢鸿开、蒙美钦、李昌校、周朝忠

表 5-3　1980—2012 年琼海县（市）华侨华人捐资助学情况统计表①

序号	项目名称	金额/万元	捐赠人或机构	居住地	捐赠时间
1	中原镇仙寨小学图书馆	3	陈继禄	马来西亚	1980 年
2	中原镇黄思小学图书馆	1.5	姚振英	新加坡	1983 年
3	黄崖村外侨小学教学楼	2	覃国英	马来西亚	1985 年
4	中原镇育英小学教学大楼	26	陈国清	新加坡	1985 年
5	潭门西村小学教学大楼	17	杨善初等	新加坡	1985 年
6	嘉积镇田头小学教学楼	85	王兆玑	新加坡	1986 年
7	博鳌江水小学教学楼	25	李学雅	中国香港	1987 年
8	中原镇新华村上车岭学校教学大楼	1.5	黄庆元	马来西亚	1987 年
9	潭门镇社昌教学大楼	65	周南炳	新加坡	1987 年
10	潭门镇福田村委会建校	28	杨善颖	新加坡	1990 年

---

① 表格数据由琼海市外事侨务办公室提供。

（续上表）

序号	项目名称	金额/万元	捐赠人或机构	居住地	捐赠时间
11	军屯村委会永红小学教学楼	50	符大焕	马来西亚	1993 年
12	大路镇湖仔芳泽小学教学楼	98	吴芳泽	新加坡	1993 年
13	博鳌镇东屿小学教学大楼	200	李强	中国香港	1994 年
14	嘉积镇李强教学基金楼	150	李强	中国香港	1995 年
15	中原镇书斋村委会青塘小学教学楼	8	梁启民、王兴雅	新加坡	1995 年
16	龙江镇文堂小学教室	2.5	陈业飞	马来西亚	1995 年
17	龙江镇文堂小学教室	2.5	陈业儒	马来西亚	1995 年
18	龙江镇文堂小学教室	2.5	陈业琳	新加坡	1995 年
19	龙江镇文堂小学教室	5	李家淦	新加坡	1995 年
20	塔洋镇华侨中心小学茂贵楼	75	康锦维	新加坡	1995 年
21	塔洋镇华侨中心小学世蓉园	25	康锦维	新加坡	1995 年
22	嘉积中学李强学苑	300	李强	中国香港	1996 年
23	中原镇排塘村排塘小学宿舍	10	王子法	其他国家	1996 年
24	中原镇书斋村委会中心小学教学楼	7	吴杰傅	新加坡	1996 年
25	潭门镇墨香村委会建校	300	冯振轩	马来西亚	1997 年
26	潭门镇社昌村委会建校	90.5	周南炳	新加坡	1997 年
27	潭门镇西村村委会建校	32	杨善初等	新加坡	1997 年
28	潭门镇典礼昌小学教学楼	190	冯振轩	马来西亚	1997 年
29	琼海华侨中学教育基金	50	黄培茂	新加坡	1997 年
30	中原镇排塘小学校门球场道路	12	王惠深	新加坡	1998 年
31	博鳌镇朝阳中学建校门	10.2	王春海	中国香港	1998 年
32	中原镇沙坡村育英小学园丁楼	16	陈高武	新加坡	1998 年
33	中原镇山仙学校教师宿舍	13	黄文奎	新加坡	1999 年
34	参古村委会华联小学分校教学楼	25	翁文典	马来西亚	1999 年
35	华侨中学图书馆	25	王兴春	新加坡	2001 年
36	博鳌镇朝阳中学科学馆	5	王春海	中国香港	2001 年

（续上表）

序号	项目名称	金额/万元	捐赠人或机构	居住地	捐赠时间
37	中南村委文岭学校校舍	79	王春海	中国香港	2001 年
38	莫村华侨小学教学大楼	50	陈婉媛	印度尼西亚	2001 年
39	潭门镇金鸡培文学校	32	琼乐同乡会	美国	2001 年
40	阳江镇老区小学建校	30	吴顺儒	泰国	2001 年
41	中原镇黄思村黄思小学大楼	20	云大棉	中国香港	2002 年
42	潭门镇北埇村委会善集小学教学楼	30	杨善泽	新加坡	2002 年
43	嘉积中学李强教学基金	210	李强	中国香港	2002 年
44	嘉积中学	300	李强	中国香港	2002 年
45	华侨中学长春图书馆	35	王兴春、王兴琼	新加坡	2002 年
46	嘉积中学	80	李强	中国香港	2003 年
47	嘉积山叶小学	4	陈永安	新加坡	2004 年
48	嘉积尚智小学	2	林鸿谟	新加坡	2004 年
49	嘉积永红小学	2	符大焕	文莱	2004 年
50	长坡东塘翠英小学	21	林秀花	文莱	2004 年
51	中原镇仙寨小学	11	陈赞吉	马来西亚	2005 年
52	中原镇仙寨小学	1	陈赞江	马来西亚	2005 年
53	中原镇仙寨小学	1	王家英	中国香港	2005 年
54	中原镇仙寨小学	1	陈赞富	马来西亚	2005 年
55	中原镇仙寨小学	1	李炎花	马来西亚	2005 年
56	中原镇迈汤小学	1	王惠吕	新加坡	2005 年
57	中原镇黄思小学	3.8	林宗椰	新加坡	2005 年
58	中原小学奖学金	1	黄国	新加坡	2005 年
59	中原镇沙坡小学	6	中原镇沙坡村华侨53人		2005—2006 年
60	中原镇沙坡小学	1.5	蔡建雄	新加坡	2005 年
61	中原镇沙坡小学	1	陈明杰	中国香港	2005 年
62	中原镇沙坡小学	3.5	张明圣	新加坡	2005—2006 年
63	中原镇沙坡小学	1.5	张明才	中国香港	2005—2006 年

（续上表）

序号	项目名称	金额/万元	捐赠人或机构	居住地	捐赠时间
64	中原镇沙坡小学	1	张家硕	中国香港	2005 年
65	中原镇沙坡小学	1	陈使章	中国香港	2005 年
66	中原镇沙坡小学	1	陈高武	中国香港	2005 年
67	中原镇新村小学	2	司衍进	新加坡	2005—2006 年
68	中原镇连光小学图书馆	6	王永辉	新加坡	2005 年
69	中原镇长仙小学	1	欧先知	新加坡	2005 年
70	中原镇长仙小学	1	黄飞波	新加坡	2005 年
71	塔洋华侨小学舞台	5	卢碧霞	新加坡	2005 年
72	长坡小学	2.7	吴日辉	新加坡	2005 年
73	石壁长力小学	8	蒙传德	中国香港	2005 年
74	石壁助学金	13	蒙冠群	美国	2005 年
75	石壁建校款	1.4	张昌晓	美国	2005 年
76	中原镇迈汤小学	12	王炽昌	加拿大	2005 年
77	嘉积尚智小学、沙坡小学	4	陈河清	新加坡	2006 年
78	石壁长力小学建校	23.2	蒙冠群	美国	2006 年
79	石壁南星村小学	1.4	张昌晓	美国	2006 年
80	琼海华侨中学助学金	10	陈达繁	中国香港	2006 年
81	琼海海桂中学助学金	30	莫海涛	中国香港	2006 年
82	助学金	13.66	王春海	中国香港	2006 年
83	嘉积中学红楼	30	王春海	中国香港	2006 年
84	嘉积中学红楼	38	李雪萍		2006 年
85	嘉积尚智小学建校	6.55	孟里村华侨16 人		2006 年
86	嘉积镇大礼小学	8	王国仰	新加坡	2006 年
87	朝阳中学建校	15	莫海涛	中国香港	2006 年
88	博鳌镇海燕小学建校	5	王会壮	英国	2006 年
89	助学金	13	陈达繁等 2 人	中国香港	2006 年
90	中原镇沙坡小学体育设施	5.5	新加坡同乡会张明才、陈和清等 4 人	新加坡	2006 年
91	嘉积中学	20	莫海涛	中国香港	2006 年
92	朝阳中学图书馆	15	莫海涛	中国香港	2006 年

（续上表）

序号	项目名称	金额/万元	捐赠人或机构	居住地	捐赠时间
93	助学金	10	莫海涛	中国香港	2006 年
94	嘉积中学助学金	100	李强	中国香港	2006 年
95	嘉积中学	30	蔡敏	中国香港	2006 年
96	中原镇排塘小学	5	陈达繁	中国香港	2005 年
97	嘉积镇大礼小学	8	黎同仰	新加坡	2006 年
98	中原镇沙坡育英小学灯光球场	4.5	新加坡同乡会	新加坡	2007 年
99	中原小学建校	12	陈达繁	中国香港	2007 年
100	琼海华侨中学建校	19	陈达繁	中国香港	2007 年
101	嘉积中心小学	38	陈达繁	中国香港	2007 年
102	联光村委会学校教学大楼	20	王永丰	新加坡	2007 年
103	联光村委会学校体育场	10	王永丰	新加坡	2007 年
104	新华村委会新华小学	1	司衍进	新加坡	2009 年
105	新华村委会新华小学	2	符光书	新加坡	2009 年
106	新华村委会新华小学	1	符书銮	新加坡	2009 年
107	新华村委会新华小学	1	司衍富	新加坡	2009 年
108	嘉积中学李强奖学金（10 人）	10.3	李强	中国香港	2009 年
109	潭门镇典礼昌小学奖学金	2	冯振轩	马来西亚	2009 年
110	助学金（下朗村委会 2 名大学生）	1.2	蒙传德	中国香港	2009 年
111	琼海市华侨中学购置电脑	20	陈达繁	中国香港	2009 年
112	嘉积镇海桂中学助学金	45	莫海涛	中国香港	2009 年
113	潭门镇典礼昌小学助学金	7	冯振轩	马来西亚	2010 年
114	阳江镇中心小学	100	卢业栋	中国香港	2010 年
115	阳江镇老区小学	15	吴俊儒	泰国	2010 年
116	桥头小学助学金	10	陈河清	新加坡	2011 年
117	万泉镇西岸小学排球场、篮球场	5	黎会锦基金会		2012 年
118	万泉镇文曲明德小学教学楼	20	王永庆	中国台湾	2012 年
合计		3677.91			

注：历年来累计捐资捐物总额 1.5 亿元。

表 5 - 4　海南省人民政府授予荣誉称号的琼海籍华侨华人、港澳同胞名录（1998—2005 年）

姓名	居住地	荣誉称号	授予时间
李强	中国香港	赤子模范	1998 年
		赤子楷模	2005 年
林鸿谟	新加坡	爱琼赤子	1998 年
冯振轩	马来西亚	赤子模范	1998 年
		爱琼赤子	2005 年
王春海	中国香港	赤子模范、爱琼赤子、赤子楷模	1998 年
		赤子楷模	2005 年
周南炳	新加坡	赤子楷模	1992 年
		爱琼赤子	1998 年
何书训	新加坡	爱琼赤子	1998 年
杨庆勤	新加坡	爱琼赤子	1998 年
何子栋	新加坡	爱琼赤子	1998 年
黄培茂	新加坡	爱琼赤子	1998 年
吴芳泽	新加坡	爱琼赤子	1998 年
符大焕	文莱	爱琼赤子	1998 年
王树芳（女）	澳大利亚	爱琼赤子	1998 年
何子钦	新加坡	爱琼赤子	1998 年
卢业坤	中国香港	爱琼赤子	1998 年
杨耀庆	新加坡	爱琼赤子	1998 年
符功镇	新加坡	爱琼赤子	1998 年
严兴川	中国香港	赤子模范	1998 年
莫海涛	中国香港	爱琼赤子	2005 办年
陈毓仕	马来西亚	爱琼赤子	2005 年
陈达繁	中国香港	爱琼赤子	2005 年
王兴春	新加坡	爱琼赤子	2005 年
林秀花（女）	文莱	爱琼赤子	2005 年

第二节　琼海华侨捐助兴办的重点学校

一、嘉积中学

嘉积中学校史馆资料介绍，嘉积中学初创于民国初期。当时，孔广陶、施幼馨等人联名上书琼崖道，倡议发展琼崖东路教育事业，在嘉积镇创办中学。民国六年（1917）六月，琼崖道尹梁迈召集定安、乐会、琼东、万宁、陵水、崖县六县知事及当地乡绅开会，提议将位于琼东县嘉积镇南门加丛园村的商办崇实高等小学校改建为"广东省立琼崖东路中学校"，经费由六县财政共同负担。1917年11月1日，琼崖东路中学正式开学，学制四年，最初有2个班，学生80多名。第一任校长是京师大学堂（今北京大学）毕业生冯启豫。1922年，政府施行壬戌学制，中学教育分为初中、高中两级。琼崖东路中学因此改为三年制初级中学。1923年秋，琼崖东路中学升格为广东省政府直辖的重点中学，按建校时序命名为"广东省立第十三中学"（下文简称"十三中"）。1927年春，鉴于校园狭窄，校舍不敷，学校编制了"迁移十三中，更新十三中，扩大十三中"规划，经省政府批准，迁校于嘉积镇大春坡之南（今玉柴机械厂址）。是年11月破土动工，1936年新校舍全部建成，所有班级搬进新址上课。

1929年秋季，经省教育厅批准，十三中开办高中师范第一班，成为完全中学。此时广东省立的完全中学在琼崖只有十三中一所，因此十三中实至名归，成为琼崖最高学府。1935年夏，省政府决定省立中学全部改用所在地名命名，十三中遂改名为"广东省立琼崖中学"。

1939年2月，日本侵略军进犯琼崖。3月15日，嘉积沦陷。琼崖中学师生根据民国政府"焦土抗战"的指示，将多年苦心筹建起来的新校舍付之一炬，怀着悲愤的心情走上了流亡办学之路。师生们转移到定安县石壁、蒙养（今琼海市龙江镇蒙养村）一带，借用程、蔡两姓祠堂上课。琼崖中学在抗战烽火中坚持办学，受到广东省政府嘉奖。由于日军犯境，省立重点中学几乎都已停止办学。

1939年7月28日，广东省政府决定将仍在坚持办学的省立琼崖中学改设为广东省立琼崖联合中学，迁址粤西，接收各停办学校之学生就读，使广东省的重点中学教育得以延续。10月，琼崖联合中学师生经过长途艰苦跋涉，到达雷州半岛的遂溪县麻章墟，借用一所小学原用的祠堂复课。学校还接收了港澳及内地其他沦陷区的学生，以及宋庆龄创办的中国战时儿童保育院的一部分少年儿童就

读。彼时，琼崖联合中学已成为战时难民学校。1942 年春，恢复"广东省立琼崖中学"校名。

1943 年春，雷州沦陷，学校又进行第二次大搬迁。师生们迁徙数百里，历尽饥寒，备尝险阻，到达化县宝墟，择地复校。宝墟接近广西十万大山，学校借用山下陈氏祠堂上课。此外，部分师生向粤北方向转移，在省政府支持下，于韶关曲江的黄田坝成立了琼崖中学粤北分校（后迁址信宜）。由于多次辗转搬迁，流离动荡，加上受校舍、设备和物质生活条件限制，坚持办学困难重重。但是师生们在困难中，卧薪尝胆，同心协力，排除万难，坚持上课，弦歌不绝。时任校长郑兰生回忆这段峥嵘岁月说："学校惨淡经营，艰苦缔造，规模渐具，学风日纯，一时两广俊彦，负笈从游者，有如风起云涌，先后毕业于本校或考到国内外知名大学，或服务社会国家者，大不乏人。而刻苦勤学之风气，亦赖以树立。本校之校誉之而飞扬于遐迩，盖有由来也。"

抗战胜利后，琼崖中学奉命复员迁回嘉积镇；经广东省政府批准，粤北分校改为琼崖师范学校（今琼台师范学院），从信宜迁往府城，以续该校之余脉。此时嘉积原校址已成废墟，学校遂据省教育厅指示，以修建于大春坡的小学校舍为初中部，以南门本校初创时的校舍为高中部，一校两址，分地复课。1946 年，省政府指拨嘉积北门日军营房（原日军海军第八特别陆战队司令部所在地）为永久校舍，是年冬全部迁入。

1950 年 1 月 31 日，国民党"中央"行政院将琼崖改名为海南，并成立直属于中央的海南特别行政区，广东省立琼崖中学之校名又适势改为"海南特区区立嘉积中学"，自此，"嘉积中学"校名沿用至今。

1950 年 5 月 1 日，海南岛解放，嘉积中学成为广东省人民政府直接管理的重点中学，校名改为"广东省立嘉积中学"。1958 年 12 月，琼东、乐会、万宁三县合并为琼海县，嘉积中学改为县立重点中学，校名也随之改为"琼海嘉积中学"。

嘉积中学是琼海市重点中学，历来得到华侨的资助。十年"文革"期间，因政治运动影响，学校和华侨联系基本中断。改革开放以来特别是海南建省后，嘉积中学得到了社会各界人士、历届校友、海外乡亲和港澳同胞的热情支持。

1982 年，嘉积中学举行 65 周年校庆，旅港校友邱观文、王日策和严兴川先生发起成立了旅港嘉中校友基金会，接着又成立了以何万章、卢业灿、陈国清、黎传书和李异友五位先生为首的旅港乡贤校友基金会。旅港校友和其他热心于家乡教育事业的港澳同胞慷慨解囊，共捐献 134 888 港元。基金会用捐款购买了汽车、影印机、电冰箱、扩音机、录音机、照相机、压榨机等一大批设备作为献给嘉积中学 65 周年校庆的礼物；余下的 5 000 港元，则用作嘉积中学

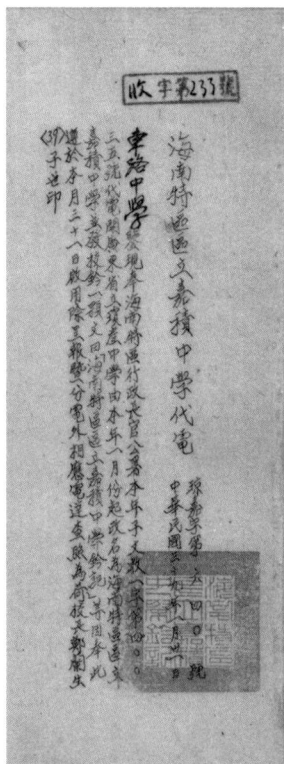

图 5 - 1 1950 年 1 月 31 日，校长郑兰生向东路中学等有关单位发出宣布琼崖中学改名为"海南特区区立嘉积中学"的代电

奖学金基金。这次捐款较多的，除了上述几位先生外，还有余熙文、黎辉星、周朝宗、黎辉炳、黎村桐、朱南生、林仲扬、郭远世、卢业坤、何兆东、黎才炎、陈开权、周朝炎、苏秀炳、朱国雄、严承培、何基泰、蔡笃兴、司有森、陈继绿、黎才轩、黄文贤、陈传钦、黄家灏、王世标、黎景趋等，以及香港海南商会、香港南凤餐厅、香港南亚餐厅、香港新南亚餐厅、香港马来西亚餐厅等。从 1983 年起，周朝宗先生和新华人餐厅每年拿出 700 元人民币作为高考奖学金，奖励嘉积中学高考成绩突出的优秀学生。嘉积中学 65 周年校庆，华侨共捐献了人民币 24 709 元，给学校购置图书、仪器。其中，捐款较多的有柞恒、林友标、王兴仲、李家宜、黄益民、莫适栋、马大锐、王先岛、王兴琼、王兴松、林尤镇、卢家蕃、黎政民、司永炎、陈凤杰、李连根、陈道儒、吴宏坤、吴业波、陈明鉴、陈道春、李浩香、陈家明、陈华强、陈道运、李学范、陈会兴等人。[1]

建省前，嘉积中学有教师 105 人，其中大学本科毕业的 40 人，专科毕业的 65 人，在读本科函授 7 人，30 年以上教龄的教师 15 人，25 年以上教龄的教师 50 人，特级教师 1 人，四级至一级教师 12 人，全国先进班主任 1 人，省级先进班主任 1 人。[2]

1978—1995 年，李强、冯振轩、林鸿谟等近 20 位海外华侨和港澳台同胞，共捐献人民币 248 万元赞助嘉积中学建校舍、增添教学设备、设立教育基金和高考奖学金。1996—2009 年，嘉积中学获得华侨华人、港澳同胞捐资共 1 156.3 万元，其中香港同胞李强及其基金会先后捐资共 1 000.3 万元，香港同胞王春海捐资 30 万元，李雪萍捐资 38 万元，香港同胞海涛捐资 20 万元，香港同胞蔡敏捐资 30 万元，香港同胞陈达繁捐资 38 万元。[3]

李强，又名李运强，祖籍博鳌镇东屿村委会潭沙村，香港理文集团主席。17

---

① 嘉积中学：《海外侨胞和港澳同胞资助嘉中简况》，政协琼海县委员会文史资料研究委员会编：《琼海文史》（第二辑 华侨专辑），1988 年，第 63 - 64 页。

② 韦经栋：《嘉积中学史略》，政协琼海县委员会文史资料研究委员会编：《琼海文史》（第一辑），1986 年，第 38 - 49 页。

③ 琼海市外事侨务办公室统计资料。

岁赴香港跟随叔父学习经商，1976 年在香港成立理文集团，1979 年回内地投资，主要经营旅行箱、手袋、电子、置业等行业。理文集团现已发展为投资手袋、造纸、化工等项目的大型跨国集团公司，在香港拥有理文集团、理文造纸两家上市公司。李强先生先后捐资 230 万元兴建嘉积中学李强奖学基金楼，捐资 300 万元兴建嘉积中学李强学苑。1993 年设立嘉积中学奖学基金，专门奖励每年考上清华大学、北京大学、中国科技大学、中国人民大学、复旦大学等大学的嘉积中学学子，获奖金额为每人 1 万元。1994 年以来，共有 133 名嘉积中学学生获得此项奖励。

嘉积中学的办学规模不断扩大，办学条件不断改善。1986 年，学校共有高中 12 个班、初中 18 个班，初高中学生总数 2 941 人，教职工 167 人。2007年，学校共有教学班 59 个，学生 3 486 人，教师 235 人，其中高级教师 45 人，校园占地面积 192 亩，校舍总建筑面积 47 359 平方米。科学馆、图书馆、运动场、教工集资楼、学生公寓楼等一批改建和新建项目相继完成。由李强先生捐资建设的新教学楼、嘉中的标志性建筑物——红楼的改造工程先后竣工。嘉中海桂学校、嘉中分校也顺应教育形势发展的需求而创办。嘉积中学先后被评为"中国名校""全国百强中学""海南省一级甲等高级中学""全国教育系统先进集体"。

下为嘉积中学修建图书馆和重建红楼捐款芳名榜:[①]

表 5-5 修建图书馆捐款芳名榜

金额/元	姓名（组织名称）
60 000	林鸿谟、陈河清
50 000	符书光
42 000	彭修、陈彩凤
40 000	华工公司
30 000	良昌酒楼
20 000（港币）	蔡敏
20 000	蔡兴荣、苏民、蔡兴川
15 000	黎汝思
10 000	何子栋、王且裕、王兆玑、陈达繁、王兆炳、王书电、蔡有鹤、王春平、黄培茂、何书训、毛开连、卢业坤、全会林、严兴川、黄文奎、陈景仕

---

① 嘉积中学校史馆资料。

（续上表）

金额/元	姓名（组织名称）
8 000	市农行
5 500（叻币）	冯振轩
5 000	王裕夫、王定深、杨飞、邢福雷、符会春、周启连、苏才连、王乙立、市建行、市工行
3 000	史元强
2 200	刘晓朝、司永贤
2 000	体育中心，卫生局，公路分局，市房管所，市报社，市民政局，市建设局，市交警大队，郑昌熙、王兆农（合捐），王克江，陈宗浩
1 000	王春香、陈道政、严政、郑重楷、何廉健、李廉、王运政、钟业坤、陈仲谦、符大焕、陈树英、伍关雄、周凡波、李捷正、邓仁爱、颜大河、王宁卿、梁民、全会安、蔡俊、黄英森、李传锋、市计生委

表5－6　重建红楼捐款芳名榜

金额/元	姓名
380 000	陈达繁
300 000	王春海、蔡敏
200 000	莫海涛
100 000	全会林
20 000	符天祥
15 000	王冠
10 000	陈德雄
5 000	许云林、刘晓朝、卢业凤、王健夫、欧立新、陈霞、王雄、王景任、伍时兴、符东富、王祚钦
4 500	吴忠成
4 000	王世钦、王祖敏、陈雅、王其雄、朱志厚、何子海、王正雄、王崇直、何书和、王正钦、李昭群、陈伟、符春雷、陈乃文、符兴颖、黎文舜、高嵩、朱宏阮、王佩娟、符昕、周廷壮、陈少丹、符策雄、符宁川、胡良娜、蔡德新、陈琼新、潘海富、郑业春、何远清、莫保贵、黎文群
3 500	张泰林

（续上表）

金额/元	姓名
3 000	严政、林芳钧、郑和祥、詹达忠、卢传升、于川、何德民、郑红东、洪尊钦、王民、崔海青、杨安、李琼导、程雅茜、田冲、马振生、陈开茂、曹显环、林成昌、李霞、何书金、陈业冲、梁振尔、周德平、罗华电、陈兴强、符继韶、黎冬涛、黄海存、符宁、胡友书、冯增侠、陈佐雄、白景宇、王虹、何书雄、马莉、王波、卢业正、黎玉界、李振超、王定江、王儒荫、王侠心、冯清永、周雄、黄景森、陈丽芳、蔡碧辉、陈丽云、陈健、吴雄、何子学、苏才天、陈德芳、龙仕川、陈国辉、吴重新、韦林松、陈文芳、王儒明、冯国平、彭正云、陈丽妃、李森、周一平、伍尚冲、卓汉才、洪贤京、杨居学、王会忠、洪世辉、卢家美、梁明秋、王千庆、李汉良、莫覃端、叶日通、洪清益、黄涛、张文渊、韩锐光、莫建军、张远景、王彪、李仕柏、张光裕、陈传芯、林朝坤、杨斌锐、蔡学云、冯所任、陈昌义、王泽标、柯景友、符永会、王烽、陈凉、韩利光、黎方行、李琼琚、郑在宁、李传民、王传杰、莫忠育、郭远杰
2 800	王益富
2 000	吴淑洪、陈徽娥、梁定金、周凡波、苏才渊、王洲、何君辉、王秀珍、彭松泽、市总工会、曾繁锦、王辉丰、李献泽、王海涛、陈少明、莫南秀、邢益雄、冯增冠、李月霞、王廷雄、王廷贵、陈国坚、莫翠象、荆大豪、莫壮海、吴朝兴、李学军、梁昌裕、陈贤仁、王若芬、林尤煌、余阿海、王丽玲、符良、王浪影、符光文、曹盛雄、何远安、陈健、黎冬涛、周基卫、王光明、陈用江、曾令波、彭正兴、王志泽、符克妙、王永兴、强永春、王清宁、刘天东、王昌叶、胡良泽、薛宏丰、符志新、黎德平、陈国辉、梁其雄、王海清
1 600	程为群
1 500	司衍雄、李世怡
1 300	周明
1 200	林华艳
1 000	张世书、卢业洪、王天、钟雯、符祥林、林崇华、林开敏、黄才琚、张波梅、王业侯、王挺坤、颜学长、符永炎、林宗森、王春咏、甘雷、梁昌卫、梁明江、汤飞、何子景、王振芳、姚传秋、陈大钊、符传富、容日才、郑庆智、唐诗、张跃美、林叶茂、郭兴、欧行轩、覃超、陈雄、严兴健、林少玲、李昌辉、庞学新、覃业武、李名广、李寒登、李天才、占刚、陈道娇、李小红、张开新、黄绍雄、王诗钗、叶海涛、吴干关、封长贤、曾鼎、蔡尚真、黎国清、吴多盛、王锡江、陈可兴、王晖雅、吴恩泽、钟业坤、全业琳、符邦和、陈学问、卢舟、朱传烈、杨泽辉、王雪娟、叶石贵

图 5 - 2　嘉积中学正门

图 5 - 3　嘉积中学图书馆

图 5 - 4　嘉积中学李强教学楼

图 5 - 5　嘉积中学红楼

图 5 - 6　嘉积中学海桂学校

二、琼海市华侨中学

琼海市华侨中学前身为 1922 年创办的乐会县立中学，校址位于乐会县城乐城岛东门街。1934 年改为乐会市立简易师范学校。1950 年改为乐会市第一初级中学。1954 年随县治迁至中原墟（今中原镇），同年集资创办乐会华侨学校。1958 年琼东、乐会、万宁合并为琼海县（万宁不久划出成立万宁县），学校改为琼海县华侨中学。1992 年琼海撤县改市，校名随之改为琼海市华侨中学。

20 世纪 30 年代，琼海籍新加坡著名侨领王绍经曾为乐会市立简易师范学校捐建王绍经图书馆①。20 世纪五六十年代东南亚"排华"运动期间，琼海县委县政府为了解决归侨子女入学问题，集资兴办了 6 所华侨中小学校，琼海县华侨中学即是其中之一。

琼海市华侨中学开办初期，经费来源主要为国家拨款，还有部分华侨、归侨、港澳同胞集资。1952—1953 年，共有 117 位海外华侨（含 5 个商业团体）合计捐旧币 8 224 万元（折合今人民币 8 224 元），捐款较多的是新加坡餐室（600 万元）、香港广南餐室（500 万元）以及陈家照、何万章、万履翔、许家栋等 6 人（各捐 500 万元）。1955 年，归侨黄开吉捐建一座图书馆。1956 年，乐会华侨中学准备开设高中班，黄开吉牵头成立乐会华侨中学筹建委员会，委员有吴惠民、张业富、颜天伍、周朝元等 57 人。在大家努力下，共有华侨 200 多人捐款，其中捐款较多的是黄开吉、黄实甫、何春台、何世奕、何基业、蔡有鹤、莫履瑞和陈学琼等，先后扩建校舍 10 多间，保证了高中班正常开办。1961 年成立了由黄开吉任董事长兼名誉校长，由归侨、侨眷约 30 人组成的校董会，并决定根据华侨、侨眷子女的特殊情况，专门成立侨办班。1964 年，琼海华侨中学共办 8 个高中班、18 个初中班，在校学生共 1 300 多人，教职工 90 多人。1966—1976 年"文化大革命"期间，该校与海外华侨的联系基本中断，校董会被解散，校名被革委会改为"琼海县人民中学"。②

1961 年侨办班的设立主要是为了培养更多的社会主义建设人才，解决归侨、侨眷及其子女的读书问题，同时通过办学密切与国外华侨的联系，为国家争取更多外汇，减轻国家的财政负担。1966 年 9 月，琼海县人民中学向琼海县教育局提出将侨办班改为公办班，理由有三：一是侨办班的经费来源主要是侨委会、教育

---

① 王裕超：《业创星洲 名扬南洋——新加坡琼籍著名侨领王绍经先生传略》，政协琼海县委员会文史资料研究委员会编：《琼海文史》（第二辑 华侨专辑），1988 年，第 22 页。

② 赵朝纲、卢业时：《琼海华侨中学的鼎盛时期》，政协琼海县委员会文史资料研究委员会编：《琼海文史》（第五辑），1994 年，第 34－38 页。

行政部和学生，叫侨办班是把功劳归华侨；二是侨办班学费高，增加了贫下中农的负担，不利于贫下中农学生升学；三是在一个学校中分公办、侨办，造成差别，公办生高人一等。侨办班改为公办班，一切经费均由国家教育行政部门负担。同年10月，琼海县教育局根据广东省教育厅要求，拟定1966—1969年琼海县人民中学侨办班教师编制和经费开支预算，侨办班转为公办班的经费缺口合计49 874元，其中1966—1967学年经费缺口为25 042元，1967—1968学年经费缺口为17 625元，1968—1969学年经费缺口为7 207元。① 侨办班改为公办班，不仅加重了财政负担，也挫伤了华侨捐助办学的积极性。

1978年，该校恢复了原名，老归侨黄开吉敬请全国人民代表大会常务委员会副委员长廖承志为该校题写了校名。1979年，共有52位香港同胞为学校捐款合计8.27万港元。其中捐款较多者有何万章、林鸿谟（各捐1万港元）。1979—1982年，共有58位琼海籍华侨捐款合计98 149元。其中捐款较多的是李昌炯（捐1.3万元）和何基业、李克才、王序典等人（各捐1万元）。李昌炯还捐款为学校修建自来水塔，并捐款设立"李昌炯奖学会"，奖励学习成绩优异的学生。1980—1981年，华侨合资捐建一栋二层的教学楼。莫履瑞、李克才、何基业、何达生、陈成福、韩大光各自捐建一间教室，陈学琼和蔡有鹤共同捐建一间教室。1985年，新加坡华侨、侨中校友陈成福捐款4万元，为母校修建图书馆。1980—1986年，海外华侨、港澳同胞、归侨侨眷100多人共捐助人民币20多万元。②

1979—1997年，海外华侨和港澳同胞252人次共为琼海市华侨中学捐献人民币226 287元，港币8.27万。新加坡青年侨领、琼海市华侨中学名誉校长黄培茂和新加坡企业家、琼海市华侨中学校友林鸿谟率先捐资并发动海外乡亲集资40多万元，设立琼海市华侨中学发展教育基金会。1997—2009年，琼海市华侨中学获得华侨华人、港澳同胞捐资捐物折算人民币159万元，其中新加坡华侨黄培茂捐资50万元设立华侨中学教育基金；香港同胞陈达繁捐资49万元购置电脑、图书设备等；新加坡华侨王兴春、王兴琼共捐资35万元用于修建华侨中学图书馆，王兴春还单独捐资25万元建设华侨中学长春图书馆。③

---

① 琼海县人民委员会：《关于将侨办班改为公办班请拨经费的报告》，琼海市档案馆，1966 - 30 - 200。

② 卢业时：《华侨与侨中》，政协琼海县委员会文史资料研究委员会编：《琼海文史》（第二辑　华侨专辑），1988年，第58 - 62页。

③ 琼海市外事侨务办公室统计资料。

图 5 - 7　琼海市华侨中学教学楼

图 5 - 8　琼海市华侨中学林鸿谟教学楼

图 5 - 9　黄开吉捐建的琼海市华侨中学图书馆

图 5 - 10　王兴春捐建的琼海市华侨中学长春图书馆

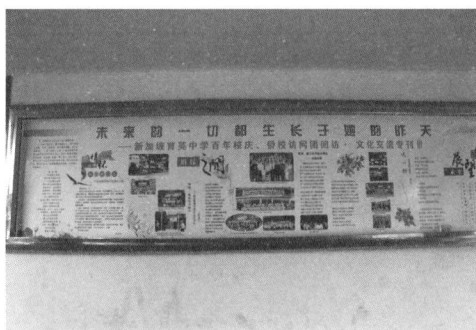

图 5 - 11　琼海市华侨中学墙报

第六章　万宁华侨捐助办学

　　万宁华侨主要在新加坡、马来西亚和印度尼西亚，龙滚镇、万城镇是主要侨乡。龙滚镇毗邻琼海市中原镇，1958 年行政区划调整时将其从琼东县（今琼海市）划入万宁县，因此龙滚镇成了万宁唯一讲琼海方言的地方。万宁华侨捐助办学主要集中在龙滚镇、万城镇等的数十个中小学。

第一节　清末民国时期万宁华侨捐助办学

　　民国时期万宁仅有三所高等小学：万四区高等小学、坡罗高级小学和文渊村高级小学。1973 年由于受到超级台风影响，大部分简陋校舍被摧毁，资料也大多佚失，这时期华侨捐助情况主要在方志和校史中有所记载，补录在重建校园资料中。

第二节　1950 年至今万宁华侨捐助办学

　　海南解放后万宁县政府相继办起数十所初级、高级小学。1973 年，万宁受到超强台风影响，损失惨重，几乎所有校舍和教学设备受到破坏。从 20 世纪 70 年代末至 90 年代，万宁华侨大力支持重建校园。

　　1978—1991 年，万宁华侨华裔和港澳同胞捐款赞助家乡文教卫生公益事业的总金额为人民币 604.73 万元。其中龙滚镇 358.44 万元，礼纪镇 145 万元，后安镇 56.55 万元，东澳镇 19.49 万元，北坡镇 12.49 万元，和乐镇 7.80 万元，长丰镇 2 万元，山根乡 1.58 万元，大茂镇 1.38 万元。马来西亚华侨祝清坤捐赠 300 万元人民币兴建万宁市后安镇清坤小学，又捐 35 万元给该校改造校园和创建省级文明学校，捐 4 万元给万宁中学改修校门，各捐 5 000 元给万宁市龙滚镇中学、万宁市后安镇中学。马来西亚华侨黄雄忠昆仲捐款 60 万元修建家乡和乐镇红旗小学。1992 年 4 月 6 日，海南省人民政府授予捐赠有功的新加坡华侨李城燕和祝清坤"爱琼赤子"称号。1993 年 4 月 6 日，海南省人民政府授予马来西亚

黄桂春"赤子楷模"称号。①

至 1997 年，万宁华侨捐资人数达 1 182 人，共捐人民币 2 630 000 元。为全镇 25 所小学（其中完全小学 17 所，初级小学 8 所）建设扩大了规模。计已建成教学大楼 20 幢，教室 133 间，宿舍 80 间，办公室、图书室、教仪室等 28 间，还修建校门、围墙等，总建筑面积达 11 560 平方米。并充实了一批教学设备，消灭了学校危房，初步配备现代化教学设施，改善了全镇 206 名教师的居住条件，改变了 3 609 名学生的读书环境，打开了侨乡小学教育的新局面，为全省海外华侨支持家乡教育事业树立了光辉的榜样。华侨捐助的学校主要有:②

坡罗小学:在该镇之南部，与山根乡为邻，创办于 1947 年，为该地区 12 个村庄农家子弟就近读书而设，培养过不少人才。该校历来都得到旅居新加坡、马来西亚华侨、华人和香港同胞的资助。如 1984 年到 1986 年，旅居香港的何麟经先生等 57 人捐助人民币 6.4 万元（其中何麟经先生捐款 1.05 万元），建成教学大楼 1 幢、教室 8 间，另建办公室等 2 间，总建筑面积 650 平方米，满足了该校 10 个教学班、18 名教师、350 名学生的教学需要。

文渊小学:创建于 1950 年 2 月，是在原塾学文渊阁旧址上建设起来的。旅新加坡华侨冯清波先生（1952 年回国，曾任万宁县人民政府委员）牵头发动文渊村海外华侨赞助，建成教室 6 间、宿舍 6 间和学校拱门等，并购置了一批教学设备。1982 年前后，旅居新加坡华侨庄家廷先生发动海外乡亲梁昆生、谢维和、陈兴禧等 57 人，捐助人民币 5.4 元，香港同胞蔡业民先生（该校第二届学生）捐赠人民币 2.1 万元，政府拨款 1 万元，共计基建费 8 万多元，建设教学大楼 1 幢，教室 8 间，并建有校门、围墙等，总建筑面积 520 平方米。这为当时 7 个教学班、8 名教师、211 名学生的工作、学习创造了良好的环境。

文曲小学:1952 年创办的一所高级小学，第一任校长是钟辉光。该校历来得到海外华侨的热心支持。14 号台风后，1980 年该校董事会向海外侨胞、港澳同胞发函，请求资助家乡的教育事业，立即得到文曲村旅新加坡华侨陈传章、冯廷邱、冯廷仁、冯廷亚等先生的响应。他们成立援乡教育基金会，分头发动该村旅居印度尼西亚、马来西亚等国家的乡亲和香港同胞 72 人，共捐助人民币 32.5 万元。其中旅新加坡的冯廷其先生捐 6.5 万元，陈传章先生捐 2.5 万元，冯廷东先生捐 1.5 万元，冯崇年先生捐 1.25 万元，冯廷亚先生捐 1.05 万元，冯廷邱先生捐 1.2 万元，冯崇坤先生捐 1.2 万元;旅印度尼西亚的冯崇仁先生捐 1 万元

① 《万宁县志·卷三十二 华侨事务对台事务民族事务·第一章 华侨华人事务·第三节 侨务工作》，海南史志网，http://www.hnszw.org.cn/xiangqing.php?ID=47869。

② 蔡德佳主编，万宁市政协文史资料研究委员会编:《万宁文史资料》（第六辑 万宁华侨华人史料·上），2002 年。

等。建成一层楼教室 6 间，宿舍 10 间及校门、围墙等，总建筑面积 850 平方米。1992 年，新加坡、印度尼西亚侨胞作出决定，将新加坡文曲公司楼（公寓）存款兑换人民币 10 多万元汇回该校存入银行，每年取息作为奖学金和修缮费。

河头小学：一所由初级小学改办的完全小学。1983 年，河头村旅新加坡华侨王琨先生回乡探亲，参观了河头小学，他看到该校校址狭窄、教室矮小，教学设备简陋，决心发动海外乡亲赞助家乡的教育事业。他本来是做小本生意的，却带头捐助人民币 2.7 万元，王辉昌、王辉耀、陈家贵 3 位先生不甘人后，也捐出同样的数额。捐助 1 万元以上的还有何子蕃、王日盛、王燕南、莫王序英、王贻安、王永民、陈世芹、王永雄、王永豹、王序平等。在他们的带动下，河头、岭下村的华侨 128 人共捐助人民币 434 500 元，建成教学大楼 1 幢，教室 8 间，还建宿舍、办公室、图书室等 12 间，总建筑面积 860 平方米。

端熙小学：创建于 1952 年的完全小学。1953 年至 1954 年间，由本地华侨捐资建起土木结构的 6 间教室和 8 间教师宿舍。但后来因年久失修，加上遭受台风破坏，校舍破旧。1984 年到 1986 年，鲤跳村旅马来西亚华侨陈大波先生发动马来西亚、新加坡乡亲和香港同胞 160 人，共为该校捐人民币 8 万元。于 1987 年上半年建成教学大楼 1 幢，教室 7 间，还建宿舍 4 间，图书室、办公室各 1 间，总建筑面积 680 平方米。

治坡小学：原是一所初级小学，海南解放后扩建为一所完全小学。1980 年，在旅新加坡华侨韩益元、符厚修先生的发动下，旅居新加坡、马来西亚等地 4 个村的华侨 80 多人共捐助人民币 20 多万元（其中梁定雄先生 1.3 万元，韩益元、符厚修两位先生各 1 万元），建成教学大楼 1 幢，教室 10 间，还建宿舍 12 间、办公室、图书室等 3 间和校门、围墙等。总建筑面积 820 平方米。

龙滚村小学：1976 年至 1987 年，该村旅新加坡华侨李琼洋先生 5 次回乡探亲都到该校参观，决心把这所学校建成具有一定规模的现代化教育基地。他发动旅新加坡华侨名人李城燕、李琼兰先生等 15 人，为该校共捐助人民币 199 960 元（其中李城燕先生 100 800 元，李琼兰、李琼洋两位先生各 33 600 元）。他们还为该校的建设精心绘制设计图。

水坡华侨小学：地处半山区，原是初级小学，1957 年改为完全小学。为了扩大学校规模，建设现代化的教学基地，1987 年由旅新加坡华侨冯朝端先生牵头，组织同乡冯明辉、冯朝帝、冯朝荫等人发动海外乡亲 110 人，筹措资金 13 万元（其中旅新加坡华侨冯朝辉先生捐 1.5 万元、冯朝端先生捐 1 万元，旅马来西亚华侨冯朝虎先生捐 1.2 万元）。加上在乡的归侨、侨眷的大力支持，小学于同年 3 月 24 日开始兴建，7 月 1 日竣工。建成教学大楼 1 幢、教室 6 间，还建有宿舍 11 间，办公室、图书室 2 间，以及校门、围墙等，总建筑面积 700 平方米。

排园小学：原是乐会县属地，1958 年万宁、乐会、琼东三县合并为琼海县，1959 年分立万宁县，此时琼海县划出朝阳公社的河头、排园两个大队（今村委会）归属万宁管辖。该校是由龙滚公社（今镇委）领导的一所完全小学。1980 年，排园村旅居香港同胞郭远世先生回乡省亲，到该校了解家乡教育现状。他看到校舍陈旧，教学环境、设备都比较落后，便向乡村父老兄弟表示决心支持办好这所学校。他返港后写信给旅新加坡、马来西亚等地的华侨陈玉熊、陈文曲先生等，发动乡亲共 55 人，共赞助人民币 103 200 元，其中他捐赠 57 600 元。这样为该校建成教学大楼 1 幢，教室 7 间，还建有宿舍 10 间、办公室 1 间、留芳亭 2 座、校门和长 225 米的围墙等，总建筑面积 705 平方米。同时购置了一批教学设备，大大调动了师生工作和学习的积极性。

分界州小学：前身是分界墟学校，日军侵琼时废除该墟后学校停办。1946 年复办为分界初级小学，海南解放后转为公办学校。但校址狭窄，场地低洼，周围是居民区，学校卫生环境很差。1994 年，该校校长翁泰东召开乡村父老座谈会，提出迁移学校到龙滚墟北侧一公里处海榆东线公路附近的分界坡上的建议，得到与会者的一致赞同。归侨曾海进（市政协委员）立即写信给旅马来西亚的亲人曾昭才先生，说明迁移校址的理由，提出募捐款项的建议。不久，曾昭才先生回信表示大力支持家乡的教育事业。该校成立董事会后，推举曾昭才先生为董事长，陈业轩（海南日报社原副主编）、曾宪养（在海南工作干部）、翁泰东等先生为副董事长，董事有曾夫（白沙县原政协主席）、曾海进等先生。从 1994 年到 1995 年的 2 年间，曾昭才先生在海外带头发动乡亲 29 人，赞助人民币 17 万元，其本人捐助 14.4 万元，钟启仕先生捐助 2 万元。在乡的归侨、侨眷和外出干部职工赞助 4 万多元，其中陈业轩先生赞助 1 万元。共筹建校基金 22 万多元，1996 年春建成了一层楼教室 5 间，宿舍 4 间，还建有校门、围墙等。总建筑面积 350 平方米。经万宁县政府批准，学校更名为"分界昭才小学"。1996 年 4 月 5 日，该校举行落成剪彩典礼 200 人大会。马来西亚华侨曾昭才、黄桂春等 4 位代表，万宁县委书记、县长林玉权，县人大主任许秀年，县教育局、侨务办、侨联会、龙滚镇领导等出席大会。华侨代表曾昭才、县长林玉权都在大会上发表讲话，盛况空前。2002 年，该校有红山、横埇、上市、下市、上分界、镇农场等村庄的学生 120 人，分为 5 个班级（其中学前班 1 个，1 至 4 级初小班 4 个），由 7 名老师执教。

宝树小学：原为岭上园村谢氏宝树郡宗祠私塾，海南解放后改为公办岭上园高级小学，海外华侨的资助扩大了校园。1973 年遭遇 14 号强台风袭击，校舍毁坏，学校的环境较差。1984 年，当地有识之士提出迁移学校到光荣岭脚下的建议，得到了乡村父老的赞同，成立了校董事会。旅新加坡华侨谢清民、谢乙龙、谢门熙 3 位先生和旅美华侨谢门炳先生大力支持。他们发动海外乡亲 28 人，共捐人民币 15 万元（其中旅新加坡华侨谢家谟先生捐 2.88 万元、谢门熙先生捐 2.8 万元、谢乙龙先生捐 2.37 万元、谢门儒先生捐 1.59 万元，旅马来西亚华侨谢明经先生捐 2.08 万元），建起教学大楼 1 幢，教室 7 间，还建有宿舍 7 间，办公室、图书室数间和校门、围墙等，总建筑面积 986 平方米。

海滨小学：原名当仁小学，是福塘村委直辖 4 个村庄的一所完全小学。海南解放初期，当仁村旅印度尼西亚华侨莫国振先生慷慨解囊，捐建教室 2 间，满足了教学的需要。1973 年遭受台风破坏，校舍破旧不堪，由本村群众和干部集资，华侨赞助重修。旅新加坡华侨莫宾科，旅印度尼西亚华侨莫宾富、李洪成等先生带头发动海外乡亲 16 人，捐人民币 2.6 万元作为建校部分资金。建成教学大楼 1 幢，教室 7 间，还有宿舍 8 间，办公室、电教室、仪器室、音乐室、图书室等 5 间，以及校门、围墙等，总建筑面积 720 平方米。

龙楼小学：创建于 1952 年的一所完全小学。1981—1989 年，旅新加坡华侨冯朝森、冯朝端为了支援家乡教育事业，分头发动海外乡亲 83 人，共捐人民币 53 000 元，为该校建成一层楼教室 4 间，宿舍 2 间，总建筑面积 265 平方米。1997 年 12 月 21 日，新加坡华人李崇冠（新加坡政府发展部住宅建筑局首席工程师）先生受父母亲的委托，回乡为当年考上大学和重点中学的龙滚籍学生颁发奖学金后，顺便参观龙楼小学。当他了解到该校经费困难的现状后，当即以"新加坡李会章夫人奖学基金会"的名义捐赠人民币 3 万元，为该校兴建校舍 3 间，总建筑面积 150 平方米，满足了学校的需要。为了奖教奖学，李先生决定从 1997 年开始，以"新加坡李会章夫人奖学基金会"的名义，每年给学校赞助人民币 5 000 元，以鼓励家乡子弟勤奋读书成才。

凤尾小学：海南解放前设立在凤尾村梁氏宗祠内的一所初级小学。1952 年改为公办学校。当时由新加坡华侨梁安儒、林应勋两位先生带头募集建校资金，迁到凤尾村北侧一块平坦的山坡上新建。1973 年因 14 号强台风袭击，校舍全部倒塌。在人民政府的支持下校园恢复了，但教室矮小，教学设备不完善。1983 年到 1993 年，一向热心家乡教育事业的华侨梁安儒、梁永安、林应勋、林时卿等先生，发动海外乡亲 67 人，慷慨解囊赞助。他们还决定卖出凤尾村在新加坡的公司楼（公寓）筹集建校经费，共汇回人民币 38 496 元，建成一层楼教室 4 间（其中梁永安、林时卿两位先生各建 1 间），以及宿舍、校门、围墙等，总建筑面积 232 平方米，还购置一批家具和教学设备。1992 年 6 月，澳大利亚籍华人梁元居先生回凤尾村寻根问祖、探望亲人期间，热情赞助人民币 6.9 万元兴建学校办公室、图书室、会议室各 1 间，打机井 1 口，总建筑面积 206 平方米。余款留该校备用。

旧村小学：创建于 1952 年的一所完全小学。1984 年，旅新加坡华侨郭经盈、郭仁华、郭泽洋发动海外华侨、香港同胞共 36 人，捐人民币 37 000 元。连同学

校集资，建成一层楼教室6间，办公室、图书室等2间，总建筑面积300多平方米。此外，还修理了宿舍，美化了校园环境。建校后，郭仁华先生回乡亲临学校参观，并为师生添置一部彩色电视机。

田头小学和上城小学：这2所学校地处六连岭北麓地区，地广人稀，学生较少。海外华侨22人捐人民币1万元，各自修1间建平顶教室，总建筑面积100平方米。

大群小学：旅新加坡华侨林中义1992年捐助6万元，建成一层楼教室2间，宿舍、厨房各1间，打机井1口，还建校门、围墙等，总建筑面积200多平方米。

1980年，共有5所小学得到华侨的捐助，包括：多格完全小学，由旅新加坡华侨陈凤梓先生发动华侨30人，共捐人民币3万元；南庄初级小学，在旅新加坡华侨冯明辉、冯德尧两位先生的牵头下，海外华侨16人共捐人民币3.65万元（其中冯明辉先生捐1.2万元）；南岸初级小学，在旅新加坡华侨陈玉熊先生的发动下，华侨共赞助人民币2.15万元；上坡初级小学，旅新加坡华侨陈星南先生发动华侨5人，共捐人民币1万元；文朗初级小学，旅新加坡华侨黄敦礼先生等10多人共赞助人民币1.3万元作为建校资金。以上5所小学分别建成平顶教室11间、宿舍6间及校门、围墙等，总建筑面积600多平方米。

后安清坤小学：原名荫坑初级小学，创办于1946年，当时仅有教室1间，学生60人，教师3人。1952年改为公办龙田高级小学，有教室6间，教师宿舍3间，设备简陋，但学生发展到160人，教师8人。1968年，学校附设初中班，规模逐年扩大。时过10年的1978年，初中班撤销，学生转入后安初级中学续读。1986年，学校在上级教育部门和干部群众的支持下，建起了两幢钢筋水泥结构、有8间教室的教学楼，面积320平方米，学生发展到450人，教师15人。可是，由于年久失修，校舍陈旧，墙壁斑驳，屋顶漏水，门窗损坏，桌椅残缺，教学条件较差，致使学生没有一个良好的学习环境。1990年春，旅马来西亚华侨、华人拿督祝清坤先生回到祖籍后安镇龙田村委会松塘坑村省亲，在镇政府领导的陪同下参观了学校，看到一个个天真活泼的小学生勤奋学习的身影，但学校的教室破旧、设备简陋，这使他深有感触。为了培养家乡的人才，祝清坤先生捐资办学的念头油然而生，决心把这所学校建设成现代的教学基地。他为人忠厚正直、胸怀广宽、言行一致，说干就干，返马后立即汇款回来。1991年学校基建迅速动工，仅用一年半时间，一幢高3层、拥有16间教室、面积1 400平方米的教学大楼顺利竣工了。还建有教师宿舍10多间，运动场1个，校门、自来水塔各1座，800米围墙，铺设水泥校道6条等。同时购置了一大批体育器材和电教设备，并种植花草树木，美化、绿化了校园。学校基本上实现了"一无两有六配

套"。这期建校工程总投入人民币 80 多万元，除了政府拨款 5 万元，乡村干部、群众捐款 1 万元，以及几位海外华侨捐献 2 万元外，祝清坤先生赞助 72 万元。学校建成后，为了表彰祝清坤先生热爱桑梓、乐育英才的义举，1992 年经万宁县人民政府批准，将后安龙田小学更名为"后安清坤小学"。并于同年 12 月 2 日举行教学大楼落成剪彩典礼大会，出席大会的有海南省省长刘剑锋、副省长王学萍、省侨务办主任黎良端、省教育厅厅长谢峰、万宁县县长林玉权等领导同志，祝清坤先生偕同夫人、儿女等应邀出席大会，还有学校师生和乡亲几千人踊跃参加庆典。大会上宾主发表了热情洋溢的讲话，刘省长高度赞扬祝先生慷慨解囊捐资办学的爱国爱乡精神，并代表海南省政府对他表示衷心的感谢。祝先生的心情十分激动，他在雷鸣般的掌声中发表讲话。当他讲到自己童年因家贫失学的痛苦体会时，不禁老泪纵横，听众十分感动。1994 年，祝清坤先生又捐出人民币 20 多万元，新盖教师宿舍 6 间，装修宿舍 16 间，并征教学用地 8 亩。同时设立了 30 万元人民币的奖学教育基金会。他为学校先后共捐赠了人民币 130 多万元。

龙滚镇中心小学：前身是 1908 年创办的龙滚戒庙高等学堂，1927 年学校停办，戒庙因年失修倒塌。1941 年 9 月，日伪政府在龙滚戒庙高等学堂旧址南侧复办龙滚小学。1943 年学校迁到龙滚新墟北侧的大陆园村荒坡上，新建几间瓦房作为教室，面积约 500 平方米。1945 年日军投降后，万宁县第四区国民政府接管了学校，改校名为"万宁县第四区国民高级小学"。1951 年人民解放军接管后，改名为"万宁县第五区第一高级小学"。1957 年更名为"万宁县龙滚乡第一小学"。1958 年更名为"万宁县龙滚人民公社中心小学"。1979 年更名为"万宁县龙滚镇中心学校"。1996 年 8 月，万宁县撤县设市，又更名为"万宁市龙滚镇中心小学"。2009 年 9 月，万宁市政府进行教育布局调整，将龙滚镇中心小学（包括乡村 10 所小学）合并至万宁市华侨中学，办九年一贯制学校，校名为"万宁市龙滚华侨学校"，学校占地面积 114 350 平方米，建筑面积 13 108 平方米。2012 年 1 月，万宁市教育局授予龙滚华侨学校"万宁市规范化学校"的荣誉称号。

1974—1997 年间，在旅居马来西亚、新加坡的华侨许日强、翁逢轩等的牵头发动下，万宁的海外乡亲共 112 人赞助人民币合计 20 万元，用于建设龙滚镇中心小学校舍。其中许日强先生捐 2 万元，翁逢轩先生和陈锡娇女士各捐 1.2 万元，香港同胞潘顺科先生和翁泰贞女士各捐 1.2 万元，许禄谦先生捐 1 万元等。

1997 年，新加坡华侨、中医师李会章先生及其夫人林淑英女士捐资 2 万元人民币，设立"李会章夫人奖学基金会"，每年拿出部分利息用于奖励龙滚籍考上大学的学生，考上重点中学的初、高中生以及重点中学的优秀学生和教师。1997 年 12 月 21 日，李先生的儿子李崇冠偕同夫人、孩子等从新加坡返里，在龙滚镇

政府召开颁奖会，发放奖金人民币 20 400 元。获奖的有 35 人，其中考上清华大学的学生 1 人，奖金 1 500 元；考上同济大学的学生 1 人，奖金 1 000 元；考上省立大学的学生 4 人，每人奖金 700 至 800 元。每人还奖励手表 1 只、钢笔 1 支。奖励考上重点中学（万宁中学、国兴中学、海南侨中、海师附中、海南中学等）的初、高中生和在重点中学的高才生共 23 人，每人奖励 500 至 600 元、钢笔 1 支。奖励教学有功的优秀教师 6 人，每人奖励 500 元、手表 1 只。

北坡华侨中学：1959 年，著名华侨李学泰发动新加坡、马来亚和泰国等地的侨胞捐资兴建了有 12 间教室的北坡初级中学，1960 年正式命名为"北坡华侨中学"。其初建时是一所完全中学，1961 年把高中合并到万宁中学。1966 年改名为"万宁县北坡中学"。20 世纪 70 年代只招高中生。1985 年后停止招收高中生，成为初级学校。

万宁市华侨中学：1951 年，龙滚区委（万五区委）在"公办民助"的思想指导下，开始了开办中学的筹备工作，成立龙滚中学筹办委员会，推举老归侨陈业值为主任委员，全面负责筹备建校工作。经过筹委会的宣传发动，建校获得一批华侨的积极响应。1952 年，旅居新加坡、马来亚的华侨莫昌炳、李大仿、李大仍、李琼兰、李大楠、李诚燕、张学杰等，旅居印度尼西亚的何君泰、曹贤位、曹世万、许开华等，旅居美国的李琼旭、李香泰等，旅居香港的何麟经等共计 200 多人，为建校共捐人民币两万多元。之后仅在一年内就兴建教室两栋六间，校舍一栋六间。1956 年 8 月，万宁县人民政府批准同意成立万宁县龙滚初级中学。任命莫骄为校长，曹昭明为教导主任。

1958 年 9 月，县人民政府批准该校改称为"万宁县龙滚中学"，增设高中两个班，招生 100 多人。

1962 年 3 月，万宁县人民政府根据万宁侨乡的实际情况，建议县教育局向广东省侨务委员会申请将万宁县龙滚中学改为万宁县华侨中学。同年 5 月 22 日，广东省侨务委员会批复同意设立万宁县华侨中学。校名由时任全国人大常委会副委员长、中侨委主任的书画家何香凝题写。

1966 年"文化大革命"期间，学校受到冲击，一度被迫停课。加上台风的影响，校门及一些设施几乎被毁坏。同年 9 月 22 日，万宁县华侨中学改名为"万宁县东方红中学"。

1978 年 10 月 5 日，县教育局同意将万宁县东方红中学改名为"万宁县龙滚中学"。

1980 年春，万宁县委决定恢复万宁县华侨中学，并报请时任全国人大常委会副委员长廖承志题写校名。同时决定重新成立侨中董事会，指派曹昭明负责组织董事会。董事会推举旅新加坡华侨李诚燕、李琼洋、梁昆生、王桂东，旅马来

西亚华侨许日强，香港同胞郭远世、冯锦飞等人担任侨中名誉董事长。侨中董事会向海外乡亲写信，通报万宁县华侨中学复办和重新成立校董会的情况，许多华侨表示支持家乡的教育事业。据不完全统计，华侨华人先后为万宁华侨中学赞助达 375 次，共捐人民币 200 多万元以及一批教学设备。

1996 年 8 月，中华人民共和国国务院批准撤销万宁县，设立万宁市（县级）。1998 年 9 月，经市教育局批准，将万宁县华侨中学改名为"万宁市华侨中学"。

图 6 - 1　廖承志题写的"万宁县华侨中学"

图 6 - 2　万宁市华侨中学校园

图 6 - 3　万宁市华侨中学淑英楼

第七章 定安、澄迈、儋州、临高、琼中、陵水华侨捐助办学

与文昌、琼山、琼海和万宁等主要侨乡相比，定安、澄迈、儋州、临高、琼中和陵水等地华侨较少，华侨捐助办学历史较短，主要表现为个例。

第一节 定安、澄迈的华侨捐助办学

一、定安华侨捐助办学

定安华侨捐助办学所建的主要有 2 所学校：定安思源实验学校与平和思源实验学校，它们是为迁移农村边远贫困地区义务教育阶段的中小学生而设立的寄宿公办学校。

2009 年，定安进行教育布局，调整撤并 17 所偏远农村学校与教学点，分流 1 128 人。同年创办定安思源实验学校，总投资 2 500 万元，香港言爱基金会捐资 1 200 万元，中央财政投入 495 万元，省财政投入 500 万元，县财政配套 305 万元。校园总面积 683 亩，总建筑面积 14 508 平方米，共有 44 间教室、3 间多媒体教室、1 间舞蹈室、1 间美术室、2 栋学生公寓楼和 2 栋教师公寓楼。教学班级 34 个，在校生 1 771 人，教职工 126 人。

图 7-1 定安思源实验学校校门

定安县平和思源实验学校创办于2012年，总投资8 634万元，其中香港言爱基金会捐赠1 350万元。学校占地面积101.65亩，建筑面积6 848平方米，文体活动场地7 300平方米，师生宿舍15 610平方米，食堂3 620平方米。

图7-2 定安县平和思源实验学校校园

图7-3 定安县平和思源实验学校大门

图7-4 定安县平和思源实验学校教室

二、澄迈华侨捐助办学

澄迈县红光初级中学原是一所海南农垦企业创办的学校，于2009年7月移交纳入澄迈县政府管理，原学校称谓"海南省农垦红光中学"更名为"澄迈县红光初级中学"。学校坐落在澄迈县福山镇福兴东路。学校创办于1965年8月，其前身是红光职业农中，于1968年8月改称红光中学。校址几经变更，于1971年搬至现校址。至2013年，总资本规模828.5万元，侨资300万元，侨资约占36%。校园占地面积95亩，校舍总面积14 382平方米。①

红光初级中学的主要捐赠者是李广生先生。李先生于1969年在广州市高中毕业后，积极响应党中央的知识青年上山下乡号召，来到海南红光农场工作。1977年调回广州工作，开公司办企业。他在事业有成之后，念念不忘养育自己8

---

① 红光初级中学校史资料，学校办公室提供。

年的红光，先后捐款 130 多万元修建红光中心学校教学大楼，红光中学教师办公楼、学生宿舍楼、学生食堂和红光医院大楼，并捐赠 2 万多册新图书和电脑一批、医院设备仪器一批。从 2008 年开始，李广生捐资 30 万元成立"李广生教育基金会"，每年颁发一次奖助学金，资助农场小学、初中当年考试前三名的学生，农场中学考取省重点高中的学生和农场优秀特困大学生。2008 年至 2013 年 6 年间共资助学生 171 名，金额 54.43 万元。2009 年李广生被澄迈县委、县政府评为"十佳尊师重教先进个人"。2007 年 12 月，省农垦总局、澄迈县、红光农场领导分别为李广生颁发了支教楷模证、澄迈荣誉市民证、红光农场荣誉职工证。[①]

第二节　儋州、临高的华侨捐助办学

一、儋州华侨捐助办学

儋州市获得华侨捐资助学的学校主要有那大中学（现儋州市第一中学）、丹阳学校、民族中学和思源中学。

1993 年，儋州旅台人士邓秀平、蒋宝莲捐款修建了那大中学（现儋州市第一中学）校门。

1996—2006 年，旅日华侨李正派向丹阳学校捐赠各类书籍 120 本、单轮自行车 4 辆、小钢琴 1 台，并每年向丹阳学校中考成绩前十名的学生各赠送《汉语大词典》1 本。

2009 年 2 月 2 日，美国南加州华裔韩春晓女士代表南加州 21 位海南乡亲，向儋州市 7 名孤儿和民族中学 61 名贫困生捐助 3 750 美元。

2011 年，邢李㷧通过香港言爱基金会捐助 2 850 元人民币建成两所思源学校，两校同年 9 月正式招生，计划招收 3 300 名学生。[②]

二、临高华侨捐助办学

临高县主要有香港同胞郭华捐助的新盈头咀小学、新盈中学、临高中学和临

---

① 《红光知青李广生为 17 名优秀学生颁奖学金》，海南农垦网，2009 年 9 月 25 日。
② 儋州市外事侨务办公室、政协文史办公室提供资料。

高第二中学。郭华先生出生于广东番禺，其外祖父陈亚宾到海南临高县新盈镇头咀村谋生，母亲则带着幼年的他到香港打工。郭华因此与海南临高结下了不解之缘。为报答和纪念外祖父，他先后向临高新盈头咀小学捐港币 8.4 万，向新盈中学捐人民币 1 万元，向临高中学捐港币 5 000，向临高第二中学捐人民币 4 万元、港币 10 万。1956 年，郭华先生倡议和组织港九工商界回国参观访问，受到毛泽东、周恩来等党和国家领导人的亲切接见。后来，郭华先生在家乡捐款兴建番禺宾馆、番禺侨联中学，并在广州、江门、梧州等地捐赠公益事业。郭华先生由于热心慈善，被海南省政府授予"爱琼赤子"称号，被临高县政府授予"爱乡赤子"称号。①

第三节　琼中、陵水的华侨捐助办学

一、琼中华侨捐助办学

琼中县史志资料记载，1934 年，印尼华侨在三脚岭（松涛）创办实业种植公司，并创办国民小学。

二、陵水华侨捐助办学

陵水县华侨捐助的学校主要有本号民侨小学、陵水实验小学、新村初级中学、陵水思源实验学校和陵水实验初级中学。

本号民侨小学：前身为创办于 1953 年的本号军普小学，后定名为本号镇中心小学，1991 年更名为本号民侨小学，是陵水县公办九年制完全小学。学校占地 56.68 亩，校舍面积 6 021.19 平方米，各项教学设施基本完备，图书馆藏书一万余册。

---

① 《海南省志·教育志·第十章　勤工俭学华侨助学·第二节　华侨助学（1）》，海南史志网，http://www.hnszw.org.cn/xiangqing.php? ID = 49199。

图 7 - 5　陵水县本号民侨小学校园一景（周始杰拍摄）

本号民侨小学是陵水县获得华侨捐助最多的学校，被誉为"不是侨乡之侨校"。1989 年，海南遭受强台风袭击，教室校舍全部倒塌。香港侨胞陈国清曾三次访问学校，回港后联络港澳同胞和泰国琼籍华侨张其璠、陈百川先生等人，捐助港币 544 500、人民币一万元，用于学校重建。为留芳名后世、传教后人，县政府特将学校更名为"民侨小学"。①

1991 年 4 月 19 日，泰国海南会馆访问团参观学校，受到全体师生三百余人的热烈欢迎。同年 5 月，泰国海南商会工商考察团也到访学校参观。1989—1991年海外华侨、港澳同胞以团体或个人名义捐资合计人民币八十多万元。捐款芳名如下：

泰国海南会馆访问团　一万港币

齐必光先生及夫人　两千港币

泰国海南商会工商考察团　两千三百元人民币

郑有英先生及夫人　五千港币

欧宗清先生及夫人　五千港币

冯裕德先生及夫人　五千港币

陈修炳先生　四千元人民币

韩俊元先生　两千三百元人民币

曾纪蕃先生　三千港币

---

① 《潘子明、张其璠先生为陵水民侨小学捐款》，《海南侨报》，1991 年 5 月 22 日第 3 版。

　　林黄金花女士　四百美元

　　韩泰畴先生　两千港币

　　云逢钵先生及夫人　两千港币

　　冯凤祯先生及夫人　两千港币

　　冯冰珊女士　五百元人民币

　　林鸿荣先生　五百元人民币

　　林鸿钰先生　五百元人民币

　　邢谷干先生　一千港币

　　周伟民先生　一千港币①

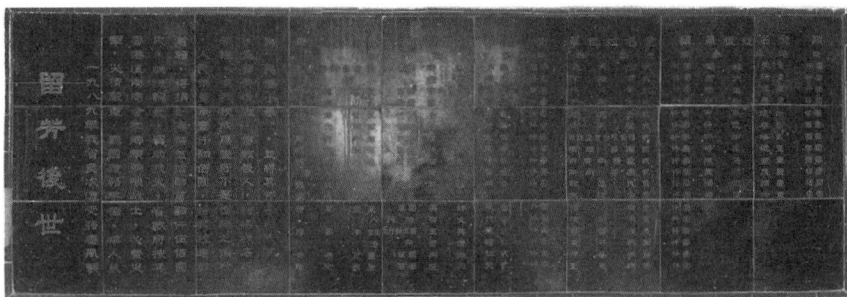

图 7 - 6　陵水县本号民侨小学 1989 年华侨捐款芳名录（周始杰拍摄）

图 7 - 7　陵水县本号民侨小学 1991 年华侨捐款芳名录（周始杰拍摄）

---

　　①　陵水县本号民侨小学校史资料，学校办公室提供。

　　陵水其他获得华侨、港澳同胞捐助的学校主要有：1995 年，陵水实验小学获得邵逸夫基金会捐建邵逸夫教学大楼一栋。1999 年，新村初级中学获得邵逸夫基金会捐建邵逸夫教学大楼一栋。2008 年，香港言爱基金会资助创办陵水思源实验学校。2012 年，香港言爱基金会资助创办陵水实验初级中学。①

---

① 　本号民侨小学、陵水实验小学和新村初级中学提供资料。

第八章　海南华侨捐助办学的主要类型和管理方式

第一节　海南华侨捐助办学的主要类型

　　根据华侨捐款的作用，华侨捐助办学主要有三种类型：第一种，侨建侨办。即从修建校舍、添置设备到日常教学管理费用，由华侨全资负责。第二种，侨建公办。即华侨捐款修建全部或大部分校舍，有的也添购部分设备，国家教育部门负担日常教学管理费用。第三种，公办侨助。即华侨通过捐资（教育基金或奖学奖教基金）、捐物（教学设备）或捐建（修建校舍）资助公立学校。①

　　以上三种类型在海南华侨捐助办学历史中较常见。从历史上看，早期华侨捐助办学的类型较多，侨建侨办的学校一般是乡村初级小学，比如民国时期的迈众象德小学。20 世纪 50 年代后，随着国家教育体制和教育政策的变化以及华侨身份的变化，采用侨建公办和公办侨助方式的较多，侨建侨办的学校极少。琼海乐群小学是为数不多的至今仍属侨建侨办的学校。

　　不管是哪种类型的捐助，华侨华人用于办学的资金用途主要是修建校园硬件设施，包括教学楼、图书馆、办公室、宿舍、校道、校门、纪念亭，以及提供图书资料、教学设备和奖教奖学金等。也有以实物形式捐助的，主要是教学设备、教学仪器和图书资料，困难时期也有捐助建筑材料如红砖的。

---

　　① 郭梁、蔡仁龙、刘晓民：《关于福建华侨办学沿革史的部分调查》，《南洋问题》1986 年第 2 期，第 21、33 页。

第二节　海南华侨捐助办学的管理方式

基金会历来是华侨捐赠教育慈善的主要管理方式，一般是由捐赠发起人和主要赞助者组成的独立机构、企业或校董会管理，按照基金会章程专款专用。比如民国时期私立琼海中学的基金会设立在琼崖商会，由会长周雨亭统一管理；文昌迈众象德学校的基金会设立在新加坡注册的象德实业公司，每年从股息中分一部分用于办学。

华侨华人捐助办学设立的基金会以奖学奖教为主。1978 年改革开放以来，华侨华人以个人、家族、侨团或以侨资企业、基金会名义的捐赠不断出现，特别是以基金会的形式捐赠，已成为海南省华侨捐赠的一个新趋向[1]。以地方论，文昌华侨教育基金最多，且有逐年增长的趋势。1978—1995 年，文昌华侨共设立了 75 个教育基金会，教育基金 686.94 万元。[2] 截至 2007 年，全市 104 所中小学设立了基金会，积累基金 960 万元，其中文昌中学积累教育基金 70 万元，是全县教育基金最多的学校。2001 年，香港同胞陈世英给文昌联东中学捐资 180 万元创办了联东中学基金会，是个人捐资助学中数目最大的。[3] 香港同胞邢李㷧先生创办的言爱基金会在海南累计捐赠总额 4.227 亿元。其中，教育项目 20 个，总额 3.172 9 亿元；医疗项目 3 个，总额 1.054 5 亿元。[4] 至 1995 年，琼海华侨共捐助 400 多万元人民币，在 60 多所中小学设立了奖学、奖教基金会。[5]

基金会一般以学校为单位设立，称为某校奖学、奖教基金会，如文昌中学奖教基金会、嘉积中学奖学基金会、长仙华侨小学奖教基金会、新潮小学奖学基金会、南港小学王庆海奖教奖学基金会等。以个人命名的也不少，如吴开春（吴乾南先父）奖学奖教基金会，云逢凉奖教奖学基金会，蒙如玲教育奖学金，潘先钾、黄玉珍教育基金等。个别以乡镇或企业命名，如迈号镇教育基金会、清澜镇南昌村教育基金会、五峰奖学金[6]等。

以侨乡传统宗亲名义设立的基金会依然占重要地位，例如宝芳乡海外王氏宗亲捐资设立王家庄教育基金会，捐款累计 25 万元。泰国华侨符鸿拔发动新加坡、

---

① 海南省人大常委会华侨外事工委：《维护华侨华人捐赠的合法权益　促进我省公益事业健康发展——〈海南省华侨捐赠公益事业若干规定〉执法调研情况报告（摘要）》，《海南人大》2011 年第 9 期。

② 根据《造福桑梓》统计。

③ 文昌市外事侨务办公室编：《文昌市海外乡亲捐赠芳名录（1978—2007）》，2008 年，第 2 页。

④ 《文昌海外乡亲心系桑梓捐赠造福家乡》，《海南日报》，2008 年 4 月 3 日第 1 版。

⑤ 王桢华主编：《琼海市华侨志》，北京：中国文联出版社，2007 年，第 144 页。

⑥ 由新加坡五峰旅游服务公司董事长陈泽平先生以公司名义成立。

马来西亚、泰国、美国、澳大利亚等国家共72人捐资10.5万元，设立龙楼镇祖祠奖教奖学基金会。2003年6月文昌符氏宗亲创办符雅教育基金会，其宗旨是广泛发动海内外乡亲和各界人士，积极筹集教育基金，扶持和鼓励符氏学子接受良好教育，完成学业，报效国家；其基金来源主要是海内外乡亲和社会各界人士捐助，基金用途是扶助符氏宗族经济特困子女上学，奖励升入重点中学、大学本科的符氏宗族学生。至2008年，符雅教育基金会已经收到近3 000名海内外符氏宗亲和社会各界人士捐款216万元，为289位符氏学子发放助、奖学金13.54万元。① 温泉镇马路村旅居马来西亚的华侨马业东牵头发动海外乡亲捐资10万元设立马氏奖学基金会，规定凡是考上大专院校的子女每人奖300元，获硕士学位的子女每人奖400元，获博士学位的子女每人奖500元；家庭经济困难的子女可获补助。1990年以来，先后考上重点中学和大、中专院校的子女有31人，考上大专院校的子女有12人，获硕士学位的有1人，获全国书画比赛大奖的有2人，获全国化学比赛奖的有1人。

近年来兴起以村委会为单位的教育基金会，有些华侨华人捐助办学的款项由华侨华人与村委会合办的基金会管理；有些归侨、侨眷联合本村居民，通过村委会设立教育基金，开展捐助办学活动。例如，2009年琼海市博鳌镇莫村成立了农民爱心基金会，这是该村村委会留客村蔡家大院传承人王普君女士经与祖籍莫村的印尼华侨商谈后，出资100万元成立的慈善基金，用于帮助村里困难户及贫困学生。12月16日，该基金会收到了第一笔来自海外的捐款10万元。中原镇龙山、芳园两村的华侨乐捐6万元设立奖学基金会。大路镇华侨吴芳泽捐资12万元，设立芳泽小学奖教基金会。②

第三节　海南华侨兴学方式的多元化

20世纪90年代后，海南华侨华人捐助办学出现多元化趋势。华侨华人的助学活动有别于以往的捐资献物，而是协助本土学校与海外学校开展学术交流和学习访问，形式上更加灵活多样。

有些华侨华人开始和中国的大学尝试新的合作方式。一边是让本土学校走出去，一边是把外国学校请进来。例如海南大学和海外十多所大学建立了合作关系，其中有超过十所是通过华侨牵线搭桥建立起来的。海南大学每年都有数十名

---

① 《海内外符氏宗亲助学兴教》，《海南日报》，2008年10月6日第6版。
② 《印尼华侨捐资成立爱心基金会》，《海南日报》，2009年12月22日第4版。

教师和学生前往泰国、美国、加拿大等国家考察与学习，这全部是由华侨华人帮助实现的。从 1994 年开始，马来西亚的华侨学者陈业良在海南大学推行当时已经在欧洲十分流行的课程教育模式，由他引进的人力资源、商业决策、策略学、组织行为学等课程成为海南大学最受欢迎的教学课程。

海南大学原校长谭世贵认为，华侨助学从单一捐款到合作办学是非常积极的一个趋势，不但可以使中国的大学为海外华侨华人提供施展才智的平台，而且华侨华人从海外带回来的许多教育资源也为中国大学的发展提供了更多帮助，最终获得双赢的结果。①

---

① 王英诚、李鲲：《华侨助学模式趋多元化》，《人民政协报》，2004 年 4 月 15 日。

第九章　海南华侨兴学对侨乡社会的积极影响

华侨兴学是侨乡社会的特色，对侨乡社会的教育、文化、经济等诸多方面影响深远。如果说华侨经济形塑了侨乡社会，那么华侨兴学则开启了侨乡社会近代化的大门。海南华侨捐助办学推动了侨乡基础教育的蓬勃发展，教育点燃了孩子的人生灯火，教育慈善薪火相传，为侨乡社会的转型和发展提供了动力。

第一节　海南华侨兴学推动了侨乡教育事业的蓬勃发展

清末民初是新旧学制转型时期，海南华侨捐助办学解决了民间办学经费不足问题，使侨乡学校现代教育制度的确立能够顺利进行。海南华侨捐助办学改善了侨乡学校的办学条件，促进了侨乡学校教育事业的发展。具体而言，海南华侨捐助办学对侨乡教育的影响主要体现在以下几方面：

一、海南华侨兴学充实了侨乡学校的教育经费

海南地方经济薄弱，教育经费历来拮据。近代以来，华侨捐资逐渐成为海南侨乡学校经费的重要来源。华侨捐建大批中小学校，使海南侨乡成为较早完成新旧教育体制更替、建立近代基础教育的地方。海南华侨捐助办学弥补了教育经费不足，减轻和缓解了地方政府的财政压力，助力海南侨乡现代教育制度的转型，极大地改善了侨乡的教育状况，使侨乡教育后来居上，成为海南教育发展的典范。例如，文昌在光绪三十年（1904）有私塾210间，民国时期已成为海南教育最发达的县，其男性接受学校教育者占人口45.5%，居海南之冠。①

华侨捐助办学为学校调整整顿的顺利实施、归侨难侨安置、危房改造、灾后重建等方面做出巨大贡献。政府的教育经费，在一定程度上倾向于省、市、县各级重点学校，20世纪80年代海南教育系统进行重点学校、重点班级调整以来表

---

① 冯河清译辑：《海南岛政治经济社会文化辑要》，新加坡：南洋英属琼州会馆联合会，1946年，第19页。

现最为明显。省属、市属和县属的重点学校在财政资金上比乡镇学校要有保证，因此，省属、市属和县属重点学校从 80 年代以来获得了较快的发展，学校的师资力量、办学经费得到保障，校园建设、教学设备、学生来源等方面优势较大，教学水平、办学质量得到较大的提高。相比之下，其他公办学校的经费基本以维持为主。因此，海南华侨捐助办学，不仅弥补了财政经费不足，保证了学校的正常运转和侨乡子女的就学，也为侨乡教育注入了新的活力。

二、海南华侨兴学促进了侨乡教育的均衡发展

海南华侨捐助办学，加速了侨乡现代基础教育体系的形成，改变了侨乡教育落后面貌。据民国《海南岛志》记载，民国十九年（1930），全岛小学 1 400 间，小学生 6 万余人，女生约 3 000 人。文昌女子教育最盛，约 2 000 人（占全部女生人数的 66.7%），各类中学 14 所，其中省立中学 1 所、县立中学 10 所、区立中学 1 所、私立中学 2 所。抗战结束后的统计显示，全岛各类学校共 1 512 所，其中中学 14 所、小学 1 497 所，正在筹建 1 所大学（海南大学），学生人数 137 492。[①] 可见，海南华侨捐助办学，最低限度地满足了侨乡子女的就学读书需求，也在一定程度上解放了女性。

当然，这时期学校虽多，但是好学校较少，整体办学水平较低。对此，《海南岛》一文已有中肯评价："以人口比较论，以地位、面积论，除黎境外，初到琼岛者，未有不惊其学校设立之多，而称其教育发达之速；然若稍加考察，则办理之良否可立辩焉。大概因其地处海洋，交通不便，而人民复无向外发展之必要，经商务农，苟能维持其生活，即以为自足，故该地曾受高等教育者极少。夫以缺乏知识之人，办理学校，以教育他人，其成绩可知。近来颇有向国内外求学者，然多因根基不良，感受极大痛苦，及至学成返琼，又多目睹现状太坏，觉整顿之无方，不欲从事教育事业。更有因环境关系，向外执行他种事业者。现虽有一二有志者在该地倡办教育，但成效亦属无几，此则吾人不能不为海外同胞太息也。"[②]

另外，海南华侨捐助办学，提高了海南侨乡基础教育的普及率。例如，20世纪 70 年代至 80 年代初海南华侨捐助办学，使琼海走出了 1973 年 14 号特大台风袭击的阴霾，成为海南最先普及小学教育的县，新办中学提高了小学升中学的比例。文昌是华侨捐助办学最多的侨乡，也是海南最早实现"乡乡有学校"的

---

① 陈铭枢总纂，曾蹇主编：《海南岛志》，海口：海南出版社，2004 年，第 251 – 261 页。
② 转引自张兴吉：《民国时期海南社会的发展与变革》，《新东方》2008 年第 3 期，第 50 页。

地方，80 年代初适龄儿童入学率已近 100%，为全国适龄入学率最高的地方之一。1981 年，文昌县被广东省政府授予"基本普及小学教育先进县"和"基本完成扫盲任务先进县"的光荣称号。2013 年，全县具有各种文化程度的人口达353 218 人，占总人口的 70% 以上。普通高中 7 所，在校学生 1.05 万人；初中22 所，在校学生 1.91 万人；小学 172 所，在校学生 4.09 万人；幼儿园 92 所，在园幼儿 1.69 万人。适龄儿童入学率 99.9%，九年义务教育普及率 99.8%。①

此外，华侨捐助办学，对教育较落后的中西部地区起到帮扶作用。言爱基金会捐助兴办 25 所思源学校，为孩子的人生点燃了希望之光。将优质教育资源与扶贫相结合的模式，从根本上摆脱了长期以来贫困山区教育落后的状况，对于缩小东西部教育差距、实现义务教育的均衡发展起到重要的作用，从而"促使地方政府加大教育经费投入，把推进义务教育均衡发展列入民生工程之中"。② 义务教育的均衡发展，是社会和谐发展的根本保障。

三、海南华侨兴学改善了侨乡学校的办学环境

海南华侨捐助兴办的学校，极大地改善了侨乡学校的办学条件，有些还进入全国领先行列。早期华侨捐建的侨乡学校大多属于乡村学校，校舍一般是砖瓦平房或祖祠私塾改造而成。20 世纪 80 年代以来，在海外华侨的大力支持下，不仅解决了侨乡危房改造和灾后重建工作，而且新建校舍基本上是钢筋水泥楼房。迈入 21 世纪，华侨捐助办学遵照政府规范学校的建设目标，使侨乡学校在校园面积、基础设施、教学设备、图书资料等方面率先达到规范学校要求。而重点学校得到的捐助更多，华侨除了捐资捐物之外，还通过各种奖学奖教基金，增强办学实力，提高办学水平。

四、海南华侨兴学提升了侨乡学校的办学水平

海南侨乡的教育水平居全省各市县的前列，因此教育成为海南侨乡的名片。重点学校的设立既有历史原因，也是教育经费不足、教学资源有限的情况下的权宜之计。从海南教育发展史上考察，海南侨乡各级重点学校的前身都是由华侨捐助创办的，例如罗峰学校、文昌中学、嘉积中学、琼海中学（今海南中学）、国立华侨中学（今海南华侨中学）等学校。重点学校的教学质量、教学水平较高，

---

① 《海南年鉴·文昌》，2013 年。
② 《宁虹雯：均衡发展义务教育　为琼海发展奠定基础》，琼海市人民政府网，2013 年 7 月 18 日。

学生的基础比较扎实，为以后走向社会奠定了坚实的基础。中华人民共和国成立后，海南籍三名院士均毕业于文昌中学，他们是：中国原子能科学研究院研究员、世界著名核能专家、清华大学教授王淦昌院士，中山大学生物学教授林浩然院士，中国科学院生物学研究员林鸿宣院士。[①] 还有很多普通的乡镇学校，因华侨捐助而不断改善办学条件，教学质量较高，比如琼山演丰中学、文昌公坡英敏小学、昌洒华侨小学、文教联东中学、铺前文北中学、翁田文苑小学、琼海华侨中学、博鳌培兰小学、定安思源实验学校、万宁市华侨中学和万宁市兴华小学等。

值得一提的是，华侨捐助办学，还把海外的办学经验、办学模式带回国内，这对推动侨乡教育发展起到了重要作用。

传统侨乡往往是地少人多的贫困乡村，大规模的华侨捐助办学活动，使海南侨乡基础教育获得了超常发展，让海南侨乡成为文化之乡、教育之乡、人才之乡。

第二节　海南华侨兴学丰富了侨乡文化的内涵

海南传统侨乡的形成原因是多样的，一般与华侨的人口、经济实力及其家乡的联系等有关。华侨捐助办学，从根本上提高了侨乡的人口素质，丰富了侨乡文化的内涵，促进了侨乡文化的发展。

一、海南华侨兴学为侨乡留下丰富的文化遗产

海南华侨兴学为侨乡留下了丰富的物质文化遗产，百年老校建筑、碑刻、雕塑等散落在乡村古镇。根据 1988 年海南建省前的调查统计，文昌县登记在册的文物有 175 项（处），其中近现代华侨文物就有 87 项（处）。[②] 溪北书院、文昌中学、罗峰学校等多所侨办学校的建筑名列其中，这些建筑融合中外文化风格，成为侨乡宝贵的文化遗产。例如，20 世纪 30 年代修建的抱罗墟罗峰学校"校园壮观，校舍堂皇，在岛内盛名一时"[③]。

---

① 《文中校友张偲当选中国工程院院士》，《侨乡文昌》，2013 年 12 月 26 日第 16 版。
② 文昌县政协文史资料研究委员会、文昌县文物普查办公室编印：《文昌县文物志》，1988 年，第 5 - 7 页。
③ 文昌市地方志编纂委员会编：《文昌县志》，北京：方志出版社，2000 年。

二、海南华侨兴学为侨乡留下宝贵的人文精神遗产

海外华侨大多是为了谋生而不得不离开家乡，有些人奋斗成功，而大部分还是普通百姓。他们节衣缩食接济国内眷属、关心家乡建设，特别是在教育慈善方面不遗余力，出现了很多感人肺腑的事迹。热心公益、造福桑梓，广大华侨爱国爱乡的赤子情怀具有良好的示范作用。勤奋好学、耕读传家的文化，乐善好施、慈悲感恩的美德，慷慨解囊、助人为乐的风气，是侨乡人巨大的精神财富。它不断激励着侨乡子孙发奋努力、追求进取。

第三节　海南华侨兴学促进了侨乡开放型社会的持续发展

一、海南华侨兴学为侨乡社会持续发展提供了人力资源

百年大计，教育为本。现代社会的竞争归根结底是人才竞争，学校教育是人才成长的摇篮。尤其我国是处于社会主义初级阶段的发展中国家，侨乡利用侨资源优势，优先发展教育，对于社会各方面发展起到积极的作用。

侨乡开放型社会面向世界，其人口分布、人才类型具有前沿性、国际性特点。以文昌侨乡为例，其本地人口仅50余万人，海外华侨多达120余万人。1988年海南建省初期，文昌有25个乡镇252个村委会，中小学校327间，得到华侨资助的有283间。文昌的基础教育学校门类齐全，全县有初级小学、高级小学、初中、高中、完全小学、完全中学、师范学校、教师进修学校、职业技术学校等。其中海南外国语职业学院是全省唯一一所专门的外语学校，开设中文、英语、日语、韩语、越南语、柬埔寨语、马来语、印尼语等10余种语言专业。可见，侨乡学校教育储备了丰富的人才资源，为侨乡开放型社会的长期稳定和持续发展提供了坚实的基础。文昌侨乡创造了多个海南"之最"：华侨人数最多，华侨分布最广，华侨名人最多，华侨人才最多，华侨学校最多，华侨医院最多，华侨投资最多……这种现象不仅在海南绝无仅有，在全国也是寥寥无几。

二、海南华侨兴学有利于侨乡开放型社会的长期稳定发展

无论是个人还是团体、企业，华侨捐助办学往往举一家、一族、一乡、一地

之力，广集众筹，不分畛域，跨越国界，超然派别，终究是为了孩子读书和前途。许多华侨时隔多年回乡，面对自己或者祖辈、父辈记忆中的祖厝、祖祠、学堂，热泪纵横。捐资助学，是海外游子将思念化为对后辈寄托的善举。四面八方的海内外乡侨在祖籍地学校的芳名中相逢相知，侨乡子弟通过捐助芳名榜认识这些素不相识的先辈同胞。

以捐助办学为契机，侨务部门和侨联机构相继恢复正常工作。1979 年琼海成立了县侨务办公室和县、区侨联会，各中小学也成立校董会，恢复了中断十年的侨联组织和校董会。1982 年，海南侨联机构恢复正常工作。侨务部门的正常运转，使华侨捐资助学逐渐纳入规划有序的工作日程中。侨乡学校与海外乡侨联系的不断加强，对于争取侨心、促进侨资回流起到了重要作用，有助于侨乡社会的稳定发展。而侨乡社会开放性结构的长期稳定，有利于侨乡与海外华人社会关系的进一步密切。①

---

① 汪新生：《当前侨乡社会的开放结构与内部发展基础——文昌县社会调查综述》，中山大学东南亚历史研究所：《华侨华人历史国际研讨会论文集 1985》，1987 年，第 136 页。

第十章 华侨捐助办学与侨乡学校发展中的问题

海南侨乡大规模办学是在一定的历史背景下形成的，主要集中在两个历史时期：一是清末民初时期，为了适应学制改革需要大力发展现代学校；二是二十世纪五六十年代，根据"小学不出村、初中不出队"的方针轰轰烈烈地办起一批中小学校。由于相当长一段时间，海外华侨与国内的联系几乎中断，侨务工作受到严重破坏，侨乡民众与海外华侨有一定隔阂和认知偏差。改革开放初期，华侨捐助办学政策的制定，相当程度上是基于历史纠错和穷国办大教育的思路，许多方面还不够完善。在海南华侨捐助办学工作中，出现了一些错误做法。而大规模办学虽然提高了入学率，但是在教学条件有限的情况下，难以保证教学质量。有些因教学设备、师资力量或生源不足而停办，有些因学校撤并重新布局而关停。这些不仅影响了华侨捐助办学的积极性，而且不利于侨乡社会发展。

华侨捐助办学属于民间慈善行为，政府在其中扮演什么角色；除了制定政策和法律法规加以规范和引导之外，在华侨捐助办学过程中如何处理政府、学校、企业、团体、侨胞和侨乡民众之间的关系等一系列问题，值得进一步探讨。

第一节 华侨捐助办学工作中的问题

一、华侨捐助办学工作中的错误做法

总体而言，有关部门在工作中对华侨捐助办学政策的执行是比较严格的。除了三令五申之外，对于违反规定者还会严肃处理。比如 1981 年广东省侨委会对香港同胞陈开权捐赠事件的态度。陈开权先生祖籍琼海县博鳌镇，曾经捐款3 300 港元给博鳌田埔小学办学。因他在信中有"你们的信提到筹备建校的事"，"你们也有信去南洋及各方面去请大家支持建校任务"等内容，于是，1981 年 5月 5 日，广东省革命委员会侨务办公室致函琼海县侨办，认为该校向外发动劝募

的做法不符合政策，应严肃处理之。①

在华侨捐助办学过程中出现的几种错误做法：

第一种是违背华侨意愿，伸手索要，把自愿捐款变成强制捐款。地方政府把华侨捐助办学作为政绩考核，在干部中形成一种错误观念，即以是否参与捐赠公益事业作为衡量华侨爱国爱乡的标准，甚至出现为了捐助而捐助的行为，造成不必要的浪费。② 这也给华侨增加压力，削弱了他们参与侨乡慈善活动的积极性和主动性。

第二种是"死要面子活受罪"，如对一些热心捐赠的华侨超标准接待，摆阔气，招待费比捐赠款还多。这些做法不仅损坏了干部形象，而且影响了侨乡民众与海外华侨之间的关系，也不利于华侨捐赠公益事业的健康发展。

二、主要原因

产生以上错误的主要原因有以下几点：一是工作中急于求成，只想解决眼前困难的心态。二是不了解海外华侨的实际生活状况，以为他们都是有钱人，多捐一点也没事，在处理双边关系中没有坚持原则和遵守应有的礼节。③ 三是虚荣心作祟，互相攀比。四是有些政策规定缺乏操作细则，在实际工作中执行困难。

过去把发动华侨、港澳同胞募捐的传统做法，如"劝捐信""劝捐簿""建校劝捐缘启""鸣谢信"等斥为"当前两条道路、两种思想斗争"的具体表现，动辄上纲上线；后来一味地追捧，甚至为了政绩考核，一窝蜂地吸引华侨捐赠。从一个极端走向另一个极端，折射出侨乡社会与海外联系中断后

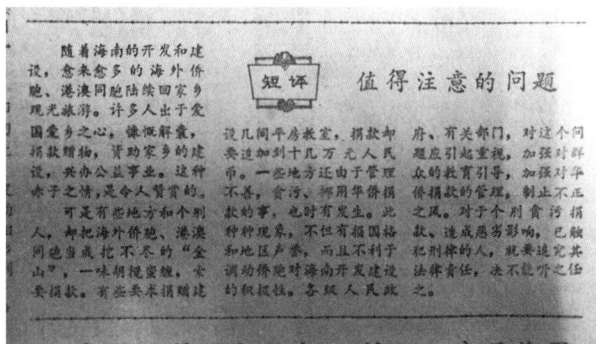

图 10-1　《值得注意的问题》（《海南日报》，1983年5月25日第3版）

---

① 广东省革命委员会侨务办公室：《关于制止向外劝募事》，琼海市档案馆，1981-14-6-2。
② 《值得注意的问题》，《海南日报》，1983年5月25日第3版。
③ 海南行政区人民政府侨务办公室：《中侨委关于华侨、侨眷、归侨、归国华侨学生身份的解释》，琼海市档案馆，1986-14-6-2。

的相当长一段时间，我们对国外形势、海外华侨和港澳同胞的情况缺乏充分了解以及存在功利思想。凡此种种，必然导致华侨捐资助学的慈善公益性大打折扣，甚至起到反作用。

第二节　华侨捐助办学的历史遗留问题

一、文化保护资产处置问题突出

海南侨乡数百间学校大部分于抗日战争前创办，一般有华侨捐建芳名碑刻或照片，有较高的史料价值。但经过数十年的风吹雨打和"文革"期间人为破坏，几乎荡然无存，目前保存下来的基本上是二十世纪八九十年代以来华侨捐建学校的资料。除了少数学校设立校史馆或陈列馆保存资料以及编写校史之外，大多数学校连基本的记录都没有。由于种种原因，很多学校停办后长期无人打理，校园荒芜，校舍废弃。其中有些中西结合、具有一定文物价值的建筑遭到毁坏；有些记录了当年华侨捐资献物的芳名碑被当作普通建材铺路，或者被新刷涂料粉饰覆盖，即使保存下来，大多也已成断碑残匾，甚至许多珍贵的历史资料不知所踪。

华侨捐建的纪念性建筑的保护问题也较凸显。华侨捐建的纪念性建筑是指根据有关政策规定，以捐赠者本人或者指定的人命名的建筑物，包括教室、宿舍、办公室、图书室、膳堂、纪念亭等。随着学校办学规模扩大，校园重新规划建设，加上有些建筑修建时间较久，有些纪念性建筑废弃或者改变位置。若学校未能及时与华侨沟通，容易引起华侨或眷属不满，他们认为违背了当初捐赠者的意愿和学校的承诺，甚至认为学校不在乎华侨的感受。这些看似小事或者学校内部的事情，如果处理不当，势必影响侨乡与华侨的关系，挫伤华侨参与侨乡建设的积极性。

对华侨捐建已停办的学校闲置资产的处置问题比较突出。有些停办的学校闲置多年，有些学校则利用现场营利。也有人认为："这些闲置学校也有出租的商业用途，但关键是没有合理收费，租金太低，而且被村里用在其他方面。希望相关部门规范管理，制定标准，然后用于贫困学生身上，这是当初捐办学校的捐赠人的心愿。"① 由于侨乡学校资产牵涉复杂的历史和法律问题，很难从根本上解决。

课题组对文昌市 372 所学校进行实地调查，截至 2019 年，在办的 181 所，停办或合并的 191 所，未调查的 3 所情况不明。这些学校均在不同程度上得到华

---

① 《海外华侨呼吁盘活侨捐学校资产帮助贫寒学子》，中国新闻网，2013 年 1 月 30 日。

侨的捐助，有些学校已有百年以上历史。根据调查统计制表如下：

表 10 - 1　文昌市直属学校名录

学校名称	学校地址	学校概况
文昌中学	文昌市文城镇	在办
文昌市华侨中学	文昌市文城镇	在办
田家炳中学	文昌市文城镇	在办
文昌市第一小学	文昌市文城镇	在办
文昌市第二小学	文昌市文城镇	在办
文昌市第三小学	文昌市文城镇	在办
树芳小学	文昌市文城镇	在办
文昌市实验中学	文昌市文城镇	在办
总计：8，在办：8，停办：0		

表 10 - 2　文昌市文城镇学校名录

学校名称	学校地址	学校概况
文城中心小学	文昌市文城镇新风西里 1 号	在办
逸夫小学	文昌市文城镇民星村委会	现为文城中心幼儿园
乐群小学	文昌市文城镇大潭村委会	现为市第二小学分校
霞洞小学	文昌市文城镇霞洞村委会	现为市第五小学
乐育小学	文昌市文城镇湖园村委会	停办
崇德小学	文昌市文城镇堂福村委会松马村	停办
坑龙小学	文昌市文城镇坑龙村委会	停办
堂福小学	文昌市文城镇堂福村委会	停办
立达小学	文昌市文城镇霞洞村委会	停办
觉先小学	文昌市文城镇大潭村委会后坡村	停办
育才小学	文昌市文城镇北架村委会	即文城中心小学
民星小学	文昌市文城镇民星村委会	停办
明智小学	文昌市文城镇德清村委会	停办
总计：13，在办：5，停办：8		
注：逸夫小学改为文城中心幼儿园，乐群小学改为市第二小学分校，霞洞小学改为市第五小学		

表 10 - 3   文昌市文城镇迈号（原迈号镇）办事处学校名录

学校名称	学校地址	学校概况
迈号中学	文昌市文城镇迈号墟	在办
迈号中心小学	文昌市文城镇迈号居委会迈号中心小学	在办
坡口小学	文昌市文城镇迈号坡口村委会后宛村	在办
龙山小学	文昌市文城镇迈号龙山村委会麻坑村	停办
陶坡小学	文昌市文城镇迈号陶坡村委会陶坡村	在办
迈众象德小学	文昌市文城镇迈号迈众村委会	在办
迈南小学	文昌市文城镇迈号迈南村委会	在办
迈进华侨小学	文昌市文城镇迈号排城村委会	停办
同汉小学	文昌市文城镇迈号名门村委会	停办。已建成驾校
迈群小学	文昌市文城镇迈号乌土村	停办
幕琦小学	文昌市文城镇迈号水北村	停办
维新小学	文昌市文城镇迈号后宫坡	停办
总计：12，在办：6，停办：6		

表 10 - 4   文昌市文城镇南阳（原南阳镇）办事处学校名录

学校名称	学校地址	学校概况
南阳中学	文昌市南阳农场场部	停办
南阳小学	文昌市南阳农场场部	停办
南阳农场南星教学点	文昌市南阳农场南星大队	在办
南阳中心小学	文昌市文城镇南阳新合墟	在办。即原觉群小学
三育小学	文昌市文城镇南阳南群村委会	停办
汉文小学（高农小学）	文昌市文城镇南阳高农村委会	停办
玉山小学（柳山小学）	文昌市文城镇南阳南群村委会山城村	停办
高隆小学	文昌市文城镇南阳高隆村委会上园村	停办
桥头小学	文昌市文城镇南阳高隆村委会桥头村	停办
觉群小学	文昌市文城镇南阳新合村委会	现为南阳中心小学
毓文小学	文昌市文城镇南阳新合村委会堆头村	停办
高星小学	文昌市文城镇南阳	未调查
南联小学	文昌市文城镇南阳南联村委会	停办
山城小学	文昌市文城镇南阳南群村委会	即玉山小学
总计：14，在办：4，停办：9		
注：有1所未调查		

表 10 - 5　文昌市文城镇头苑办事处学校名录

学校名称	学校地址	学校概况
头苑中学	文昌市文城镇头苑办事处	在办。与小学合并为中心学校
头苑中心小学	文昌市文城镇头苑办事处头苑村	与中学合并。原校址荒废
明新小学	文昌市文城镇头苑办事处横山村	在办
长发小学	文昌市文城镇头苑办事处上僚村	停办
玉峰小学	文昌市文城镇头苑造福村委会宝圣村	在办
新培文小学（后港小学）	文昌市文城镇头苑办事处后港村	在办。旧建筑已拆除
玉成小学	文昌市文城镇头苑办事处蓝田村	停办
培基小学	文昌市文城镇头苑玉山村委会	在办
登文小学	文昌市文城镇头苑办事处丹场村	停办
育夏小学	文昌市文城镇头苑办事处霞场村	停办
光明小学	文昌市文城镇头苑办事处光明村委会湖仔坡	停办
崇志小学	文昌市文城镇头苑办事处玉山村委会尚民坡	停办
总计：12，在办：5，停办：7		
注：头苑中心小学已与头苑中学合并，原校址荒废		

表 10 - 6　文昌市文城镇清澜办事处学校名录

学校名称	学校地址	学校概况
文昌市第三中学（清澜中学）	文昌市清澜办事处	在办
清澜中心小学	文昌市文城镇清澜墟	在办
清澜第二小学（翠英小学）	文昌市文城镇清澜燎原村委会	在办
同新小学	文昌市文城镇清澜新园村委会	在办
智新小学	文昌市文城镇清澜南海村委会西坡村	在办
南岛小学	文昌市文城镇清澜南海村委会义门村	在办
红群小学	文昌市文城镇文清大道 49 号凌村	在办
红庄小学	文昌市文城镇清澜红庄村委会昌出村	停办
瑶峰小学	文昌市文城镇清澜清群村委会洋头村	停办
新村小学	文昌市文城镇清澜新村村委会	停办

（续上表）

学校名称	学校地址	学校概况
广文小学	文昌市文城镇清澜高隆村委会	停办
龙朝小学	文昌市文城镇清澜龙朝村	停办
振育小学	文昌市文城镇清澜红庄村委会下村	停办
强亚小学	文昌市文城镇清澜	停办
文英小学	文昌市文城镇清澜	停办
总计：15，在办：7，停办：8		

表 10 - 7　文昌市抱罗镇学校名录

学校名称	学校地址	学校概况
罗峰中学	文昌市抱罗镇抱罗墟罗中街	在办
抱罗中心小学	文昌市抱罗镇抱罗墟罗中街	在办
泰山小学	文昌市抱罗镇振联村委会泰山村	在办
抱锦小学	文昌市抱罗镇抱锦村委会石马村	在办
立德小学	文昌市抱罗镇东苑村委会东苑村	在办
昌江小学	文昌市抱罗镇抱农村委会昌江村	在办
明德小学	文昌市抱罗镇山梅村委会明园村	停办
崇文小学	文昌市抱罗镇山梅村委会山梅村	在办
高山小学	文昌市抱罗镇振联村委会山桃村	在办
抱民小学	文昌市抱罗镇抱民村委会	停办
爱群小学	文昌市抱罗镇红旗村委会白石村	停办
实践小学（昌锦小学）	文昌市抱罗镇抱功村委会昌锦村	停办
育文小学	文昌市抱罗镇大土村	停办
高峰小学	文昌市抱罗镇湖梅村	停办
毓文小学	文昌市抱罗镇抱罗仔村	停办
昌造小学	文昌市抱罗镇昌造村	停办
总计：16，在办：8，停办：8		

表 10 - 8　文昌市冯坡镇学校名录

学校名称	学校地址	学校概况
冯坡中学	文昌市冯坡镇冯坡墟	在办
冯坡中心小学	文昌市冯坡镇西街 30 号	在办
群英小学	文昌市冯坡镇贝山村委会	停办

（续上表）

学校名称	学校地址	学校概况
图存小学	文昌市冯坡镇里美村委会	停办
昌里小学	文昌市冯坡镇昌里村委会	在办
凤栖希望小学	文昌市冯坡镇凤尾村委会	在办
七联小学	文昌市冯坡镇下宅村委会	停办
联新小学	文昌市冯坡镇凤尾村委会西宅村	停办
养真小学	文昌市冯坡镇白茅村	停办
敦本小学	文昌市冯坡镇官堆村	停办
香山小学	文昌市冯坡镇香山村	停办
育贤小学	文昌市冯坡镇蛟龙村	停办
总计：12，在办：4，停办：8		

表 10 - 9　文昌市罗豆农场学校名录

学校名称	学校地址	学校概况
罗豆中学	文昌市罗豆农场场部	在办
罗豆中心小学	文昌市罗豆农场罗豆墟	在办
秀田小学	文昌市罗豆农场秀田村	停办
恢中小学	文昌市罗豆农场坡尾村	停办
昭文小学	文昌市罗豆农场昭文村	停办
田心小学	文昌市罗豆农场东安村	停办
西坡小学	文昌市罗豆农场西坡村	在办
珠潭小学	文昌市罗豆农场珠潭村	停办
万秋祖小学	文昌市罗豆农场港东村	停办
会英小学	文昌市罗豆农场后山村	停办
总计：10，在办：3，停办：7		

表 10 - 10　文昌市文教镇学校名录

学校名称	学校地址	学校概况
联东中学	文昌市文教镇文教墟沿江北街30号	在办
文教中心小学	文昌市文教镇文北街15号	并入联东中学
培龙小学	文昌市文教镇培龙村委会	在办
宋六小学	文昌市文教镇宋六村委会	在办
尚明小学	文昌市文教镇立新村委会	停办

（续上表）

学校名称	学校地址	学校概况
宝典小学	文昌市文教镇宝典村委会	在办
昌明小学	文昌市文教镇光辉村委会昌福村	停办
加美小学	文昌市文教镇加美村	停办
文田小学	文昌市文教镇后田村委会	停办
宗儒小学	文昌市文教镇溪西村	停办
同源小学	文昌市文教镇同源村委会	停办
乐明小学	文昌市文教镇同源村委会	停办
保平小学	文昌市文教镇建新村委会	停办
云龙小学	文昌市文教镇红峰村委会	停办或合并
总计：14，在办：5，停办：9		
注：文教中心小学已并入联东中学小学部		

表 10 - 11　文昌市会文镇学校名录

学校名称	学校地址	学校概况
琼文中学	文昌市会文镇	在办
会文中心小学	文昌市会文镇	在办
白延小学	文昌市会文镇白延村委会	在办
烟墩小学	文昌市会文镇烟墩墟	在办
冠南小学	文昌市会文镇冠南村委会	在办
冠南华侨中学	文昌市会文镇冠南村委会	停办
冠英小学	文昌市会文镇冠南村委会	停办
冠联小学	文昌市会文镇冠南村委会福田村	停办
联育小学	文昌市会文镇龙家村委会港尾村	停办
龙文小学（龙家小学）	文昌市会文镇龙家村委会	停办
滨海小学	文昌市会文镇滨海村委会	在办
阳光小学	文昌市会文镇阳光村委会	现为公立幼儿园
育和小学	文昌市会文镇风会村委会风村	停办
沙港小学	文昌市会文镇沙港村委会	在办
育英小学	文昌市会文镇沙港村委会长圮村	停办
官公铺小学	文昌市会文镇官公铺村委会	在办
文林小学	文昌市会文镇文林村委会	在办

（续上表）

学校名称	学校地址	学校概况
湖丰小学	文昌市会文镇湖丰村委会湖丰村	停办
朝奎小学	文昌市会文镇朝奎村委会朝奎村	现为私立祥英小学
文山小学（南坡小学）	文昌市会文镇南坡村委会	停办
公养小学	文昌市会文镇官新村委会冯公岭	停办
会文小学	文昌市会文镇会文村委会梅山村	停办
联侨小学	文昌市会文镇李桃村	停办
总计：23，在办：11，停办：12		
注：阳光小学转为公立幼儿园，朝奎小学转为私立祥英小学		

表 10 – 12　文昌市昌洒镇学校名录

学校名称	学校地址	学校概况
文东中学	文昌市昌洒村委会	在办
昌洒镇中心小学	文昌市昌洒村委会	在办
华侨小学	文昌市昌洒镇更新村委会	在办
彰善小学	文昌市昌洒镇更新村委会	在办
毓秀小学	文昌市昌洒镇昌茂村委会	在办
东群小学	文昌市昌洒镇东群村委会	在办
联成小学	文昌市昌洒镇联成村委会	在办
昌兴小学	文昌市昌洒镇昌兴村委会	停办
庆龄小学	文昌市昌洒镇庆龄村委会	停办
庆龄纪念小学	文昌市昌洒镇庆龄村委会长春村	停办
益群小学	文昌市昌洒镇庆龄村委会昌爱村	停办
关雎小学	文昌市昌洒镇凤元村委会关雎村	停办
文潮小学	文昌市昌洒镇昌华村委会昌述村	停办
明德小学	文昌市昌洒镇凤元村委会昌阳村	停办
福群小学	文昌市昌洒镇凤元村委会昌元村	停办
宝群小学	文昌市昌洒镇东群村委会宝龙美村	停办
淡成小学	文昌市昌洒镇东群村委会白土村	停办
宝敦小学	文昌市昌洒镇宝敦村委会	停办
林塘小学	文昌市昌洒镇昌茂村委会林塘村	停办
总计：19，在办：7，停办：12		

表 10 - 13 文昌市公坡镇学校名录

学校名称	学校地址	学校概况
公坡中学	文昌市公坡镇公坡墟中街 089 号	在办。与公坡中心小学合并
公坡中心小学（三联小学）	文昌市公坡镇五一村委会	在办。现为公坡中心幼儿园
水北小学	文昌市公坡镇水北村委会水北墟旁	在办
明善小学	文昌市公坡镇公坡村委会白秋村旁	停办
锦东小学	文昌市公坡镇锦东村委会甘斋坡	停办
英敏小学	文昌市公坡镇力群村委会连榜村旁	在办
新潮小学	文昌市公坡镇新华村委会	停办
宗海小学	文昌市公坡镇力群村委会沧海村	停办
焕文小学	文昌市公坡镇东坑村	停办
石盘小学	文昌市公坡镇石盘村	停办
富文小学	文昌市公坡镇锦山头村	停办。原红日小学
总计：11，在办：4，停办：7		
注：公坡中心小学并入公坡中学，其原校址另办公坡中心幼儿园		

表 10 - 14 文昌市锦山镇学校名录

学校名称	学校地址	学校概况
锦山中学	文昌市锦山镇中山路 1 号	在办
锦山中心小学	文昌市锦山镇重光路 1 号	在办
锦山第二小学	文昌市锦山镇锦康路	在办
建中小学	文昌市锦山镇南山村委会	停办
光中小学	文昌市锦山镇南山村委会	停办
三溪小学	文昌市锦山镇录家村委会	在办
桥头小学（守中小学）	文昌市锦山镇录家村委会	停办
文锦小学	文昌市锦山镇罗民村委会	在办
双溪小学	文昌市锦山镇坑口村委会	停办
文山小学	文昌市锦山镇山雅村委会	在办
里仁小学	文昌市锦山镇上洪村委会	停办
龙子山小学	文昌市锦山镇下溪坡村委会	停办

（续上表）

学校名称	学校地址	学校概况
多杰小学	文昌市锦山镇桥坡村委会	停办
杭坡小学（青榄小学）	文昌市锦山镇桥坡村委会杭（榄）坡村	停办
育民小学	文昌市锦山镇排港村委会	停办
古湖小学	文昌市锦山镇园堆村委会	停办
育新小学	文昌市锦山镇新室村委会	停办
图南小学	文昌市锦山镇南拔、榜春村委会	停办
南英小学	文昌市锦山镇南坑村委会	停办
恒产小学	文昌市锦山镇下园村委会恒产村	已被拆除。另建颜氏祠堂
总计：20，在办：6，停办：14		

表 10 - 15 文昌市锦山镇湖山办事处学校名录

学校名称	学校地址	学校概况
湖山中学	文昌市锦山镇湖山墟	在办
湖山中心小学	文昌市锦山镇湖山办事处湖昌路	在办
溪尾小学	文昌市锦山镇湖山办事处溪尾村委会	在办
良家庄小学	文昌市锦山镇湖山办事处良家庄村委会	在办
罗吴小学	文昌市锦山镇湖山办事处湖清村委会	在办
鑑山金海岸希望小学	文昌市锦山镇湖山办事处鑑山村委会	停办
湖心小学	文昌市锦山镇湖山办事处湖心村委会	停办。已改建成祠堂
育英小学	文昌市锦山镇湖山办事处湖大村委会	停办
乐安华侨小学	文昌市锦山镇湖山办事处乐安村委会	停办
茶园小学	文昌市锦山镇湖山办事处茶园村委会	停办
志阳华侨学校	文昌市锦山镇湖山办事处赤泉村	停办
总计：11，在办：5，停办：6		

表 10 - 16 文昌市东路镇学校名录

学校名称	学校地址	学校概况
冯平学校	文昌市东路镇东路墟	在办
东路中心小学	文昌市东路镇葫芦村委会葫芦村	在办。即葫芦小学
东路第一小学	文昌市东路镇东路村委会	停办

（续上表）

学校名称	学校地址	学校概况
宝珊小学	文昌市东路镇红光村委会	未调查
大同小学	文昌市东路镇大坡村委会大坡村	在办
新民小学（下洋小学）	文昌市东路镇下洋村委会	在办
蛟塘小学	文昌市东路镇蛟塘村委会	在办
新苑小学	文昌市东路镇美德村委会南明村	停办
大宝小学	文昌市东路镇大宝村委会	停办
长征小学	文昌市东路镇长征村委会	停办
葫芦小学	文昌市东路镇葫芦村委会葫芦村	在办。即东路中心小学
大丰小学	文昌市东路镇大丰村委会	停办
长春小学	文昌市东路镇东路村委会	停办
总计：13，在办：6，停办：6		
注：有1所未调查		

表 10－17　文昌市东郊镇学校名录

学校名称	学校地址	学校概况
东郊中学	文昌市东郊镇东郊居委会	在办
东郊中心小学	文昌市东郊镇东郊居委会	在办
白沙小学	文昌市东郊镇宝玉村委会世界坡	在办
希望小学	文昌市东郊镇码头村委会	在办。原为灯塔小学
清港小学	文昌市东郊镇清港村委会	在办
椰海小学	文昌市东郊镇椰海村委会	在办
建华山小学	文昌市东郊镇建华山村委会	在办
通德小学	文昌市东郊镇豹山村委会郑村	在办
联文小学	文昌市东郊镇良田村委会坑边村	在办
务时小学	文昌市东郊镇良梅村委会	在办
公益小学	文昌市东郊镇前进村委会桥头村	在办
公群小学	文昌市东郊镇泰山村委会	在办
中山小学（绵山小学、美南小学）	文昌市东郊镇中山村委会福绵村	在办
齐明小学	文昌市东郊镇中南村委会	在办
群合小学	文昌市东郊镇上坡村委会	在办

（续上表）

学校名称	学校地址	学校概况
林海小学	文昌市东郊镇椰林村委会	停办
锦坡华侨学校	文昌市东郊镇锦坡村	停办
耀文小学	文昌市东郊镇豹山村委会陈村	在办
建华山小学南港分校	文昌市东郊镇东郊椰林南排村	停办
良田小学	文昌市东郊镇良田村委会良田村	停办
文龙小学	文昌市东郊镇椰林村委会	停办
灯塔小学分校	文昌市东郊镇马头村	停办
总计：22，在办：16，停办：6		

表 10 - 18 文昌市东阁镇学校名录

学校名称	学校地址	学校概况
侠夫中学	文昌市东阁镇东阁墟中街 0103 号	在办
东阁中心小学	文昌市东阁镇东阁墟中街 0045 号	在办
作新小学	文昌市东阁镇地绿洋村委会	在办
群建小学	文昌市东阁镇群建村委会	在办
西园小学（红旗小学）	文昌市东阁镇红旗村委会	在办
成美小学	文昌市东阁镇李山村委会	在办
良丰小学	文昌市东阁镇良丰村委会	在办
侨光小学（良山小学）	文昌市东阁镇大宝园村委会良茂村	停办
东安小学	文昌市东阁镇大架村	停办
光明小学	文昌市东阁镇李山村委会坡头村	停办
总计：10，在办：7，停办：3		

表 10 - 19 文昌市东阁镇宝芳办事处学校名录

学校名称	学校地址	学校概况
宝芳中学	文昌市东阁镇宝芳墟	在办。与宝芳中心小学合并
宝芳中心小学	文昌市东阁镇宝芳墟	在办。现为宝芳中心幼儿园
成德小学	文昌市东阁镇宝芳新群村委会楠村坡	在办
宝贤小学	文昌市东阁镇宝芳宝新村委会	在办
启迪小学	文昌市东阁镇宝芳天伦村委会	停办

（续上表）

学校名称	学校地址	学校概况
成达小学	文昌市东阁镇宝芳美柳村委会	停办
钥智小学	文昌市东阁镇宝芳坡头村	停办
新龙门小学	文昌市东阁镇宝流坑村	停办
东壁小学	文昌市东阁镇宝芳红星村委会排田村	停办
碧石山小学	文昌市东阁镇宝芳办事处文林村委会	停办
总计：10，在办：4，停办：6		
注：宝芳中学与宝芳中心小学合并，宝芳中心小学原校址改办宝芳中心幼儿园		

表 10－20　文昌市蓬莱镇学校名录

学校名称	学校地址	学校概况
蓬莱中学	文昌市蓬莱镇蓬南街 14 号	在办
蓬莱中心小学	文昌市蓬莱镇蓬北街 77 号	在办
桃仁小学	文昌市蓬莱镇桃仁村委会	停办
群合小学	文昌市蓬莱镇群合村委会	在办
新安小学	文昌市蓬莱镇蓬莱村委会	停办
大杨小学	文昌市蓬莱镇大杨村委会	停办
大山小学	文昌市蓬莱镇大山村委会	在办
高金小学	文昌市蓬莱镇高金村委会	在办
美德小学	文昌市蓬莱镇干塘村委会	在办
罗宝小学	文昌市蓬莱镇罗宝村委会	在办
典昌小学	文昌市蓬莱镇典昌村委会	在办
石壁小学	文昌市蓬莱镇石壁村委会	在办
松田小学	文昌市蓬莱镇石壁村委会松田村	停办
东升小学	文昌市蓬莱镇典昌村委会北水昌村	停办
石桥小学	文昌市蓬莱镇石桥村委会	停办
石马小学	文昌市蓬莱镇蓬莱村委会	停办
总计：16，在办：9，停办：7		

表 10 – 21　文昌市铺前镇学校名录

学校名称	学校地址	学校概况
文北中学	文昌市铺前镇	在办
铺前镇中心小学	文昌市铺前镇胜利街 113 号	在办
宝纶小学	文昌市铺前镇铺前村委会后港村	未调查
养正小学	文昌市铺前镇铺前村委会云楼村	在办。现为铺前中心幼儿园
地泰小学	文昌市铺前镇地泰村委会地泰村	停办
铺前第二小学	文昌市铺前镇昌华街	在办
河西小学	文昌市铺前镇隆丰村委会蛟塘村	停办
培中小学	文昌市铺前镇隆丰村委会山头村	在办
铺前镇华能隆丰小学	文昌市铺前镇隆丰墟	在办
铺前第三小学	文昌市铺前镇林梧墟	在办
有华小学（美广小学）	文昌市铺前镇林梧村委会美广村	在办
中台小学	文昌市铺前镇林梧村委会中台村	停办
泉峰小学	文昌市铺前镇林梧村委会泉口村	停办
同德小学	文昌市铺前镇林梧村委会青大北联村	停办
叶茂小学	文昌市铺前镇七岭村委会谈文村	在办
东兴小学	文昌市铺前镇仕后村委会仕后村	在办
东坡小学	文昌市铺前镇东坡墟	在办
美东小学	文昌市铺前镇东坡村委会美宝村	在办
总计：18，在办：12，停办：5		
注：养正小学现改办铺前中心幼儿园；有 1 所未调查		

表 10 – 22　文昌市潭牛镇学校名录

学校名称	学校地址	学校概况
文西中学	文昌市潭牛镇	在办
潭牛中心小学	文昌市潭牛镇潭中街	在办
潭牛第二小学	文昌市潭牛镇潭北村委会	在办。现为潭牛镇中心幼儿园
时中小学	文昌市潭牛镇二公堆村委会大会村	在办
潭牛中心墟小学	文昌市潭牛镇中心墟	在办

（续上表）

学校名称	学校地址	学校概况
高山小学	文昌市潭牛镇企堆村委会	停办
树德小学	文昌市潭牛镇二公堆村委会下寨村	停办
天赐小学	文昌市潭牛镇天赐村	停办
立新小学	文昌市潭牛镇	即潭牛第二小学
英才小学	文昌市潭牛镇潭北村委会田尾坡	停办
林田小学	文昌市潭牛镇潭牛村委会	停办
德贤小学	文昌市潭牛镇大庙村委会	停办
湖塘坡小学	文昌市潭牛镇中心村委会	停办
夏兰园小学	文昌市潭牛镇企堆村委会夏兰园村	停办
广智小学	文昌市潭牛镇企堆村委会	停办
育德小学	文昌市潭牛镇潭牛村委会	停办
总计：16，在办：6，停办：10		
注：潭牛第二小学现已改办潭牛镇中心幼儿园		

表10－23　文昌市潭牛镇新桥办事处学校名录

学校名称	学校地址	学校概况
新桥中学	文昌市潭牛镇新桥墟文明街49号	在办
新桥中心小学	文昌市潭牛镇新桥墟文明街17号	在办
大顶小学	文昌市潭牛镇新桥大顶墟	在办
大昌小学	文昌市潭牛镇新桥大昌墟	在办
益民小学	文昌市潭牛镇新桥昌头村委会	停办
联友小学	文昌市潭牛镇新桥山柚脚村	停办
水翁小学	文昌市潭牛镇新桥大昌村委会	停办
总计：7，在办：4，停办：3		

表10－24　文昌市翁田镇学校名录

学校名称	学校地址	学校概况
翁田中学	文昌市翁田墟	在办
翁田中心小学	文昌市翁田镇孝先路	在办
翁田镇第二小学	文昌市翁田镇翁田村委会	在办

（续上表）

学校名称	学校地址	学校概况
博文小学	文昌市翁田镇博文村委会	在办
茂山小学	文昌市翁田镇茂山村委会	在办
明月小学	文昌市翁田镇明月村委会排崀山村	在办
大福小学	文昌市翁田镇大福村委会	在办
文苑小学	文昌市翁田镇排崀村委会	在办
堆头小学	文昌市翁田镇堆头村委会	停办
邦古小学	文昌市翁田镇邦古村	停办
明合小学	文昌市翁田镇明月村委会	停办
松树小学	文昌市翁田镇松树村	停办
玉竹小学	文昌市翁田镇玉竹村	停办
汪洋小学	文昌市翁田镇汪洋村	停办
总计：14，在办：9，停办：5		

表 10 - 25　文昌市翁田镇龙马办事处学校名录

学校名称	学校地址	学校概况
龙马中学	文昌市翁田镇龙马墟	停办
龙马中心小学	文昌市翁田镇龙马墟	在办
新村小学	文昌市翁田镇龙马新村村委会	在办
务明小学	文昌市翁田镇龙马龙南村委会	在办
宝邑小学	文昌市翁田镇龙马龙北村委会	停办
南昌小学	文昌市翁田镇龙马龙塘村	停办
东村小学	文昌市翁田镇龙马东村	停办
罗绵小学	文昌市翁田镇龙马罗绵村	停办
总计：8，在办：3，停办：5		

表 10 - 26　文昌市重兴镇学校名录

学校名称	学校地址	学校概况
文南中学	文昌市重兴镇重东街 1 号	在办
重兴中心小学	文昌市重兴镇重兴居委会	在办
培英小学	文昌市重兴镇育英村委会	在办
凤鸣小学	文昌市重兴镇跃进村委会	在办
养成小学	文昌市重兴镇养成村委会	停办

（续上表）

学校名称	学校地址	学校概况
甘村小学	文昌市重兴镇甘村村委会	在办
光大小学	文昌市重兴镇光大村委会	在办
甲花小学	文昌市重兴镇新寨村委会	在办
大勇小学	文昌市重兴镇新风村委会	在办
加昌小学	文昌市重兴镇加昌村委会	在办
东风教学点	文昌市重兴镇东风村委会	即重兴第二小学
蔚起小学	文昌市重兴镇西坡村	停办
群先小学	文昌市重兴镇群先村委会	停办
鲤海小学	文昌市重兴镇鲤海村	停办
仙林初级中学	文昌市重兴镇仙林墟	停办
联星小学	文昌市重兴镇联星村委会	停办
重兴第二小学	文昌市重兴镇东风村委会	停办
光明小学	文昌市重兴镇重建村委会	停办
总计：18，在办：10，停办：8		

表 10 - 27　文昌市龙楼镇学校名录

学校名称	学校地址	学校概况
龙楼中学	文昌市龙楼镇龙海街 15 号	在办
龙楼中心小学	文昌市龙楼镇龙海街	在办
中原小学	文昌市龙楼镇红海村委会	在办
云梯小学	文昌市龙楼山海村委会	在办
嘉德小学	文昌市龙楼镇宝陵村委会	在办
全美小学	文昌市龙楼镇全美村委会	在办
吉水小学	文昌市龙楼镇吉水村委会	在办
昌美小学	文昌市龙楼镇龙新村委会	停办
金星小学	文昌市龙楼镇金星村委会	停办
地源小学	文昌市龙楼星光村委会	停办。学校位于卫星发射基地区域，已被拆除
育才小学		停办
石龙村小学	文昌市龙楼吉水村委会石龙村	停办
岳山小学	文昌市龙楼镇陈立村	停办
总计：13，在办：7，停办：6		

图 10 - 2　已停办的文昌广文小学

图 10 - 3　已停办的联侨小学大门（龙香谍拍摄）

图 10 - 4　已停办的联侨小学校园（龙香谍拍摄）

图 10 - 5　已停办的龙文小学华侨捐资芳名榜（龙香谍拍摄）

图 10 - 6　已停办的湖峰（丰）小学大门（龙香谍拍摄）

图 10 - 7　已停办的湖峰小学校园内华侨捐建的怀乡亭（龙香谍拍摄）

图 10 - 8　已停办的湖峰小学校园内华
侨捐建的教学楼（龙香谍拍摄）

图 10 - 9　已停办的琼海迈汤华侨学校的大门

图 10 - 10　已停办的琼海迈汤华侨学校的校园，
1995 年其获海南省中小学校园校貌评比一等奖

二、教学设施日常维护职责不清

　　除了侨建侨办学校外，捐助办学的华侨一般不参与学校日常管理，学校教学设施的维护理应属于学校和教育部门的职责。但是实际并非如此，有些学校由于权责不清或管理不到位，相互扯皮的现象屡见不鲜。例如，齐必光先生是捐助办学较多的华侨，早在 20 世纪 80 年代初期就捐助家乡办学。他曾经回家乡考察自己捐赠的文昌铺前文北中学，发现卫生状况不佳，校园杂草丛生。他生气地说：我捐款建校，难道还要亲自打扫卫生吗？

　　对于华侨捐助办学教育基金的管理使用也有一定争议。捐赠一方认为，我们只是捐助办学，不是包办一切，购买设备的大钱我们捐了，维修维护的小钱应由学校和教育部门解决。可是学校和地方教育部门对此有较大分歧，校方认为维修费用应从教育基金中支出。[①]

---

　　① 对某些撤并学校的访谈。

如此种种，势必给华侨捐赠公益事业带来负面影响，挫伤华侨捐助办学的积极性。相关部门应该完善相关的法律法规，明确职责，加强管理。否则势必影响华侨捐助办学的热情和办学质量，甚至影响到侨务工作的正常开展。

第三节　侨乡学校发展中的问题

华侨捐助办学是侨乡教育的特色，体现了传统侨乡与海外华侨的关系。随着近年来中国社会城市化的快速发展，乡村不断空心化。侨乡外向型社会历来人口流出率较高，其乡村空心化程度更高，学校师生流失日益严重，师资不足又加剧生源流失，使学校办学质量下降，甚至关停。

自 2001 年开始的中小学布局调整是海南省教育改革的重大举措，目的是适应教育新形势的变化，合理配置教育资源，进一步优化学校布局，扩大学校规模，提高教育投资效益和教育质量。但是，海南各地乡村及乡村学校的情况有所不同，不一定适用一种模式。琼山、文昌、琼海等传统侨乡存在大量华侨兴办的农村小学，有些地方几乎村村有学校，"撤点并校"所面临的问题比较突出。主要问题有：一是某些偏僻的乡村学校撤并后不便于孩子就近上学，而方便孩子上学正是当初华侨热心助学的主要原因之一。二是中心学校（小学或初中）一般在城镇，普通高中尤其是重点高中基本集中在城里，虽然有些学校提供寄宿，但是由此带来的费用无形加重了本不富裕的农村家庭的负担。三是校产处置问题。按照政府的调整规划，为防止学校财产流失，撤并后的学校财产移交给新学校继续使用，老校舍可改建为校办工厂或实践基地，确实无法利用的作价处理，所得款项全部用于新学校建设。华侨除了捐资修建教学楼或教室外，还陆续添购教学设备和图书资料，赞助奖学奖教基金、教学交流和文体比赛活动等。因此，华侨捐资兴办的学校，财产处置牵涉的问题比较复杂。

根据对琼山、文昌、琼海等侨乡的调研，华侨兴办的农村学校大多落实"撤点并校"，有不少因停办而废置，少数能保留下来并继续得到华侨支持，比如文昌昌洒彰善小学、昌洒华侨小学、昌洒联成小学、琼海乐群小学，也有不少学校虽然继续办学但办学经费困难且无华侨捐助，比如琼山眼镜塘小学。

一、乡村学校撤并与留守孩子读书问题

海南华侨捐助办学以乡镇居多，学校分布密集，有完整的基础教育阶段教学点。文昌、琼海等主要侨乡曾经是"村村有学堂、人人有书读"的教育之乡，

体现了海南华侨捐助办学的优势。有些地方学校撤并后，主要保留镇上的学校和偏僻地方的教学点。虽然办学条件改善了，有些学校也部分提供住宿，但对于那些离家较远、附近没有好的学校和经济困难的家庭，尤其是低龄学童，要靠家长每日接送，无形中给家庭增加了一定的负担。因此，有些侨乡学校以公办侨助形式继续维持办学。比如琼海乐群华侨小学，该校前身为百鸠园小学，1959 年改为乐群华侨小学（完全小学）。1973 年特大台风袭击毁坏校舍，由地方政府、当地群众、海外华侨和香港同胞共同捐助重建。经过 1979、1981、1991、2004 年多次扩建后，学校拥有二层教学楼、电教室、图书馆、备课室、办公室、操场，教学设施较完备；在校学生 100 多名，先后为市县高级中学输送大批合格毕业生，基本每年都有学生考上市重点中学嘉积中学。2011 年学校面临撤并，为了留住学校方便孩子读书，本籍华侨和港澳同胞继续捐资办学，还创办了幼儿园。2019 年，全校共有 17 名学生和 4 名教师，包括 2 名一年级学生、3 名二年级学生、4 名三年级学生和 8 名幼儿园学生；3 名语文、数学、英语教师和 1 名幼儿园教师。学校负责人许登淦和教师反映，学校最担心的是关停后孩子就学困难问题。因为这些学生主要是来自本村及附近村庄的低龄儿童，家长大多在县城工作，晚上才回来，孩子白天能够在学校读书和得到照顾，家长也能够安心工作。

还有不少诸如琼海乐群华侨小学的侨乡侨助学校，其办学条件不一定完全符合政府的要求，但在保证基本办学条件的情况下保留，不仅方便了本地低龄儿童的就学，也减轻了家长负担。而且，许多侨乡学校是由祠堂、祖厝改制而成的百年老校，也是海外亲人的乡愁寄托。学生人数绝不是衡量一所学校办学水平的必要条件，"一刀切"的做法不可取。因此，政府和教育部门可根据实际情况评估后，尽可能将其保留下来。

图 10 - 11　琼海乐群华侨小学大门

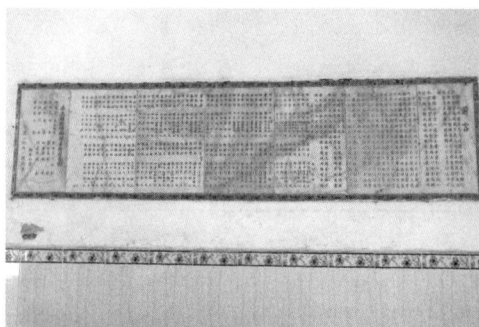

图 10 - 12　琼海乐群华侨小学捐赠芳名榜

图 10 - 13 琼海乐群华侨小学的孩子们上数学课

图 10 - 14 琼海乐群华侨小学黎传书图书馆

图 10 - 15 琼海乐群华侨小学何万章电教室

图 10 - 16 琼海乐群华侨小学幼儿园

图 10 - 17 琼海乐群华侨小学体育器材

二、集中资源办高中与升学难问题

按照教育部门撤并学校的目标，就是集中力量办高中学校，满足农村高中学生对优质教育资源和优质学位的需求，促进普通高中教育城乡一体化，让农村孩子享受到优质教育。但是地方学校在具体实施过程中，出现了结构性问题，直接影响到基础教育阶段学生的升学。

以文昌为例，2008 年，文昌市委、市政府按照"高中集中在文城办，初中和中心小学在镇、墟办，适当保留片区完小和偏远地区教学点"的原则，制订了《关于文昌市普通高中集中在文城办学的实施方案》，将联东中学、罗峰中学、琼文中学三所中学的高中部集中到文城地区。文城城区共有四所高中学校，即文昌中学、文昌华侨中学、文昌田家炳中学（原文昌第二中学）和文昌实验高级中学。从学校布局来看，老城区集中了全市最好的高中资源，四所中学在校学生共一万多人。那么，集中力量办高中的效果如何？以文昌实验高级中学为例进行考察。2013 年成立的文昌实验高级中学是文昌市政府根据海南省教育厅撤并政策精神，将原乡镇罗峰、琼文、联东三所中学的高中部迁到文城合并而成。香港言爱基金会与文昌地方政府以 1∶1 出资建设，即言爱基金会出资八百万元、政府出资八百万元。① 高中学生大部分住校，小部分走读。初中招收附近生源（义务教育范围内），实行走读制。几年来学校突出办学特色，大量增加招收艺术（美术类）特长生，如 2018 级高一 800 多名学生中，近一半是艺术特长生。按照当年文昌中考成绩划线，特长生只要三四百分即可入围，而当年的普通生五百多分，如果按照分数由高到低录取，可以招收更多的普通生。

学校根据情况发展特色教学无可厚非，但是，当初教育厅、市政府提出的集中力量办高中的规划中，把几所乡镇高中全部停办撤并过来，目的是提高高中的办学水平。现在把高中办成特色学校，不仅违背了教育厅、市政府和言爱基金会的初衷，也剥夺了许多学生正常升高中的机会。而将大批本可以上高中的初中学生推向社会或者职业技术学校，不仅违背了学生和家长的意愿，也不能从根本上提高我国的教育质量和人才水平。更悲观的是，有可能造成大量的劳动密集型低端人才，影响我国产业转型升级目标的实现。

调整农村学校布局规划而"撤点并校"，目的是顺应我国教育发展需要、提高投资教育效益和办学质量，但也带来一些意想不到的后果，主要是拉大城乡教

---

① 《文昌市实验高级中学挂牌——普通高中集中在文城办　农村孩子可享优质教育》，《海南日报》，2013 年 9 月 2 日第 3 版。

育水平差距、加剧初高中的升学竞争和乡村孩子新的就读难问题。海南侨乡学校调整所面临的问题既有普遍性也有特殊性，如果采取"一刀切"的做法，不仅损害学生和家长的利益，也伤害华侨的感情、损害其参与家乡建设的积极性，不利于学校乃至侨乡社会的发展。

附　录

华侨捐资兴办学校办法

（1957 年 8 月 1 日全国人民代表大会常务委员会第七十八次会议批准，1957 年 8 月 2 日国务院命令公布。2009 年 6 月废止）

第一条　国外侨胞热爱祖国，热爱家乡，一向有捐资在祖国兴办学校的优良传统。为了进一步鼓励华侨在国内兴办学校，发展文教事业，满足广大华侨子女求学的要求，制定本办法。

第二条　华侨兴办学校，由创办人提出建校计划、筹足开办经费并且确定经常费的来源，报请当地市、县人民委员会批准或者转请上级人民委员会批准。

第三条　华侨兴办的学校（以下简称侨校）名称由创办人自定。需要新校址的，由创办人提出意见，依照国家建设征用土地办法，经当地市、县人民委员会核定，划拨地基。当地人民委员会和国营建筑公司应该把它作为公共事业给予协助，解决它的建筑材料和施工等困难。

第四条　侨校应该与公立学校同样贯彻执行国家的教育政策、法令，并且接受主管教育行政部门的领导。

第五条　侨校设立校董会监督校务，负责筹措学校经费，保管学校基金，审核预决算，并且与捐款人保持联系。

第六条　侨校校长由创办人或者校董会提请主管教育行政部门任免，或者由主管教育行政部门征得创办人或者校董会同意后任免。校长应该定期向校董会报告工作。

第七条　侨校教职员由教育行政部门统一调配，但是创办人或者校董会也可以向学校推荐。教职员的政治待遇与公立学校相同。

第八条　侨校可以征收学杂费，以补经费的不足。

第九条　侨校对侨眷子女和华侨学生入学应该予以优先录取，但是对非侨眷子女也应该按适当比例招收。

第十条　华侨捐资兴办学校，各级人民委员会应该积极鼓励支持，并且予以指导和协助；对于侨校，不得任意停办、接办或者更改校名。

第十一条　华侨捐资兴办学校卓有成绩的，各级人民委员会应该给予表扬和奖励。

第十二条　本办法自公布日起施行。

中华人民共和国公益事业捐赠法

（1999 年 6 月 28 日第九届全国人民代表大会常务委员会第十次会议通过，1999 年 6 月 28 日中华人民共和国主席令第十九号公布，自 1999 年 9 月 1 日起施行）

第一章　总　则

第一条　为了鼓励捐赠，规范捐赠和受赠行为，保护捐赠人、受赠人和受益人的合法权益，促进公益事业的发展，制定本法。

第二条　自然人、法人或者其他组织自愿无偿向依法成立的公益性社会团体和公益性非营利的事业单位捐赠财产，用于公益事业的，适用本法。

第三条　本法所称公益事业是指非营利的下列事项：

（一）救助灾害、救济贫困、扶助残疾人等困难的社会群体和个人的活动；

（二）教育、科学、文化、卫生、体育事业；

（三）环境保护、社会公共设施建设；

（四）促进社会发展和进步的其他社会公共和福利事业。

第四条　捐赠应当是自愿和无偿的，禁止强行摊派或者变相摊派，不得以捐赠为名从事营利活动。

第五条　捐赠财产的使用应当尊重捐赠人的意愿，符合公益目的，不得将捐赠财产挪作他用。

第六条　捐赠应当遵守法律、法规，不得违背社会公德，不得损害公共利益和其他公民的合法权益。

第七条　公益性社会团体受赠的财产及其增值为社会公共财产，受国家法律保护，任何单位和个人不得侵占、挪用和损毁。

第八条　国家鼓励公益事业的发展，对公益性社会团体和公益性非营利的事业单位给予扶持和优待。国家鼓励自然人、法人或者其他组织对公益事业进行捐赠。对公益事业捐赠有突出贡献的自然人、法人或者其他组织，由人民政府或者有关部门予以表彰。对捐赠人进行公开表彰，应当事先征求捐赠人的意见。

第二章　捐赠和受赠

第九条　自然人、法人或者其他组织可以选择符合其捐赠意愿的公益性社会团体和公益性非营利的事业单位进行捐赠。捐赠的财产应当是其有权处分的合法

财产。

第十条　公益性社会团体和公益性非营利的事业单位可以依照本法接受捐赠。本法所称公益性社会团体是指依法成立的，以发展公益事业为宗旨的基金会、慈善组织等社会团体。本法所称公益性非营利的事业单位是指依法成立的，从事公益事业的不以营利为目的的教育机构、科学研究机构、医疗卫生机构、社会公共文化机构、社会公共体育机构和社会福利机构等。

第十一条　在发生自然灾害时或者境外捐赠人要求县级以上人民政府及其部门作为受赠人时，县级以上人民政府及其部门可以接受捐赠，并依照本法的有关规定对捐赠财产进行管理。县级以上人民政府及其部门可以将受赠财产转交公益性社会团体或者公益性非营利的事业单位；也可以按照捐赠人的意愿分发或者兴办公益事业，但是不得以本机关为受益对象。

第十二条　捐赠人可以与受赠人就捐赠财产的种类、质量、数量和用途等内容订立捐赠协议。捐赠人有权决定捐赠的数量、用途和方式。捐赠人应当依法履行捐赠协议，按照捐赠协议约定的期限和方式将捐赠财产转移给受赠人。

第十三条　捐赠人捐赠财产兴建公益事业工程项目，应当与受赠人订立捐赠协议，对工程项目的资金、建设、管理和使用作出约定。捐赠的公益事业工程项目由受赠单位按照国家有关规定办理项目审批手续，并组织施工或者由受赠人和捐赠人共同组织施工。工程质量应当符合国家质量标准。捐赠的公益事业工程项目竣工后，受赠单位应当将工程建设、建设资金的使用和工程质量验收情况向捐赠人通报。

第十四条　捐赠人对于捐赠的公益事业工程项目可以留名纪念；捐赠人单独捐赠的工程项目或者主要由捐赠人出资兴建的工程项目，可以由捐赠人提出工程项目的名称，报县级以上人民政府批准。

第十五条　境外捐赠人捐赠的财产，由受赠人按照国家有关规定办理入境手续；捐赠实行许可证管理的物品，由受赠人按照国家有关规定办理许可证申领手续，海关凭许可证验放、监管。华侨向境内捐赠的，县级以上人民政府侨务部门可以协助办理有关入境手续，为捐赠人实施捐赠项目提供帮助。

第三章　捐赠财产的使用和管理

第十六条　受赠人接受捐赠后，应当向捐赠人出具合法、有效的收据，将受赠财产登记造册，妥善保管。

第十七条　公益性社会团体应当将受赠财产用于资助符合其宗旨的活动和事业。对于接受的救助灾害的捐赠财产，应当及时用于救助活动。基金会每年用于资助公益事业的资金数额，不得低于国家规定的比例。公益性社会团体应当严格

遵守国家的有关规定，按照合法、安全、有效的原则，积极实现捐赠财产的保值增值。公益性非营利的事业单位应当将受赠财产用于发展本单位的公益事业，不得挪作他用。对于不易储存、运输和超过实际需要的受赠财产，受赠人可以变卖，所取得的全部收入，应当用于捐赠目的。

第十八条　受赠人与捐赠人订立了捐赠协议的，应当按照协议约定的用途使用捐赠财产，不得擅自改变捐赠财产的用途。如果确需改变用途的，应当征得捐赠人的同意。

第十九条　受赠人应当依照国家有关规定，建立健全财务会计制度和受赠财产的使用制度，加强对受赠财产的管理。

第二十条　受赠人每年度应当向政府有关部门报告受赠财产的使用、管理情况，接受监督。必要时，政府有关部门可以对其财务进行审计。海关对减免关税的捐赠物品依法实施监督和管理。县级以上人民政府侨务部门可以参与对华侨向境内捐赠财产使用与管理的监督。

第二十一条　捐赠人有权向受赠人查询捐赠财产的使用、管理情况，并提出意见和建议。对于捐赠人的查询，受赠人应当如实答复。

第二十二条　受赠人应当公开接受捐赠的情况和受赠财产的使用、管理情况，接受社会监督。

第二十三条　公益性社会团体应当厉行节约，降低管理成本，工作人员的工资和办公费用从利息等收入中按照国家规定的标准开支。

第四章　优惠措施

第二十四条　公司和其他企业依照本法的规定捐赠财产用于公益事业，依照法律、行政法规的规定享受企业所得税方面的优惠。

第二十五条　自然人和个体工商户依照本法的规定捐赠财产用于公益事业，依照法律、行政法规的规定享受个人所得税方面的优惠。

第二十六条　境外向公益性社会团体和公益性非营利的事业单位捐赠的用于公益事业的物资，依照法律、行政法规的规定减征或者免征进口关税和进口环节的增值税。

第二十七条　对于捐赠的工程项目，当地人民政府应当给予支持和优惠。

第五章　法律责任

第二十八条　受赠人未征得捐赠人的许可，擅自改变捐赠财产的性质、用途的，由县级以上人民政府有关部门责令改正，给予警告。拒不改正的，经征求捐赠人的意见，由县级以上人民政府将捐赠财产交由与其宗旨相同或者相似的公益

性社会团体或者公益性非营利的事业单位管理。

第二十九条　挪用、侵占或者贪污捐赠款物的，由县级以上人民政府有关部门责令退还所用、所得款物，并处以罚款；对直接责任人员，由所在单位依照有关规定予以处理；构成犯罪的，依法追究刑事责任。依照前款追回、追缴的捐赠款物，应当用于原捐赠目的和用途。

第三十条　在捐赠活动中，有下列行为之一的，依照法律、法规的有关规定予以处罚；构成犯罪的，依法追究刑事责任：

（一）逃汇、骗购外汇的；

（二）偷税、逃税的；

（三）进行走私活动的；

（四）未经海关许可并且未补缴应缴税额，擅自将减税、免税进口的捐赠物资在境内销售、转让或者移作他用的。

第三十一条　受赠单位的工作人员，滥用职权，玩忽职守，徇私舞弊，致使捐赠财产造成重大损失的，由所在单位依照有关规定予以处理；构成犯罪的，依法追究刑事责任。

第六章　附　则

第三十二条　本法自 1999 年 9 月 1 日起施行。

海南省华侨、港澳台同胞投资、捐赠奖励办法

（1991 年 7 月 26 日海南省人民政府常务会议通过，1991 年 8 月 13 日发布实施）

第一条 为了鼓励广大华侨、港澳台同胞投资参加海南开发建设和表彰他们慷慨捐赠、造福桑梓的精神，特制定本办法。

第二条 本办法所称投资，系指华侨、港澳台同胞依照《海南经济特区外商投资条例》第七条、第八条规定的出资种类和投资方式所进行的投资行为。本办法所称捐赠，系指华侨、港澳台同胞自愿无偿为我省公益福利、文化教育、医疗卫生事业和进行生产开发建设而捐赠财物的行为。财物包括资金、各种生产资料、机械设备和公共服务设施等。

第三条 对投资、捐赠达到一定数额的予以奖励，具体标准如下：

一、投资总金额 200 万美元以上（含本数，下同）或捐赠总金额 30 万美元以上者，授予"赤子楷模"称号，并颁发荣誉证书及纪念品；

二、投资总金额 100 万美元以上、200 万美元以下或捐赠总金额 15 万美元以上、30 万美元以下者，授予"赤子模范"称号，并颁发荣誉证书及纪念品；

三、投资总金额 50 万美元以上、100 万美元以下或捐赠总金额 3 万美元以上、15 万美元以下者，授予"爱琼赤子"称号，并颁发荣誉证书及纪念品。

第四条 从本办法发布之日起，在三年内投资二次或捐赠二次以上者，以及从一九七八年以来至本办法发布之前投资或捐赠者，可合并计算其投资或捐赠总金额，达到奖励标准的予以奖励。

第五条 华侨、港澳台同胞如以其他货币投资或捐赠的，按当时海南外汇调剂中心公布的汇率换算其投资或捐赠金额（海南外汇调剂中心成立之前，按当时国家银行公布的外汇调剂价格换算）。

第六条 申报、审批和颁奖。各市、县所属单位接受投资或捐赠的，由接受单位向所在市、县政府侨务行政主管部门申报；省属企事业单位接受投资或捐赠的，由接受单位向其主管部门申报；外商独资企业投资，由所在市、县经济合作行政主管部门向同级政府侨务行政主管部门申报。然后由接受申报单位报省政府侨务行政主管部门审核后报省政府审批，并由省政府或者省政府授权市、县政府颁奖。

第七条 《奖励华侨、港澳台同胞投资、捐赠申报表》、荣誉证书及纪念品由省政府侨务行政主管部门统一印发和制作。

第八条　本办法适用于外籍华人。

第九条　本办法由省政府侨务办公室负责解释。

第十条　本办法自发布之日起施行。

海南省华侨捐赠公益事业若干规定

（2007 年 7 月 27 日海南省第三届人民代表大会常务委员会第三十二次会议通过，2008 年 1 月 1 日起施行）

第一条 为了鼓励华侨捐赠，规范捐赠和受赠行为，保护捐赠人和受赠人的合法权益，促进本省公益事业的健康发展，根据《中华人民共和国公益事业捐赠法》和有关法律、法规，结合本省实际，制定本规定。

第二条 本规定所称华侨捐赠，是指华侨、华侨团体和华侨企业（以下统称捐赠人）自愿无偿向本省行政区域内依法成立的公益性社会团体、公益性非营利的事业单位（以下称受赠人）捐赠财产，用于社会公益事业的行为。在发生自然灾害或者捐赠人要求县级以上人民政府及其部门作为受赠人时，县级以上人民政府及其部门可以接受捐赠，并依照《中华人民共和国公益事业捐赠法》和本规定对捐赠财产进行管理。捐赠人要求人民团体、村（居）民委员会作为受赠人时，人民团体、村（居）民委员会可以接受捐赠，并按照捐赠人的意愿将捐赠财产用于社会公益事业。

第三条 华侨捐赠应当贯彻自愿和无偿的原则，禁止强迫华侨捐赠或者向华侨摊派，不得以捐赠为名从事营利活动。

第四条 县级以上人民政府侨务行政主管部门是华侨捐赠工作的主管部门，负责对华侨捐赠工作的指导、协调、服务、管理和监督。县级以上人民政府其他有关部门应当在各自职责范围内做好华侨捐赠工作。审计机构对华侨捐赠资金的财务收支，依法进行审计监督。

第五条 对有突出贡献的捐赠人，县级以上人民政府予以表彰并授予相应的荣誉称号。具体办法由省、市、县、自治县人民政府规定。对在华侨捐赠工作中取得显著成绩的单位和个人，由其上级主管部门或者其他有关部门给予表彰和奖励。

第六条 捐赠人要求对捐赠情况给予保密的，受赠人应当保密。需要公开报道和表彰的，应当事先征得捐赠人的同意。

第七条 华侨捐赠财产兴办的公益事业项目可以留名纪念；捐赠人单独捐赠的项目或者主要由捐赠人出资兴建的项目，可以由捐赠人提出项目的名称，由受赠人报所在地市、县、自治县人民政府批准。

第八条 华侨捐赠财产兴办公益事业工程项目，受赠人应与捐赠人就项目的

资金、建设、管理和用途作出约定。工程项目竣工后，受赠人应当将项目建设、财产使用和项目验收情况向捐赠人通报，由所在地市、县、自治县人民政府侨务行政主管部门颁发华侨捐赠项目确认证书。受赠人与捐赠人就工程项目的有关事项作出约定后，不得强求捐赠人追加捐赠款项。捐赠人有权对其捐赠财产的使用情况和捐赠工程项目的建设、使用情况进行查询，并提出意见和建议；也可以委托有关单位或者个人对其捐赠财产的使用、管理进行监督；必要时，可以申请审计机关对捐赠项目进行财务审计。

第九条 受赠人接受华侨捐赠的财产应当办理受赠手续，并将受赠财产登记造册，实行专项管理。受赠财产价值在人民币 1 万元以上的，受赠人应当自受赠之日起 30 日内报所在地市、县、自治县人民政府侨务行政主管部门备案；其中，受赠财产价值在人民币 50 万元以上的，市、县、自治县人民政府侨务行政主管部门应当报省侨务行政主管部门备案。县级以上人民政府或者侨务行政主管部门应当向捐赠人颁发捐赠证书。受赠财产价值在人民币 1 万元以下（不含 1 万元）的，受赠人应当在翌年的 1 月份报告所在地乡镇人民政府或者街道办事处，由乡镇人民政府或者街道办事处报所在地市、县、自治县人民政府侨务行政主管部门备案。

第十条 因城乡建设或教育、卫生等资源布局调整等原因需要撤销、终止、合并华侨捐赠项目的，有关部门应当在作出决定前向捐赠人和原备案的侨务行政主管部门说明情况。受赠人的上级主管部门应当在撤销、终止、合并前对该项目的资产登记造册，并按以下规定处理：

（一）被撤销、终止的项目，由受赠人的上级主管部门与捐赠人协商处置；

（二）被合并的项目，由合并后的单位负责使用、管理和维护。

第十一条 因社会公共利益需要拆迁华侨捐赠工程项目的，应当事先告知捐赠人，并通报原备案的侨务行政主管部门。捐赠人要求异地重建的，在符合城乡总体规划的前提下，拆迁人应当予以异地重建；确实无法重建的，拆迁人应当向捐赠人说明，并依法给予受赠人相应补偿，由受赠人用于原捐赠目的和用途。因合并、拆迁等原因重建的华侨捐赠工程项目，应当保留原工程项目的命名或者纪念性标志，并由所在地市、县、自治县人民政府侨务行政主管部门换发华侨捐赠项目确认证书；确实无法保留的，应当向捐赠人说明。

第十二条 对拟撤销、终止、合并、拆迁的华侨捐赠项目，价值在人民币 50 万元以上不足 300 万元的，由所在地市、县、自治县人民政府侨务行政主管部门审核后，报同级人民政府批准；价值在人民币 300 万元以上的，由省侨务行政主管部门审核后，报省人民政府批准。

第十三条 华侨捐赠项目形成的资产，任何单位和个人不得侵占、损毁。除

有明确约定外，不得将其转让、抵押、拍卖，不得改变其性质和用途。确需改变用途的，应当事先征得捐赠人的同意，并报告原备案的侨务行政主管部门。

第十四条　对因不可抗力被毁坏或已超过使用期限拟拆除、报废的华侨捐赠项目，由受赠人提出处理意见，经具有法定资格的鉴定机构出具意见，由原备案的侨务行政主管部门审核后，办理注销手续。受赠人应当及时将拟拆除、报废项目的有关情况向捐赠人通报。

第十五条　受赠人负责对华侨捐赠财产的使用、管理和维修。维修确有困难的，可以按管理权限向省人民政府或市、县、自治县人民政府申请必要的补助。受赠人应当建立华侨捐赠财产的使用、管理制度，按照捐赠协议落实捐赠款物、项目的管理和建设。受赠人的上级主管部门及侨务行政主管部门负责对华侨捐赠财产的使用、管理进行监督检查。

第十六条　受赠人应当与所在地市、县、自治县人民政府侨务行政主管部门签订华侨捐赠项目管理责任书。受赠人应当定期将受赠财产的使用、管理情况报告所在地市、县、自治县人民政府侨务行政主管部门，接受监督。

第十七条　市、县、自治县人民政府侨务行政主管部门负责对本行政区域内的华侨捐赠项目进行登记、编号、建立档案，并每年将本行政区域内的华侨捐赠情况报省侨务行政主管部门备案。

第十八条　对违反捐赠人捐赠意愿的行为，捐赠人有权质询和投诉，县级以上人民政府侨务行政主管部门应当及时进行调查处理，并将处理结果书面答复捐赠人。

第十九条　对华侨捐赠的工程项目，除依照法律、行政法规的规定给予税收方面的优惠外，县级以上人民政府及其有关部门应当在办理项目审批手续时给予支持，并在减免行政事业性收费方面给予优惠。具体办法由省人民政府制定。

第二十条　捐赠人捐赠的进口物资，由受赠人按照国家有关规定办理入境手续，有关单位应当依照有关法律、法规的规定减免进口关税和进口环节的增值税；其中，涉及实行许可证管理的物资，由受赠人按照国家有关规定办理许可证申领手续。受赠人不得将受赠的进口物资销售或者转让。县级以上人民政府侨务行政主管部门应当协助捐赠人办理有关手续，为捐赠人实施捐赠项目提供帮助。

第二十一条　有下列情形之一的，由县级以上人民政府有关部门根据具体情况责令停止侵害、返还财产、恢复原状；造成损失的，依法给予赔偿；构成犯罪的，依法追究刑事责任：

（一）非法转让、抵押、拍卖华侨捐赠财产的；

（二）侵占、损毁华侨捐赠项目的；

（三）擅自拆迁华侨捐赠项目的建筑物及配套设施的。

第二十二条 挪用、侵占或者贪污受赠款物，构成犯罪的，依法追究刑事责任；情节轻微，尚未构成犯罪的，由县级以上人民政府有关部门责令退还，并处以 3 000 元以上 3 万元以下的罚款，并对直接责任人员依据有关规定处理。

第二十三条 受赠人未征得捐赠人的许可，擅自改变受赠财产的性质、用途的，由县级以上人民政府有关部门责令改正，给予警告。拒不改正的，经征求捐赠人的意见，由县级以上人民政府将捐赠财产交由与其捐赠宗旨相同或者相似的公益性社会团体或者公益性非营利的事业单位管理。

第二十四条 强迫华侨捐赠或者向华侨摊派的，由县级以上人民政府有关部门责令退还，给予警告；是国家工作人员的，给予行政处分。

第二十五条 以捐赠名义从事营利活动的，由县级以上人民政府有关部门责令停止，没收违法所得，并处违法所得 1 至 3 倍的罚款。

第二十六条 假借捐赠名义逃汇、骗汇、偷税、逃税、走私或者将捐赠的物资销售、转让的，依照法律、法规的有关规定予以处罚；是国家工作人员的，给予行政处分；构成犯罪的，依法追究刑事责任。

第二十七条 国家机关工作人员在捐赠管理工作中，滥用职权、玩忽职守、徇私舞弊的，有关部门应当依法予以行政处分；构成犯罪的，依法追究刑事责任。

第二十八条 港澳同胞、海外人士及其社会团体、企业的捐赠，可以参照本规定执行。台湾同胞及其社会团体、企业的捐赠，依照国家有关规定并参照本规定执行，由县级以上人民政府台湾事务主管部门负责管理。

第二十九条 本规定具体应用中的问题由省人民政府负责解释。

第三十条 本规定自 2008 年 1 月 1 日起施行。

（资料来源：全国人大华侨委员会办公室法案室编：《涉侨法律法规选编》，北京：中国民主法制出版社，2004 年）

参考文献

一、文件、史料、档案

1. 全国人民代表大会常务委员会法制工作委员会编：《中华人民共和国法律》（2013 版），北京：人民出版社，2013 年。

2. 全国人大华侨委员会办公室法案室编：《涉侨法律法规选编》，北京：中国民主法制出版社，2004 年。

3. 海南省人大常委会华侨外事工委：《维护华侨华人捐赠的合法权益　促进我省公益事业健康发展——〈海南省华侨捐赠公益事业若干规定〉执法调研情况报告（摘要）》，《海南人大》2011 年第 9 期。

4. 吴士存：《琼属华侨华人现状、发展趋势及工作对策研究》，国务院侨务办公室政策法规司，2009 年。

5. 广东省档案馆、广州华侨志编委办、广州华侨研究会、广州师范学院合编：《华侨与侨务史料选编（广东）》，广州：广东人民出版社，1991 年。

6. 朱有瓛主编：《中国近代学制史料》（第二辑下册），上海：华东师范大学出版社，1989 年。

7. 文昌市归国华侨联合会、《造福桑梓》编委会：《造福桑梓》，海南省新闻出版局，1996 年。

8. 文昌市外事侨务办公室编：《文昌市海外乡亲捐赠芳名录（1978—2007）》，2008 年。

9. 《关于华侨、港澳同胞捐资办学若干问题的通知》，文昌市档案馆，139 - 11 - 44 - 129、37 - 2 - 10 - 67。

10. 广东省人民政府：《关于华侨、港澳同胞捐资办学若干问题的通知》，琼海市档案馆，卷 4。

11. 《琼东县人民政府文教科一年来的工作总结》，琼海市档案馆，1951 - 2。

12. 《琼东县小学调查总结报告》，琼海市档案馆，1951 - 2。

13. 广东省海南行政公署教育处、海南行政公署华侨事务局：《关于有计划发展华侨捐资兴办小学的通知》，琼海市档案馆，1964 - 25 - 195。

14. 琼海县人民委员会：《关于将侨办班改为公办班请拨经费的报告》，琼海市档案馆，1966 - 30 - 200。

15. 广东省革命委员会办公厅：《关于接受何万章、黎传书捐赠办学经费的复函》，琼海市档案馆，1979 - 14 - 6 - 093。

16. 广东省革命委员会侨务办公室：《关于制止向外劝募事》，琼海市档案馆，1981 - 14 - 6 - 2。

17. 琼海县侨务办公室：《一九七八至一九八一第一季度接受捐赠情况统计表》，琼海市档案馆，1981 - 14 - 6 - 150。

18. 琼海县侨务办公室：《华侨、港澳同胞捐赠建校办学情况汇总表》，琼海市档案馆，1981 - 56 - 41。

19. 琼海县人口普查办：《关于我县人口文化程度状况的分析》（第三次人口普查），琼海市档案馆，1983 - 56 - 5 - 50。

20. 琼海县人民政府：《进一步发动群众捐资办学，力争今年基本实现"一无两有"的设想》，琼海市档案馆，1983 - 56 - 5 - 50。

21.《琼海县 1979—1984 年校舍建设（修缮）情况表》，琼海市档案馆，1984 - 56 - 2 - 54。

22. 琼海县教育局：《积极鼓励华侨港澳同胞捐资办学》，琼海市档案馆，1984 - 56 - 2 - 54。

23. 琼海县教育局：《发动群众办学，改善办学条件》，琼海市档案馆，1984 - 56 - 2 - 54。

24. 海南行政区人民政府侨务办公室：《中侨委关于华侨、侨眷、归侨、归国华侨学生身份的解释》，琼海市档案馆，1986 - 14 - 6 - 2。

25. 琼海县侨务办公室：《做好侨务工作　发挥华侨优势　振兴琼海经济》，琼海市档案馆，1989 - 14 - 6 - 2 - 37。

26. 琼海县人民政府：《1979—1991 年琼海乡侨捐赠公益芳名录》，琼海市档案馆，1992 - 14 - 6 - 2 - 57。

27. 广东省海口市教育局：《关于申请把海南华侨中学列为省重点中学的报告》，海口市档案馆，1986 - B017。

28. 国务院侨务办公室、外交部：《关于报道华人捐资兴办公益事业应注意的问题的通知》（1987 年 2 月 2 日），海口市档案馆，1987 - B017。

29.《海南省人民政府关于表彰开发建设海南有突出贡献的华侨、港澳台同胞的决定》（1993 年 3 月 30 日），海口市档案馆，1993 - B017。

30. 琼山市外事侨务办公室：《琼山市海外乡亲、港澳同胞捐款（含物折款）兴办公益事业统计表》（1996 年 12 月 5 日），琼山市档案馆，1996 - 284 - 285。

二、校史、碑刻

31. 琼海中学校董会编：《琼海中学校第二期南洋募捐报告书》，1928年。

32. 《琼海校刊·马来亚筹款专号》1937年第7卷。

33. 海南中学校史编写组：《海南中学校史（1923—2013）》，2014年。

34. 海南华侨中学海内外校友主办：《私立育侨中学　国立第一华侨中学国立第二华侨中学校史专刊》，2013年。

35. 海南华侨中学校史馆资料，学校办公室提供。

36. 周先平主编：《海口市琼山华侨中学校史（1957—2007）》，海口市琼山华侨中学校史编委会，2008年。

37. 《文昌县立中学校迁校建筑委员会简章及职员一览表》，海口：海南书局，民国十六年（1927）。

38. 陆兴焕主编：《文昌县教育局要览》，1924年。

39. 李钟岳主编：《文昌县教育事项表册》，1920年。

40. 潘正结主编：《文昌中学校史》，文昌中学校史编写组，1998年。

41. 黄必铨主编：《文昌中学　百年校史》，海南省文昌中学，2008年。

42. 碑刻资料若干：迈众象德学校校园碑刻、三江中学捐赠芳名录碑刻、海口市演丰镇中心小学建校捐赠芳名榜、演海小学捐赠芳名录、大华中学建造科学馆捐款芳名录、彰善小学华侨捐助芳名录资料等。

三、方志、年鉴

43. （明）唐胄纂，彭静中点校：《正德琼台志》，海口：海南出版社，2006年。

44. 朱为潮、徐淦等主修，李熙、王国宪总纂，邓玲、邓红点校：《民国琼山县志》，海口：海南出版社，2004年。

45. 陈铭枢总纂，曾蹇主编：《海南岛志》，海口：海南出版社，2004年。

46. 李钟岳等监修，林带英等纂修，吕书萍、王海云点校：《民国文昌县志》，海口：海南出版社，2004年。

47. 文昌市地方志编纂委员会编：《文昌县志》，北京：方志出版社，2000年。

48. 文昌县政协文史资料研究委员会、文昌县文物普查办公室编印：《文昌县文物志》，1988年。

49. 王桢华主编：《琼海市华侨志》，北京：中国文联出版社，2007年。

50. 海南省地方史志办公室编：《海南省志·建置志》，海口：南海出版公司，2006年。

51. 海南省地方史志办公室编：《海南省志·教育志》，海口：南海出版公司，2010年。

52. 何铭文：《琼山县志·侨务外事》，海南史志网，http：//www.hnszw.org.cn。

53. 《海南省志·建置志·第一章 建置沿革》，海南史志网，http://www.hnszw.org.cn/zssk.php？Class＝131&Deep＝3。

54. 《海南省志·总述 大事记·中华人民共和国（3）》，海南史志网，http：//www.hnszw.org.cn/xiangqing.php？ID＝57112。

55. 《海南概况·地情要览·海口市·政区概况》，海南史志网，http://www.hnszw.org.cn/xiangqing.php？ID＝36411&Deep＝3&Class＝4797。

56. 《琼山县志·第二十一篇 侨务外事·第一章 侨务》，海南史志网，www.hnszw.org.cn/xiangqing.php？ID＝48778。

57. 文昌市方志编纂委员会编：《文昌市志（1996—2010）》，北京：方志出版社，2020年。

58. 《海南概况·地情要览·万宁市·政区概况》，海南史志网，http://www.hnszw.org.cn/xiangqing.php？ID＝38148&Deep＝3&Class＝4802。

59. 《海南概况·地情要览·儋州市·政区概况》，海南史志网，http://www.hnszw.org.cn/xiangqing.php？ID＝38140&Deep＝3&Class＝4801。

60. 《海南概况·地情要览·定安县·政区概况》，海南史志网，http://www.hnszw.org.cn/xiangqing.php？ID＝38280&Deep＝3&Class＝4805。

61. 《海南省志·教育志·第一章 古代官学 书院 私学》，海南史志网，http：//www.hnszw.org.cn/xiangqing.php？ID＝49156。

62. 《海南省志·教育志·第二章 幼儿教育》，海南史志网，http://www.hnszw.org.cn/xiangqing.php？ID＝49156。

63. 《海南省志·教育志·第十章 勤工俭学华侨助学·第二节 华侨助学（2）》，海南史志网，http：//www.hnszw.org.cn/xiangqing.php？ID＝49198。

64. 《海南省志·教育志·第十章 勤工俭学华侨助学·第二节 华侨助学（1）》，海南史志网，http：//www.hnszw.org.cn/xiangqing.php？ID＝49199。

65. 《琼海县志·卷二十三 侨务外事·第二章 爱国爱乡·第三节 热心公益事业》，海南史志网，http：//www.hnszw.org.cn/xiangqing.php？ID＝48178。

66. 《万宁县志·卷三十二 华侨事务对台事务民族事务·第一章 华侨华人事务·第三节 侨务工作》，海南史志网，http：//www.hnszw.org.cn/xian-

gqing. php？ ID＝47869。

67.《1989 年海南年鉴·国民经济各行业发展概况·侨务工作·捐资兴办生产和社会公益事业》，海南史志网，http：//www. hnszw. org. cn/web/hnnj/list. php？ Class＝4853&Deep＝4。

68.《2019 年海南年鉴·地理·行政区划·人口　民族　方言》，海南史志网，http：//www. hnszw. org. cn/web/hnnj/list. php？ Class＝24241&Deep＝4。

69.《2019 年海南年鉴·华侨　宗教》，海南史志网，http：//www. hnszw. org. cn/web/hnnj/list. php？ Class＝24241&Deep＝4。

70.《2019 年海南年鉴·市县·海口市》，海南史志网，http：//www. hnszw. org. cn/web/hnnj/list. php？ Class＝24241&Deep＝4。

71.《2019 年海南年鉴·市县·文昌市》，海南史志网，http：//www. hnszw. org. cn/web/hnnj/list. php？ Class＝24241&Deep＝4。

72.《2019 年海南年鉴·市县·琼海市》，海南史志网，http：//www. hnszw. org. cn/web/hnnj/list. php？ Class＝24241&Deep＝4。

73.《2019 年海南年鉴·市县·万宁市》，海南史志网，http：//www. hnszw. org. cn/web/hnnj/list. php？ Class＝24241&Deep＝4。

74.《2019 年海南年鉴·市县·儋州市》，海南史志网，http：//www. hnszw. org. cn/web/hnnj/list. php？ Class＝24241&Deep＝4。

75.《2019 年海南年鉴·市县·定安县》，海南史志网，http：//www. hnszw. org. cn/web/hnnj/list. php？ Class＝24241&Deep＝4。

四、文史资料

76. 唐和亲：《海南建省十年教育事业发展述略》，范基民、符和积主编：《文史集粹》，海口：南海出版公司，2000 年。

77. 李光邦：《筹办海南大学的回顾》，海南省政协文史资料委员会编：《海南文史资料》（第十辑），海口：南海出版公司，1994 年。

78. 周润章：《今昔海南大学的创办》，海南省政协文史资料委员会编：《海南文史资料》（第五辑），海口：南海出版公司，1992 年。

79. 梁鸿志：《广东省立黄埔中正中学——〈府海地区大中学校教育史略〉补遗》，中国人民政治协商会议海南省海口市委员会文史资料委员会编：《海口文史资料》（第五辑），1989 年。

80. 陈多余：《私立海南中学创办史》，中国人民政治协商会议海南省海口市委员会文史资料委员会编：《海口文史资料》（第二辑），1985 年。

81. 钟衍林：《钟衍林校长为毕业生〈同学录〉作的〈序〉》，符树郁主编：《琼山文史》（第七辑），1992 年。

82. 戴泽运：《忆母校琼西中学》，中国人民政治协商会议海南省东方黎族自治县政协文史组编：《东方文史》（第四辑），1988 年。

83. 梁必强整理：《芳名录》，政协琼海县委员会文史资料研究委员会编：《琼海文史》（第二辑 华侨专辑），1988 年。

84. 嘉积中学：《海外侨胞和港澳同胞资助嘉中简况》，政协琼海县委员会文史资料研究委员会编：《琼海文史》（第二辑 华侨专辑），1988 年。

85. 韦经栋：《嘉积中学史略》，政协琼海县委员会文史资料研究委员会编：《琼海文史》（第一辑），1986 年。

86. 王裕超：《业创星洲 名扬南洋——新加坡琼籍著名侨领王绍经先生传略》，政协琼海县委员会文史资料研究委员会编：《琼海文史》（第二辑 华侨专辑），1988 年。

87. 赵朝纲、卢业时：《琼海华侨中学的鼎盛时期》，政协琼海县委员会文史资料研究委员会编：《琼海文史》（第五辑），1994 年。

88. 卢业时：《华侨与侨中》，政协琼海县委员会文史资料研究委员会编：《琼海文史》（第二辑 华侨专辑），1988 年。

89. 蔡德佳主编，万宁市政协文史资料研究委员会编：《万宁文史资料》（第六辑 万宁华侨华人史料），2002 年。

五、著作

90. 华侨华人百科全书编委会编：《华侨华人百科全书》，北京：中国华侨出版社，1999—2002 年。

91. 国务院侨办侨务干部学校：《华侨华人概述》，北京：九州出版社，2005 年。

92. 李文海、夏明方、黄兴涛：《民国时期社会调查丛编·二编·华侨卷》，福州：福建教育出版社，2009 年。

93. 符和积主编：《海南文史资料》（第十辑），海口：海南出版公司，1994 年。

94. 吴凤斌主编：《东南亚华侨通史》，福州：福建人民出版社，1994 年。

95. 毛起雄、林晓东：《中国侨务政策概述》，北京：中国华侨出版社，1993 年。

96. 张赛群：《中国侨务政策研究》，北京：知识产权出版社，2010 年。

97. 福建省教育科学研究所课题组撰写，杨辉主编：《福建华侨华人捐资办学史》，福州：福建教育出版社，2007年。

98. 福建省教育科学研究所课题组撰写，杨辉主编：《福建华侨华人捐资办学史（续）》，福州：福建教育出版社，2007年。

99. 潘翎主编，崔贵强编译：《海外华人百科全书》，香港：三联书店有限公司，1998年。

100. 庄国土主编：《中国侨乡研究》，厦门：厦门大学出版社，2000年。

101. 高伟浓：《清代华侨在东南亚：跨国迁移、经济开发、社团沿衍与文化传承新探》，广州：暨南大学出版社，2014年。

102. 黄昆章：《印度尼西亚华文教育发展史》，北京：外语教学与研究出版社，2007年。

103. 陈达：《南洋华侨与闽粤社会》，长沙：商务印书馆，1939年。

104. 《民国二十年广东省现行教育法律法规汇编》，广州：广东省教育厅刊行，1931年。

105. 黄麟书：《广东省二十三年度教育概况》，1935年。

106. 冯河清译辑：《海南岛政治经济社会文化辑要》，新加坡：南洋英属琼州会馆联合会，1946年。

107. 冯子平：《琼侨春秋》，香港：东西文化事业公司，2001年。

108. 王俞春：《海南移民史志》，北京：中国文联出版社，2003年。

109. 辛业江：《海南省中等学校校史调查》，海口：海南出版社，2006年。

110. 陈多余：《钟衍林传略》，海口：海南出版社，2008年。

111. 符和积、符颖：《海南古代教育发展史》，海口：海南出版社，2009年。

112. 中国地图出版社：《中国地图册》，北京：中国地图出版社，2014年。

113. 汪新生：《当前侨乡社会的开放结构与内部发展基础——文昌县社会调查综述》，中山大学东南亚历史研究所：《华侨华人历史国际研讨会论文集1985》，1987年。

114. 黄重言：《试论我国侨乡社会的形成》，郑民、梁初鸣编：《华侨华人史研究集》（一），北京：海洋出版社，1989年。

115. 张赛群：《论国民政府的侨教立案制度》，蔡振翔主编：《华侨华人论文选编——华侨大学华侨华人研究所专刊20种》，北京：台海出版社，2008年。

六、论文

116. 郭梁、蔡仁龙、刘晓民：《关于福建华侨办学沿革史的部分调查》，《南

洋问题》1986 年第 2 期。

117. 刘程：《我馆收集到清道光帝敕封归侨捐资兴学诏书》，《档案工作》1986 年第 1 期。

118. 王朝赞、陈永阶：《琼籍华侨、华人对家乡的贡献》，《海南师范学院学报》（社会科学版）1990 年第 1 期。

119. 肖效钦、甘观仕、阎志刚：《潮汕华侨、华人捐资兴学的调查研究》，《汕头大学学报》（人文社会科学版）1991 年第 3 期。

120. 何瑜：《近代海南岛开发》，《历史档案》1992 年第 2 期。

121. 吴榕青、黄挺：《1949 年以前海外潮人在本土捐资兴学概述》，《汕头大学学报》（人文社会科学版）2003 年第 6 期。

122. 包爱芹：《南京国民政府的华侨教育政策与措施》，《华侨华人历史研究》2006 年第 4 期。

123. 张兴吉：《民国时期海南社会的发展与变革》，《新东方》2008 年第 7 期。

124. 张赛群：《中国的民间办学政策与国内侨校的发展》，《八桂侨刊》2007 年第 2 期。

125. 张赛群：《新中国华侨捐资兴学政策演变及其特征》，《当代中国史研究》2010 年第 6 期。

126. 《海南大学——一所多科制的综合性大学》，《海南大学学报》（自然科学版）1985 年第 1 期。

七、其他

127. 《吉隆坡琼州会馆启事》，《益群日报》，1927 年 11 月 28 日第 10 版、11 月 29 日第 23 版。

128. 《马来半岛琼侨之热心赞助琼海中学》，《南洋商报》，1928 年 2 月 3 日第 20 版。

129. 《琼崖华侨赞助琼海中学之踊跃》，《益群日报》，1927 年 11 月 14 日第 10 版。

130. 《华侨事务委员会发言人发表谈话　欢迎华侨投资建设祖国和兴办学校》，《新海南报》，1957 年 8 月 13 日第 4 版。

131. 《华侨爱国爱乡积极捐款办学》，《新海南报》，1957 年 6 月 11 日。

132. 《认真办好侨办学校》，《海南日报》，1962 年 10 月 10 日第 1 版。

133. 齐必荣：《海南区侨联恢复活动》，《海南日报》，1978 年 11 月 18 日第

1 版。

134. 冯小平、邢贻迪：《广东海南华侨中学董事会成立》，《海南日报》，1979 年 11 月 13 日第 1 版。

135. 张玉存：《"陈学忠科学馆"破土动工》，《海南日报》，1980 年 11 月 7 日第 1 版。

136. 叶铭：《党政领导重视　各方大力支持　海南大学正在积极筹建》，《海南日报》，1981 年 12 月 26 日第 1 版。

137.《海南大学开始筹办》，《海南日报》，1981 年 6 月 21 日第 1 版。

138. 陈学思、周可斌：《海南侨中美化校园好》，《海南日报》，1982 年 3 月 22 日第 1 版。

139.《值得注意的问题》，《海南日报》，1983 年 5 月 25 日第 3 版。

140. 昭文：《努力开创我区教育工作新局面》，《海南日报》，1983 年 7 月 13 日第 2 版。

141. 刘卓安：《广东省委和省政府联合作出决定　努力开创全省教育工作的新局面》，《海南日报》，1983 年 3 月 26 日第 1 版。

142.《海南大学今年有十二个专业招生　招生范围限于海南地区　对华侨、归侨子女给予照顾》，《海南日报》，1983 年 6 月 12 日第 1 版。

143.《海南大学昨天隆重举行开学典礼》，《海南日报》，1983 年 10 月 6 日第 1 版。

144. 王国雄：《建设中的海南大学——林英校长谈海大建设情况》，《海南日报》，1984 年 3 月 28 日第 3 版。

145.《潘子明、张其璠先生为陵水民侨小学捐款》，《海南侨报》，1991 年 5 月 22 日第 3 版。

146. 王英诚、李鲲：《华侨助学模式趋多元化》，《人民政协报》，2004 年 4 月 15 日。

147.《台港澳侨热心家乡公益事业　华侨华人 20 年捐资逾 500 亿元》，《人民日报》（海外版），2005 年 5 月 30 日。

148. 刘华、王英诚、赵叶苹：《海南："国有民办"校，穷人孩子莫进来》，《新华每日电讯》，2005 年 9 月 20 日第 7 版。

149. 张泉林、余以平：《侨乡兴学的调查报告》，《广东华侨历史学会通讯》1983 年第 3 期。

150. 黄新宪：《闽侨海外兴学述略》，《华侨世界》1986 年第 1 期。

151.《泰国华侨捐资 45 万　助建海口市演丰中学新教学楼》，中国侨网，http://www.chinaqw.com/news/200610/09/47475.shtml，2006 年 10 月 9 日。

152. 《昌洒联成小学：满溢华侨情 浸透群众爱》，《今日文昌》，2012 年 4 月 1 日。

153. 《世界海南乡团联谊会捐款 20 万助学》，《海南日报》，2007 年 4 月 9 日。

154. 周元、张锦稀：《海南华侨职业教育集团揭牌》，《海南日报》，2009 年 4 月 10 日第 3 版。

155. 《文昌海外乡亲心系桑梓捐赠造福家乡》，《海南日报》，2008 年 4 月 3 日第 1 版。

156. 《海内外符氏宗亲助学兴教》，《海南日报》，2008 年 10 月 6 日第 6 版。

157. 《印尼华侨捐资成立爱心基金会》，《海南日报》，2009 年 12 月 22 日第 4 版。

158. 《教育扶贫移民：海南农村的"造血"行动》，《海南日报》，2009 年 9 月 1 日第 2 版。

159. 《红光知青李广生为 17 名优秀学生颁奖学金》，海南农垦网，2009 年 9 月 25 日。

160. 王树恩：《民国时期的"教育"募捐热潮》，《传承》2010 年第 28 期。

161. 周元：《海南侨中"中美班"今年面向全省招生》，《海南日报》，2011 年 1 月 8 日第 1 版。

162. 周元：《海南侨中中美合作实验班项目启动 面向全省招生 中美教师共同授课》，《海南日报》，2011 年 5 月 11 日第 2 版。

163. 周元：《我省教育事业国际色彩渐浓 申报在琼成立中国国际青少年活动中心》，《海南日报》，2011 年 11 月 16 日第 4 版。

164. 《海外侨界 23 年捐赠海口 4.5 亿元 由传统的积德行善转向支持教育、文化、卫生和公益事业》，《海南日报》，2011 年 4 月 26 日第 1 版。

165. 《海内外琼籍华侨多方捐款 共创私立海南大学》，《海南日报》，2012 年 11 月 16 日。

166. 韩鑫畴、林诗锐：《文昌华侨中学通过省完全中学一级学校办学水平督导评估》，文昌市广播电视台，2012 年 11 月 26 日。

167. 《宁虹雯：均衡发展义务教育 为琼海发展奠定基础》，琼海市人民政府网，2013 年 7 月 18 日。

168. 《文中校友张偲当选中国工程院院士》，《侨乡文昌》，2013 年 12 月 26 日第 16 版。

169. 《海外华侨呼吁盘活侨捐学校资产帮助贫寒学子》，中国新闻网，2013 年 1 月 30 日。

170. 《文昌市实验高级中学挂牌——普通高中集中在文城办　农村孩子可享优质教育》，《海南日报》，2013 年 9 月 2 日第 3 版。

171. 《海南思源》理事单位及理事名录，《海南思源》2014 年第 1 期。

172. 《思源学子"零学费"圆大学梦》，《海南日报》，2014 年 4 月 18 日第 6 版。

173. 《符明潮：慷慨助学桑梓情》，《侨乡文昌》，2013 年 4 月 8 日第 4 版。

174. 《韩勉元：投身公益不厌倦》，《侨乡文昌》，2013 年 4 月 8 日第 4 版。

175. 《昌洒有识之士热心助学》，《侨乡文昌》，2013 年 3 月 14 日第 4 版。

176. 《再穷不能穷教育　再苦不能苦孩子——铺前镇尊师重教工作纪实》，《侨乡文昌》，2011 年 9 月 8 日第 16 版。

177. 《符雅教育基金会》，《侨乡文昌》，2010 年 9 月 2 日第 8、9 版。

178. 《文昌中学 2010 年高考总结》，《侨乡文昌》，2010 年 8 月 26 日第 8、9 版。

179. 《创建教育强市　打造教育品牌——2007—2011 年文昌教育工作纪实》，《侨乡文昌》，2011 年 11 月 17 日第 6 版。

180. 《文昌市高级中学举行开学典礼》，《侨乡文昌》，2013 年 9 月 5 日第 10 版。

181. 《我市民间奖助学蔚然成风》，《侨乡文昌》，2013 年 9 月 5 日第 13 版。

182. 《张学修：家乡建设的热心人》，《侨乡文昌》，2012 年 3 月 31 日第 10 版。

183. 《陈文民：乐施好善　不忘桑梓》，《侨乡文昌》，2012 年 3 月 31 日第 10 版。

184. 《省教育督导评估组充分肯定：文昌教育工作成果显著特色突出》，《侨乡文昌》，2011 年 11 月 3 日第 3 版。

185. 文昌市教育局统计：《2012 年文昌市政府性、社团性奖教奖学助学情况（截至 2012 年 9 月 10 日）》，《侨乡文昌》，2011 年 9 月 8 日。

后　记

从课题立项到初稿完成，由于种种原因再三延期，不觉已八载矣！

海南华侨在海外胼手胝足坚韧打拼，缩衣节食捐资兴学，回馈家乡造福桑梓。光阴如梭，见证者或已仙逝，或远离故土定居他乡，诸多细节难于追溯。历经岁月洗礼，文献资料所剩无几，虽努力爬梳和实地调查总算完成任务，然能力有限错漏难免，敬请方家不吝赐教，并期待更多人关注侨乡社会。

拙著在搜集整理资料和写作过程中，得到有关单位、学校及师友、学生的支持和帮助，在此深表感谢！列名如下：

鸣谢：海南省人大常委会外事侨务工作委员会、海南省侨务办公室、海口市外事侨务办公室、海口市归国华侨联合会、文昌市外事侨务办公室、文昌市归国华侨联合会、琼海市外事侨务办公室、琼海市归国华侨联合会、儋州市外事侨务办公室；海口市教育局、文昌市教育局、琼海市教育局、儋州市教育局、定安县教育局、澄迈县教育局、陵水县教育局；海口市档案馆、文昌市档案馆、琼海市档案馆；海南大学、海南中学、海南师范大学、海南华侨中学、海南华侨商业学校、琼山中学、琼山华侨中学、海口三江中学、海口演丰中学、海口演丰中心小学、海口眼镜塘小学、文昌中学、文昌华侨中学、文昌联东中学、文昌会文中心小学、文昌翁田文苑小学、文昌公坡英敏小学、文昌昌洒彰善小学、文昌昌洒华侨小学、文昌昌洒中心小学、文昌昌洒联成小学、琼海嘉积中学、琼海华侨中学、琼海海桂学校、琼海博鳌中心小学、万宁中学、万宁华侨中学、那大中学、澄迈红光中学、陵水民侨小学、定安思源实验学校、白沙思源学校。

特别感谢海口市外事侨务办公室侨务处陈安妮处长、谢江波副处长，海口市教育局秦文副局长、教育处谢南健处长，琼台师范学院叶风老师，海南中学办公室刘衍红主任，海南华侨中学尤斌副校长、办公室主任兼校友会会长陈莫雄，琼山华侨中学詹健雄副校长，三江中学王方栋校长，演丰中学黄扬校长，文昌市侨务办公室符洁超主任，文昌市归国华侨联合会符小琴主席，文昌市妇女联合会赖群英主席，文昌市教育局办公室陈红主任，海南外国语职业学院陈颖琼老师和邓玉珠同学，文昌中学潘正结（原）校长、郑祝利副校长、张世银老师、符玉松老师，文昌华侨中学办公室陈泽辉主任，文昌会文中心小学校董及马来西亚海南会馆联合会主席林秋雅、冯青翠校长、林日志主任，文昌昌洒华侨小学校董、日

本海南总商会会长符明潮，文昌昌洒联成小学校董兼校长王诚，文昌昌洒彰善小学韩帅校长，文昌重兴培英小学龙仕卫校长，琼海市外事侨务办公室王奉副主任、赵诗健副主任，琼海市归国华侨联合会王裕超（原）主席、谢是海主席，《琼海市华侨志》主编王桢华，《琼海华侨史》作者王路生，琼海华侨中学吴李平（原）校长、韩众校长，琼海嘉积中学曾高老师，琼海海桂学校陈炎炎老师，定安县教育局教育科廖之东科长，陵水中学陈文平老师，海南师范大学图书馆傅白云老师和陈秀云老师，以上人士在搜集资料和实地考察中给予诸多帮助。

特别感谢课题组成员海南师范大学唐若玲教授、林敏教授不辞辛苦到文昌市教育局、文昌中学、文昌公坡英敏小学、文昌翁田文苑小学等地调研。

特别感激文昌实验高级中学王澍、符策龙、龙香谍、林琳四位老师在烈日酷暑中坚持田野调查，还有我的学生王澍、王艳、王昕、吴珠宝、陈有济、周始杰、洪小娇、孙悦萍等协助整理资料。

特别感谢暨南大学华侨华人研究院张应龙教授、石沧金教授与厦门大学历史系曾玲教授的指教和推荐！特别感谢暨南大学出版社冯琳、颜彦等编辑的辛勤付出和耐心！特别感谢海南师范大学学术著作出版资金的赞助！

还有许多不留姓名或者遗漏的热心人士，在此表示衷心感谢！

书中未标摄影者的照片为作者所拍，本书所有错漏问题均由作者负责。

邢寒冬

2021 年 8 月 20 日